Thinking in Education
by Matthew Lipman

探求の共同体
考えるための教室

マシュー・リップマン
河野哲也・土屋陽介・村瀬智之 監訳

玉川大学出版部

序文
Preface

本書を仕上げる各段階で、各章を読み、コメントしてくれた学生や研究者のみなさんに感謝している。彼らの批判的なコメントが非常に助けになり、出来の悪い私の草稿の多くの部分を改善することができた。装丁に尽力していただいたモンクレア州立大学出版局のサマンサ・スピタレッタに謝意を表したい。また、マヌエラ・ゴメスにも謝意を表したい。彼女には第二版での大幅な加筆が初版の内容と整合するように草稿を検討していただいた。第二版の出来がいいなら、そのほとんどは彼女のおかげであり、問題点があれば私の責任である。同じように、草稿の各段階で惜しみないご配慮をいただいたジョアンナ・マッコウスキーからも大変な恩恵を受けたことをここに記しておきたい。

また、私の各著作を本書に再度掲載することを許可していただいた以下の方々に感謝したい。『暴力と人間の共存』所収「暴力をなくす平和への教育」［訳注1］については、ブナン・コーシーに謝意を申し上げる。

『思考スキルと学習スキル』所収の「子どものための哲学で育つ思考スキル」［訳注2］については、シィア・ジェルシッヒ・ザンファブロに謝意を申し上

訳注1——"Educating for Violence Reduction and Peace," in Development Venant Cauchy(ed.), *Violence and Human Coexistence*, vol. 2, (Montréal: Éditions Montmorency, 1994), pp.363-78.

訳注2——"Thinking Skills Fostered by Philosophy for Children," in Judith W. Segal, Susan F. Chipman, and Robert Glaser (eds.), *Thinking and Learning Skills*, vol. 1, *Relating Instruction to Research*, (Mahwah, N.J.: Lawrence Erlbaum Associates, 1985), pp.83-7.

げる。

『メタフィロソフィー』所収「子どもの哲学スタイルについて」[訳注3]は、アルメン・マルソービアンに謝意を申し上げる。

オックスフォード大学出版局には、エドウィン・ミュアの『詩集』に収められている「クエスチョン」[訳注4]の掲載を認めていただいたことに感謝したい。

訳注3——"On Children's Philosophical Style," *Metaphilosophy* 15, (1984), pp.318-30.

訳注4——"The Question" in *Collected poems* (New York: Oxford University Press, 1965).

第二版への序論
Introduction to the Second Edition

世界のどこでも設立を求めてよい機関が存在するとしたら、おそらく、それは学校であろう。どんなに文化が異なっていようとも各国の学校は驚くほど似通っている。そして、学校が提供する教育全体が、何かを学ぶために子どもは学校に行くという前提のもとに成立している。子どもたちは読み書き計算といった基本的なスキル、地理、歴史、文学といった教科を学ぶために学校に行く。

人類が会話を発明したのは思考を隠匿するためだった、と皮肉な発言をした人物がいる。その同じ人物ならば、人類が子どもを学校に行かせるのは思考から遠ざけるためだ、と付け加えるかもしれない。もし本当にそうだとするなら、その方策は部分的にしか成功していない。そう簡単に、子どもを思考から遠ざけることなどできはしないのだ。実際、自分自身の力で何かを考えていた、その時間こそが学生時代のいちばん大切な思い出になるというのはよくあることだ。もちろん、教育体制のおかげで思考ができたのではなく、こんな教育体制にもかかわらず思考していたということにすぎないのだが。

教育思想にはこれまで、子どもたちの思考力を伸ばすことこそが学校の大きな役割であり、思考力の発展は単なる偶然の産物であってはならないと主張する伝統が常に存在し続けてきた。ある人たちがそのように主張したのは、将来、民主主義社会の市民になる人たちは理性的である必要があり、子どもたちの推論能力、判断能力を伸ばすことで子どもたちを理性的にすることができる、と考えたからである。また、他の人たちがそのように主張したのは、私たちの社会制度、特に経済、官僚、法律は合理性を核としており、学校でその合理性を育てることこそが、将来、子どもたちが直面する世界への準備となる、と思うからである。また別の人たちは、子どもたちがよりよく、自分自身で思考することが求められるのは、社会を生きるのに有益だからというだけではなく、まさしく思考する権利を子どもたちが持っているからなのだ、と主張した。

一九七〇年代の半ば頃から学校（や大学）の中で実際に思考することを提案する人たちが増えていき、大きな声になっていった。提案者たちが掲げた旗は「批判的思考」という言葉で飾られることになった。その活動を支持する人たちも、反対する人たちも、批判的思考とは何を意味するのかはっきりとは分かっていなかったのに、思考を求める呼び声は大きくなり続けた。教室での思考の質を上げるために何かをせねばならないという教育者の意識は、今日でも高まり続けている。

そもそも思考とは何なのか。ある専門家は言う。正確で、矛盾がなく、明瞭な思考こそ、よい思考だ。別の専門家は言う。知識を拡大し、想像力を駆使し、創造的である思考こそがすばらしい。ある学者はよい思考の例を文学の中から指摘し、別の学者は科学史の中から指摘する。あるいは、科学の方法を用いることこそよい思考だと言う学者もいるだろう。ある哲学者は論理と理性を体現すると考えるゆえに思考を歓迎し、別の哲学者は熟議と判断を体現すると考えるゆえに思考を歓迎する。ある教育者は何を信じるべきなのかを決定する手助けになると考えて、思考を推進する。しかし、別の教育者は信念の決定は学校とは違う別の場所でやるべきで、教師は十分に根拠付けられた物事だけを理解するように生徒を手助けするべきだと言う。

混乱の渦中にあっても、学校の管理者たちは教育内容を改善する方法を決定せねばならない。教師たちにさらなる研修は必要なのかどうか、もし必要だとするなら、どんな方法で行うべきなのか。それを決定するのに管理者たちは、思考の劇的な改善とはどんなものか、どのようにすればその改善を引き起こすことができるのかをはっきりと示すような定義を頼みにしなければならない。教師や研究者がうまく生徒の思考を改善できたかを定める基準、それこそ管理者たちが学校の行く末を決定するのに必要なのだ。

私は本書『探求の共同体――考えるための教室』をその第一歩として出版したい。本書で述べられる主張は最終的なものではない。ただ、思考力を育てる教育が展開し始めた現代において、提起されるべき問題を取り上げ、それに可能な限り答えたつもりだ。

この著作は専門的な著作たろうと主張しているわけではない。公平で、中立的な著作たろうと主張しているわけでもない。本書は哲学の潜在力に目をつけているのである。適切に再構成され、適切に教えられたとしたら、哲学は思考教育を劇的に改善することができる。こうした主張はいまだなされてはいない。そして、まさにこの研究はそうした主張をするプロローグとみなされうるだろう。

「探求の共同体」の教育理論は、批判的思考を教える方法論になるべきだというのが、本書の二番目に重要な主張である（といっても最後の主張ではない）。批判的思考が哲学版のものであろうがなかろうが、やはり「探求の共同体」理論に則るべきである。三番目の主張は、批判的思考が類似した言葉である「批判」や「基準」と結びつくのは偶然ではないというものである。「批判」「基準」は、推論、評価、判断に関係する。そして今度は、推論、評価、判断は思考力の向上へと結びつく。子どもたちはそういった思考力の向上に取り組むことが期待されるのである。判断は実践的な技術であるから、「探求の共同体」は、判断が実践され、判断が要求されるような環境を与えるのである。「とにかく優れたものは、すべて希有であるとともに困難である」[1]とスピノザが述べたとき、彼はあまりにも厳格であった。優れたものが多様なもの、多数のもののうちに花開く社会を私たちは創り出さねばならない。教育における反省という要素を改善することが、その社会を実現するために適切な出発点である。

これまで教育を受けることと情報を習得することが同一視されてきたが、

1――スピノザ『エティカ』工藤喜作、斎藤博訳、中央公論新社、二〇〇七年、四六三頁。

そうした学校で、過去十年にわたって「思考のスキル」を取り入れる努力がなされてきた。思考教育を導入し始めた頃に州の教育省と地域の教育委員会に広まった文言によると、こうした努力はうまくいっていて、生徒たちは「知識」を、あるいはもっと進んだ表現を使うならば「理解力」を習得できると言われていた。だが、それは教育の目的についての昔ながらの考え方でしかなかった。今は、どの学校でも生徒に「批判的思考」を身につけさせようとしているというのである。予定通りに黄金時代が到来したかに思われ、「批判的思考」は晴れて優良な教師たちが優良な学校で教育するための標語になった。ある説明によるとそうなるが、しかし別の説明によると、批判的思考を教えられた結果かどうかとは無関係に、「批判的思考」とは単に頭のよい生徒の特徴なのだそうだ。教えられずとも、ただ自然に明晰に思考できる生徒はいると言うのである。しかし、そうであったとしても、そうした思考ができない生徒たちに何をすべきだったかははっきりしていなかった。

ある点では、状況は悩ましいものだった。二十世紀の最後の十年間は批判的思考運動の機運が高まることが期待されていた。より多くの批判的思考の教科書が作られて、大学の学部生や教師志望の学生への授業で使われるようになること。批判的思考、批判的論証、非形式論理学、「共同学習」について国内で会合が開かれるだけでなく、国際会議もより頻繁に開かれること。批判的思考で学位を習得するための課程、教師が働きながら履修することのできる集中講義を増設し、もっとたくさんの哲学者、教育心理学者が批判的思考の学問的側面の研究に献身し、批判的思考を一つの学問分野へと磨き上げること。こうしたことが期待された。しかし実際には、これらのうち実現されたこともあれば、実現されなかったこともある。教育における思考の可能性についての大規模な会議は現在もう行われていないし、かつてこの新しい教育の理論的枠組みのさまざまな位相の研究が華々しく行われていた雑誌は、数十年順調であった後、現在では廃刊しないように苦労している状態にある。大学の学術的世界が新たに生じた重要な教育問題について年を追うごとに関心を強くすると期待されていたのだが、その反対にますます、「批判的思考」運動の理論枠組を研鑽する機会に対して尻込みするようになった。歴史学者ですら、当然吟味されるべき批判的思考運動の歴史を検討しなくなり、その検討が行われないために、批判的思考の主張が一つの学問分野になることはほとんどありえないと思われるようになった。

暗澹たる説明をしたが、これが現状のすべてというわけではない。批判的思考の教科書が今もどんどん出版されている。教師たちは今や自分の時間を削って、働きながら自分を高めるための講義に出るようになり、その講義の中で批判的思考が人気を博すようになっている。『エデュケーショナル・リーダーシップ *Educational Leadership*』といった流行の教育新聞・教育雑誌が一九七〇年代と一九八〇年代には思考を目指す教育に多くの紙面を割き、一九九〇年代にはあまり掲載されなくなったが、今では再び新しい関心が向けられ始め、その教育の成果に対する責任感すら見られるようになってきた。多くの場合微かであるとはいえ、批判的思考を学校に制度として取り入れる傾向がどこにでも見られるようになってきた。現状を考えると、希望を持てるのはおそらくこれですべてである。以上が、うまくいっているはずの流行りの教育運動に起きていることだ。批判的思考は当たり前のものになってきているけれども、その有効性はとても低い段階にある。

大多数の小学生は、批判的思考が約束する成果を達成することができない。確かに、達成できる以上の目標が批判的思考には課されている。そもそもの初めから失敗するよう運命づけられていたと言えるほど、批判的思考には欠点がたくさんある。

1　批判的思考はそれ自身が、限定的で、不十分である。非形式論理学、形式論理学、教育心理学、発達心理学、哲学によって強く裏打ちされる必要がある。しかし、その努力はほとんどなされてこなかった。

2　批判的思考の指導法があったとしても、それを教師が使うための準備が不十分であった。

3　批判的思考の方法の一つとして、想像力を働かせて考え、想像力について考えてもらうといった、創造的思考力を用いる努力がほとんどなされてこなかった。

4　同様に、異なった価値について自由に議論し、異なった価値をどのように尊重するのかを話し合うといった、価値の内容に踏み込む努力が真剣にはなされてこなかった。

5 判断を教える方法がほとんどなかっただけでなく、「判断を教える方法」が何を意味しているのかについても明確な定義がなかった。おそらくそれは、教育者が判断力の育成を重要な教育目標だと認識していなかったためだろう。あるいは、そもそも判断力を教えることなど不可能だと思っていたのかもしれない。

6 批判的思考の「教育理論」のほとんどは不適切である。たった一つ、十分に適切な教育理論は「探求の共同体」理論だけなのだが、少数の教師だけしかその理論を用いて有効に教えることができなかった。

7 批判、創造、ケアといった思考の複数の次元を統合した、概念的、発達的な全体像を描く努力がなされてこなかった。批判的思考自身がつながりのない、不連続な断片、それも教育全体を改良する責務を負わされた断片だとみなされるようになった。

第二版のいくつかの箇所は第一版から引き継がれている。他方、第三章と第四章はほとんど完全に刷新された。新しく書かれた部分には、教育についての見解が、それも批判的思考がこれまで到達できると考えられてきた有効性よりも、さらに包括的な有効性が示されている。また、情動、ケア的思考、心の行為、非形式的誤謬といった小学校教育にとっては新しい内容が紹介されている。私は新しい要素と古い要素を混ぜることで、進むべき方向が見えるように発達段階を示したつもりだ。私の望みは、こうして私たちが人々に豊かさを与え、啓発し、自由を与えることができることであり、理解力を育み、判断力を磨き、推論を改善し、探求と人間性の涵養との関係をはっきりと示すことである。幸運にも、このような教育が実現可能であると断言する方法が本書にはすでに存在している。

探求の共同体——考えるための教室　目次

序文　i
第二版への序論　iii

I　思考力のための教育……3

第一章　教育実践の反省的様式　5
組織化の原理としての合理性
思考が抜け落ちた学校教育
学校での標準的実践と批判的実践の対立
教育実践を再構築する

第二章　思考教育の方法論　31
批判的思考の運動の始まり
批判的思考と信念を植え付けること
実践的な推論の教育のための他のアプローチ
橋渡し、転移、翻訳のための教育
批判的思考をどのように定義するか

第三章　思考のための教育の障害物と誤解　87
思考力の強化をはばむ概念上の障害物

批判的思考の教育に関するいくつかの誤解

II 探求の共同体 …… 115

第四章 共同体の中で考える 117

共同体を生み出すものと、共同体が生み出すもの
議論が導くところについていくということ
会話の論理
会話の技術
対話の構造
対話と共同体
他人の経験から学ぶこと
探求の共同体の教育における役割
教室を探求の共同体に作り上げていくことに向けて
探求の共同体における議論の認識論的身分

第五章 暴力を減らすための探求の共同体アプローチ 151

教え込みではない教育
どのような基準に訴えることができるか
暴力と正当化
認知的な作業を通して判断力を強化する
探求の共同体を通して価値と意味のための教育を行う
学校環境の中で暴力を減らす

III　思考のオーケストラ

第六章　情動、思考、教育　187
情動と教育
情動的思考の模範例は存在するか
情動を教育することはできるのか
情動と言語
情動についての言葉の区別を明瞭にするための語群

第七章　心の行為　203
意識と心の行為
心の行為に自覚的になる
働きとしての心の行為
命題的態度
認識論的移行——心の行為と状態は思考のスキルへと発展する
心の発達から哲学対話へ
拡大鏡を通してどのように哲学が思考を改善するのかを細かく眺めてみる

第八章　思考のスキル　235
思考のスキルを教える
スキルと意味
四つの思考のスキル
推論を教えることはそれだけの価値があるか
スキルとスキルの統合

基本スキルから小学校の教科へ
スキルの限界

Ⅳ 思考をよりよいものにしていくための教育……283

第九章 思考の相互的側面 285
多元的思考アプローチ
思考力を発達させる権利

第十章 批判的思考の教育 299
批判的思考——それは何でありうるか
実践的推論を示すふるまいの一覧表
専門家教育と判断力の育成
批判的思考と非形式的誤謬

第十一章 創造的思考の教育 351
芸術作品の主要な側面が芸術作品の基準となる
批判的な視点で創造的に考えること
鮮烈さ、問題性、理解可能性
拡大的思考
反抗的思考
助産的思考
創造的思考とケア的思考

創造的思考、批判的思考
創造的思考の過程における認知の動き
創造性と探求の共同体における対話
創造性と自ら思考すること

第十二章　ケア的思考の教育　377
思考における情熱の場
重要な事柄のための関心としてのケア的思考
いくつかの種類のケア的思考

第十三章　判断力を高める　395
よりよい判断に到達させるための教育を
批判的で、創造的で、ケア的な判断
普遍的なものと個別のものとの接続
判断の三つの局面
教育における判断の均衡
人格の表現としての判断

監訳者あとがき　431
索引　441

探求の共同体——考えるための教室

I

思考力のための教育

第一章

教育実践の反省的様式

The Reflective Model of Educational Practice

私たちの社会には、私的集団・公的集団の三つの重要な様式がある。家族は制度として私的価値を体現し、国家は制度として公的価値を体現する。学校はその二つの価値が混ざり合っている。私的、公的関心の混合物として、学校は最も私的な家族や最も公的な国家と同じくらい重要だ。ある面では、その三つの内で最も重要だとも言える。なぜなら、学校を通して、旧世代の人々、新世代の人々のいずれもが将来の像を意図的・自覚的に示そうとするのだから。しかし、三つの集団の中で、つまり、家族、政府、学校の中で、実践も指針もあちこちで葛藤を起こす。というのも、家族も政府も各々が次世代の人たちを自らの好む像に従って形作ろうとするからである。だが、社会変化の現実——進歩、退行、目的のない滞留、秩序ある停滞——が、そうした望みを打ち壊そうと狙いすましているのである。

学校は戦場である。他のどんな社会集団とも違って、学校は社会の未来を創る役割を担っているので、ほとんどすべての組織や派閥が自らの目的のために学校を操作しようとするからである。このことはあまり知られてはいない。しばしば言われるのは、学校はその時代の価値観を映し出すという意見だ。学校は既成の価値観を疑おうとせず、別の価値観を提起したりはしない。学校が社会変革を起こす役割を引き受けるという考えに、ほとんどの親は身震いする。自らの意志を世界に投影しようとする特定の党派に学校が利用されてしまうことを恐れるからだ。

学校が特定の一つの党派ではなく、すべての党派の代表となるならば、中立であるという主張を譲歩しないですむ。なぜなら、学校が民主主義的な正当性を保つことになるからである。他方、そうした状況においては、学校は保守的で、伝統的とすら言ってしまえるような組織になる傾向がある。

そしてこれこそが、現代社会の学校の姿なのだ。将来の教師を養成する教育学部は、本来は学部卒業者の就職先である学校現場に、教育技能を習得した人員を提供しているとはおそらく考えていない。ところが、学校現場では教えるべき教科書、それを教える方法が明記されているので、将来を見据えてまったく別の教科書をまったく別の方法で教えることを学んだ人物を雇うはずがない。つまり、教育学部では、ほとんどの大学教員が自分の教育方法に完全な自信を持っているわけではないのに、異なった教育方法を学生に教えるのは学生の役に立たないという理由をつけて、教育を変革することに抵抗しているというわけだ。しかし、教育学部だけがこのような現状にあるわけではない。学校現場は教科書作成者、試験作成者たちが変革にふさわしい新しい案を出さないことを言い訳にし、作成者たちもその内容が教育省によって制限されていて、同じ省庁に属する教育学部の調査結果によってそれが支持されていると言い訳する。つまり、どの人たちも自分の立場は固定されていて、変革する見込みがないと考えているのだ。それゆえ、現場で目指されるすべての目標にとってみれば外部からの批判はどれも時間を無駄にしているにすぎない。教科書や試験、その範囲についての考察、つまりお金のために官僚が考えるような考察は、一つの機構の中に固定されているために、舵が動かなくなった船のように、円形にぐるぐる回る自由しか許されてはいない。

以上のことしか考えられないとすれば、状況は実際よりもかなり暗澹たるものに思えてしまうだろう。家族のメンバーを緊密に結びつけるものは、血縁、子どもを育てる責任、労働という経済的単位、そして性的な相互依存関係である。政府を結びつけているものは合意である。そしてその合意という名のもとで、事実上、どのような軍事的政策、経済的政策も正当化できるのである。（裁判所はこの一般化に対する部分的な例外である。裁判所には合憲性と過去の判例について説明する義務があるからだ。しかし、裁判所が従う法律はそもそも合意によって作られたものだ）。それに対して、学校には家族や政府を結びつけるものとはまったく異なった魅力的な基準が存在する。それは合理性である。

組織化の原理としての合理性

合理性といっても、もちろん、さまざまなものがある。まず、手段と目的についての合理性がある。たとえば、企業の最終的な目的は利潤であり、利潤を最大化するためにさまざまな方針が採用される。階層型組織において権力をどう分配するのかということもまた、合理性に関わっている。軍隊、教会、政府がその例である。これらの例には、雑多にいろんなものが含まれていると思われるかもしれない。たとえば、軍隊は階級によって組織されているが、しかしそれは常に軍事的勝利を目指してのことである。学校もまた合理的に権力が配分された官僚的機構だが、学校の目的は教育された人格を作ることにある。つまり、自分自身が必要とする知識を習得し、学校で教えられる理性的姿勢を身につけた人格を作ることにある。

理性的姿勢とは、単に合理的であることとは別物だ。それは判断によって鍛えられた合理性のことだ。学校も裁判所と同じように合理的な機関でなければならないのだが、それ以上に民主主義社会においては理性的姿勢を持つ市民が必要とされる。それでは、理性的になるためにはどのような教育をすればいいのだろうか。

教育委員会に責任を帰するために組織と方法を正当化できていて、学校が単に合理的に組織されていればいいというわけではない。学校が単によいものを提供するためだけに機能していればいいというわけでもない（利潤を生み出し、運用するためだけに会社が機能する、ビジネスの世界とは対照的だ）。そうではなく、生徒たちがより理性的な存在になることを目指して、学校に通う生徒たちを理性的に扱わなければならない。学校教育のすべての側面は、程度はともかく、原則的には合理的に説明できるものでなければならない。あのカリキュラムではなく、このカリキュラムを使うこと。この教科書を、この試験を、この教育方法を使うことに合理的な理由がなければならない。すべての物事について、根本的な原理は同じなのである。理性的姿勢を持つ機関で育てられた子どもたちは、非合理的な組織で育った子どもたちよりもより理性的姿勢を持つようになるはずだ。非合理的な組織で育った子どもたちは、私たちがよく知るように、非合理的に育ち、自分の子どもを非合理的に育てることになる。理性的姿勢を持つ学校とは、より理性的姿勢を持つ将来の親を、より理性的姿勢を持つ市民を、すべてのより理性的な価値を意味する。

ところで、思考することを教えずに、理性的姿勢を教えることなどできるのだろうか。これこそ、カントが直面した難問なのである。カントは人々が自ら思考することを心から望んだ。そして、未成年状態にある人々が自ら考えるよう教育することについて考え始めた。しかし、カントが描いていた思考とは、私たちが今日推し進めているような探求への参加ではなかった。むしろ思考とは個々人が普遍的な原則に自発的に従事することであった[1]。それゆえ、カントにとって理性とは、ソクラテス、アリストテレス、ロック、デューイが考えた理性とはまったく異なったものであった。

思考が抜け落ちた学校教育

幼稚園という公的学校教育に通い始めた小さい子どもたちが生き生きとしていて、さまざまなものに興味を持ち、想像力に富んでいて、好奇心旺盛であることは、しばしば語られ、引用される事実である。しばらくの間、子どもたちはそのすばらしい特徴を備えている。しかし、それらの特徴は徐々に姿を消していき、子どもたちは受動的になっ

1――カントの一七八四年の著作『啓蒙とは何か』(中山元訳、光文社古典新訳文庫、二〇〇六年)は、社会にとって必要なのは、誰かが代わりに思考することではなく、私たち自らが思考することなのだという力強い宣言から始まる。しかし、著作が進むにつれて、カントが民主主義社会における内的な自己批判の必然性を理解していなかったことがはっきりする。彼の後の著作である『道徳形而上学の基礎づけ』(中山元訳、光文社古典新訳文庫、二〇一二年)で、このアプローチが継続し、より組織立てられることになる。

ていく。多くの子どもたちにとって、学校教育の社会的側面、仲間たちといっしょにいることは価値あることなのだが、しかし、その教育的側面は、非常に恐ろしい、厳しい試練となる。

子どもたちはまず五、六年間を家で過ごす。この期間に知的な能力が減じるとは思えないので、その後に起こる興味や想像力の喪失の背景になっているとは考えにくい。それはおそらく学校教育の本質に起因しているのだ。子どもの知的な機敏さは、しばしば居心地の悪いものとなる家族との生活や育児環境の中では消え去らないのに、居心地のいいはずの教室のような状況では非常に頻繁に失われてしまう。私たちはその理由を説明できるだろうか。

ここに一つ、考えてみる価値のある仮説がある。それは、話すことを学び始めた子どもたちは、見知らぬ文化の土地へ移住してきた人よりも、神秘的で不可解な状況のうちにいるという仮説である。移住者は、別の国に来たといっても母国語を話すことができる。しかし、幼児はどんな言語も持ち合わせていない。子どもは徹底的に謎に満ちた世界に囲まれている。世界のすべてが、探求と反省的な問いかけを求める。世界が、不思議に思う心、行動すること、そして考えることを求める。世界のすべての不思議なもののうちでも、自分の家族ほど不思議なものは他にはなく、家族が従い、家族の新しい一員である子どもに課そうとする生活形式ほど当惑させるものはないだろう。子どもはこの世界が奇妙であることを発見するが、その神秘さが子どもから話す能力と考える能力を引き出すのだ。そして、この言語的発達はさらに、習得された言語が生活へと十分に結びつき、家庭で家族たちに対して使用するという方向へと進んでいく。

子どもが学校に期待することはおそらく家庭や家族の代わりであって、考えること、話すことを絶えず刺激する環境なのである。家族が子どもに気を配っていないときでさえ、小さい子どもの目には間断なき挑戦だと映るほど、家庭環境には学ぶべきたくさんのこと、経験すべきたくさんのことがある。反対に、初めて小学校に行った子どもは完璧に作り上げられた環境を発見する。ある出来事の後に別の出来事が自由に移り変わっていく代わりに、今や守らねばならない予定表が登場する。生じている全体の文脈から意味を拾い集めることによってのみ理解できる発言の代わりに、画一的で文脈に依存しないために、謎を問いかけてくることがまったくなくなった教室言語が登場する。自然な不思議さに満ちた家庭と家族環境は、すべてが規則通りで、分かりやすい、静的で、体系化された環境に取って代わられる。子どもたちは少しずつ、その環境が自分を鼓舞したり、やりがいを与えたりするものではないことに気づいていく。実際、この環境こそが子どもたちから主体性や創造性、そして考え深い性質の源泉、学校に来るまでは持っていた性質を奪い取るのだ。子どもたちはエネルギーを吸い取られ、少しだけ退歩する。すぐに、子どもたちは学校が活気に満ちた、知的に啓発されるところではなく、気力を奪い、自分たちを落胆させる場所だと気づくことになる。つまり、家庭が与えるような思考を促す誘因を学校はほとんど提供していない。子どもたちの興味が消えていくことは自然な帰結だと言えるだろう。

長く教師として働き、苦労して小学校の教室を任せられるようになった専門家たちにとっては、このような発言はほとんど信じがたいだろう。しかし、私は非難するために語っているわけではない。教師たちは教えられたことを行い、概してすばらしい働きをしている。むしろ教師が教えられたことこそに問題があり、これこそが教育のうちで最も当然視され、再検討の主題になりにくいものなのだ。職業教育の場で教えられたことを当然だと思うのは、学校での実践としては普通のことだ。

実際、多くの教師たちは、秩序や規律が子どもたちを無気力にするかもしれず、まさに自分たちが最も大事だと思い、育みたい自発性を破壊してしまうかもしれないという主張に、最近では意識的になってきている。しかし、あるときには紙と鉛筆で練習問題を繰り返し、次には自由に遊ばせるといった、厳格な時間と無計画な時間とを交代して行うだけでは解決は訪れない。むしろ、子どもたちにお話を作らせてクラスメイトに披露するといった、計画性と創造性の両方を育むような方法を発見することこそが解決になるだろう。ジョン・デューイが述べたように「反省的に考える習慣を作る方法は、興味を引き起こし、興味を導く条件を整えることにある。つまり、経験されたものの間に連関を作り出すことである。それが、未来のさまざまな場面で示唆を促し、考えの連続に連関を与える問題と目標を作る」[2]のである。連続性を欠くカリキュラムは、経験の連続性をなんとか学ぼうとしている子どもたちにとっては、なんの模範にもならない。子どもは何が起きているのかを知る鋭い感覚を持っている。しかし、自分で物事を連続的にとらえる方法を、いつも理解できているわけではない。これこそ、子どもたちが情報源としての本の代わりに、物語のような教科書を必要とする理由なのだ。物語を読むことで、主題が繰り返され、少しずつ変化し、成長や発達をいつも感じることができる。子どもは、理性的姿勢と成長、両方の模範を必要としている。成長の模範は、カリキュラムを通して見いだすこともできるし、大人よりも自分の友だちから見いだすことがで

2――*How We Think*, New York: Heath, 1993, pp.56-7（古いので訳文としては採用していないが訳書は存在している。ジョン・デューイ『思考の方法』植田清次訳、春秋社、一九五〇年、五八頁）。傍点は原文による。教育についてのデューイの最も重要な著作は『子どもとカリキュラム』（市村尚久訳、講談社学術文庫、一九九八年）、『民主主義と教育 上下』（松野安男訳、岩波文庫、一九七五年）、『経験と教育』（市村尚久訳、講談社学術文庫、二〇〇四年）である。しかし、これらの著作以外のところにも重要な考察がある。彼の前衛的教育に対する批判については Joseph Ratner (ed.), *Intelligence in the Modern World: John Dewey's Philosophy*, New York: Random House, 1939, pp.616-26を参照。

きるだろう。

学校での標準的実践と批判的実践の対立

「標準的」実践と「批判的」実践の間には線を引くことができる。まず初めに言っておきたいのは「実践」という言葉によって私は何らかの方法論的な活動のことを意味しているということである。実践は慣習的、習慣的、伝統的、非反省的とも言われるが、方法論的という言葉が作為的、体系的、組織的である事実を伝えるので、必ずしも実践は前者の意味を持つわけではない。さらに、自分自身の実践に対する態度には、一般的に確信の感覚が伴うものだ。ちょうど、私たちが他人の意見を尊重せず、自分の意見に確信の感覚を持つように。実践と活動との関係は信念と思想との関係であると言うことは、風刺画のようにでたらめなことではないだろう。信念とは、問われないままに確信している思想のことである。実践とは確信しながら方法論的に行うものであるが、実践についての徹底的な探求や反省は行われない。

反省を伴わない実践は、合理的ではなく、きわめて危険であると言われることが多いが、必ずしもそうではない。むしろ普通は危険ではない。慣習や伝統といった、ある文化的文脈にうまく根づいていて、反省しなくてすむ実践は、その文脈が変化しない限り広まり続ける。文脈が抜本的に変化するようなことがあったとしても、共同体をつなげる役割を担うゆえに慣習や伝統だけは残るだろうとデュルケムも述べている[3]。

別のケースでは、伝統的実践はうまくいかなくともとりあえず生きながらえる。代替案がそもそも存在しないこともあれば、実現可能な代替案が法律で制限されていて考察の対象にすらならないこともあるからだ。もう一つ別のパターンとして、教育現場ではよくあることだが、形だけの実践の検討が行われることがある。実践者は、すでに行われている実践は検討する必要などないという考え方に実際には従っておきながら、未検討の実践は行う価値がないと、傲慢にも考えるようになる。

特定の実践について膨大な研究を行う社会は、一般にその実践を改善しようとしていると考えられる。しかし、必ずしもそうであるわけではない。たとえば、教育機関についての研究のほとんどが、既存の教育実践を正当化し、安定させるという目的のために行われている。また、そう意図してはいないとしても、結果的に既存の実践を正当化してしまったという研究もたくさんある[4]。しかし、逆もまた真である。教育実践の改善を目的にしていなかった研究が結果的に実践の改善をもたらすこともよくある。ちょうど、教育の改善を標榜する研究が取るに足らない、無益な帰結しかもたらさないこともあるように。

教育活動にはかなりの程度まで自由裁量が認められているにもかかわらず、一般に、教育の実践は制度化され、伝統に制限される。実際、教師は自由裁量を最大限活用しながら教育することに大きな誇りを持っている。しかし、教師の行動を大規模に変化させるには、学校での標準的実践の周縁にすぎないそうした創造的な努力では不十分だ。これは、教育学部で教えこまれた教師という役割の定義を再構築するために、ヴェブレ

3――エミール・デュルケム『社会分業論 上下』井伊玄太郎訳、講談社学術文庫、一九八九年。

4――ドナルド・A・ショーン『省察的実践とは何か――プロフェッショナルの行為と思考』(柳沢昌一他訳、鳳書房、二〇〇七年)を参照。

ンが教師における「訓練された無能力」と名づけたものに原因の一端がある[5]。しかし、それ以上にこれは、教師が教室で孤独であること、教員集団が見かけだけ連帯していることの帰結である。教師による変革は賞賛され、学校長から歓迎されることすらあるだろう。しかし、教師による創造的変革は決してそれ以上広まらない。ましてや、変革が学校の実践全体に影響を与えることなどありそうもないことだ。

　教師は自分たちの意見が尊重されずにカリキュラムが変革されることを嫌う。しかし、大手教科書会社が握る巨大な権力や、州が握る教科書購入の合意といった背景を結局は理解していくことになる。といっても、教科書出版社は教師を黙殺することができず、新しい教科書を作るときに教師の持つ経験を参考にする。出版社は学校での標準的実践を代表する人を探しているだけなのだ。結果、教科書は一般に、実践を部分的に把握している大学教授、理論を部分的に把握している教師、そして在野の書き手たちによって書かれることになる。いずれにせよ、学校の標準的実践が焼き直されるのである[6]（試験作成、発行に関しても同じことが言える）。

　ここでついに、私たちは標準的実践から批判的実践の段階へと進むことになる。実践についての反省として、四つの段階を考えることができるだろう。（1）同僚の実践を批判する、（2）自分自身の実践を批判する、（3）他人の実践を修正する、（4）自分自身の実践を修正する。標準的実践が批判的実践へと変化する度合いは、上記した四つの段階のいずれか、あるいはすべての段階がどの程度進んでいるかによって決まる。

　それゆえ、実践についての反省とは、実践を支配している前提と基準とを明確にすること、その原理と支配的な実践との整合性を明確にすることなのである。それはもしか

5——Thorstein Veblen, *The Higher Learning in America*, New York: Sagamore, 1957を参照。

6——科学教育において教科書が作られ、使われる方法についてのトーマス・クーンの鋭い分析を参照。トーマス・クーン『科学革命における本質的緊張』安孫子誠也他訳、みすず書房、一九九八年。

すると、支配的な原理を明らかにするだけではなく、それらに対して挑戦することになるかもしれない。さらに、その原理の変革を提案するだけでなく、変革を実現するための組織を作ることになるかもしれない。結局のところ、実践についての反省こそが、実践の探求を成り立たせる。効果的な探求には、適切な介入が含まれるのだ。

実践者たちは、学校では以下のような機会に批判的に考えざるをえない（順不同で列記する）。

- 同僚の著作を読んだり、評価したりするとき
- 同僚の提案を評価しなければならない委員についているとき
- 苦情が提出され、対処しなければならないとき
- 学生が（1）授業での評価基準や（2）使われる教材、（3）立脚している教育思想に対して抵抗してきたとき
- 認可を求める提案を書いたり、評価したりするとき
- 学校やキャンパスで生じる、学生と経営者、経営者と学部、学部と学生との葛藤についての判断を行うとき
- 大学で実際に行っている仕事とこうあるべきだと考える仕事像を比較したり、実際の学校、職務とこうあるべきだと思う学校、職務を比較したりするとき
- 自分自身、あるいは他の人が持つ先入観や偏見を見抜くとき
- 完成されているが、満足できない実践に代替案を探すとき
- 他の人は問題ではないと思う事柄を問題として発見するとき

－実践によって理論を、理論によって実践を評価するとき
－大学で行っている仕事の意味を他の人たちに知らせるとき

このリストをもっと念入りなものにすることが可能なのは明らかである。このリストでは、たとえ自己修正の試みがうまくいかないとしても、批判的思考が自己修正的でなければならない、と主張するいくつかの根拠を詳細に説明することになるはずだ。

教育実践を再構築する

以下で、私は二つの教育実践の理論的枠組みが鋭く対立していると考えてみたい。標準的実践についての平均的枠組みと、批判的実践についての反省的枠組みである。平均的枠組みを支配している前提は次のようなものである。

1　教育とは知っている者から知らない者へと知識が伝達されることである。
2　知識とは世界についての私たちの知識であって、それは不明瞭でも、曖昧でも、神秘的でもない。
3　知識はさまざまな学問分野に分かたれていて、それらはお互いに重複するところはない。それらの分野が相まって世界を完全に知ることができる。

4 教師が知っていることだけを生徒は学ぶことができるのだから、学習過程の中で教師は権威としての役割を担う。

5 生徒は情報を吸収することで、つまりは世界についての事実を吸収することで、知識を獲得する。教育された心とはたくさん情報が詰まった心のことである。

反対に、反省的枠組みの前提は次の通りである。

1 教育とは、教師が主導する探求の共同体への参加の成果である。探求の目的は、理解やよりよい判断を達成することである。

2 世界についての私たちの知識が不明瞭で、曖昧で、神秘的だと思われたときに、生徒たちは世界について思考するように駆り立てられる。

3 探求が生まれる学問分野は、重複しないわけでも、完全なわけでもない。それゆえ、探求と主題との関係それ自体が問題になる。

4 教師がとるべき姿勢は、権威として振る舞うことではなく、誤りうる者として振る舞うことである（つまり、教師には間違いを認める準備がある）。

5 生徒には熟考し、反省すること、少しずつ理性的で思慮分別ある者になっていくことが求められる。

6 学習過程において情報の獲得は重視されない。一つの主題の内での概念の関係性、また主題と主題との関係性を探求することが重視される。

さて、平均的枠組みとは異なって、反省的枠組みは教育を探求だと考えるということが明らかになった。それゆえ、教育という営みが生じる条件についても異なっており、目指される目標も異なってくる。また、行うべきことにも、そしてその方法にも差異が生まれてくる。たとえば、平均的枠組みでは、教師は生徒に質問する。反省的枠組みでは、生徒と教師は互いに質問し合う。平均的枠組みでは、生徒は教えられたことを学んだかどうかを考える。反省的枠組みでは探求の共同体に参加したかどうかを考える。

私はここまで、ごく一般的な言葉を使って、標準的実践についての平均的枠組みと批判的実践についての反省的枠組みを比較してきた。ここで考えたいのは、反省的枠組みのいくつかの主要な特徴である。この簡潔な概要が説明されるのは大部の紙幅の後のことになるだろう。ある意味では、この著作の残りの部分は、反省的枠組みの詳細な記述にすぎない。私が描こうとしている主要概念は、正確でも、明瞭でも、戦略的でもない。むしろ、散漫で、検討が必要なものばかりだ。その中には、探求、共同体、合理性、判断、創造性、自律といった信頼に足る概念も存在し、それらすべての概念は、伝統的哲学について述べたものではなく、私の批判的実践について述べたものだ。しかし、それらの概念はどの教育理論にとっても重要であり、それらの概念を回避しようとしてもっと混乱してしまう危険を冒すよりも、真正面から受け止めるほうがいいだろう。

同時に、私は次のことも強調しておきたい。上述したような概念、概念の背景にある原則、そこから引き出される意味といったものは、反省的実践の抽象的で理論的な側面にすぎない。もし私たちが実践——反省的教育が教室の中で実際に行われているやり方——を理解し損なってしまうならば、実践ばかりに心を奪われ、理論を見向きもしない人たちと同じく、ただの誤解のとりこになってしまうだろう。

探求としての教育

教育の失敗は、途方もないカテゴリーミステイク〔訳注〕が原因だとジョン・デューイは確信していた。探求の過程を経て得られる洗練された最終成果と、まだ未加工で素朴な探求の始まりとが取り違えられている。生徒自身が問題を探求し、自分自身で探求に取り組むのではなく、私たちは最終的な解答ばかりを学ばせている。科学者は問題となっている状況に科学的方法を適用して探っていく。生徒が自発的な思考を学ばなければならないなら、まさしくそれと同じく、生徒も自ら探求するべきなのである。自ら探求させる代わりに、私たちは科学者が発見した最終的な結果だけを学ばせている。探求の過程を黙殺し、成果だけに固執している。初めに問題を探求しなければ、興味や関心が生まれることはなく、教育は単なるみせかけだけのもの、単なるまがいものに成り下がってしまう。デューイは疑いなくこう考えていた。教室で生じるべきは思考である。しかも、何者にも依存せず、想像力を駆使し、何らかの根拠に依拠する思考が生じるべきである。デューイが主張した方法――ここにおいて賛同者の幾人かと袂を分かつことになるのだが――は、教室での学習過程のモデルは科学的探求の過程に求めるべきだというものだった。

訳注――あるものを見当違いなカテゴリーの中で理解しようとする誤謬のこと。

判断と関係の特徴

判断とは、それまで未解決で、未確定であった事柄、どこか問題のある事柄、問題を含んで未解決の事柄を解決したり、決定したりすることである。探求と判断は一般的に、過程と成果として互いに関係している。しかし、その関係は排他的なものではない。探求の結果として判断に行きつかないものもあれば、判断の中には探求によって作られたのではないものもある。しかし、多くの場合に探求の成果は、探求過程の特徴を評価できるものとしてまとめ、表現することができる。推定することで見積もりが生まれ、描くことで表現が生まれ、検討することで分析が生まれる。よい判断について語ろうとするとき、私たちはしばしばそれを批判的判断と創造的判断の絶妙な混合物として説明しようとする。そのような回顧的な説明が役に立ち、説明として有効に働くこともあるが、長い目で見れば、よい判断がよい判断であると言われるのは、未来の経験を作るという役割のためである。よい判断とは、私たちがともに生きることのできる判断のことであり、これからの生活を豊かにしてくれるような種類の判断のことなのである。

関係について。思考とは連結や分離を見つけたり、作ったりする過程のことである。世界は、分子、イス、人間、観念といった複合物によって作られている（明らかにこれらは単一物ではない）。そして、これらの複合物は、ある事物と連結し、別の事物とは連結しない。こういった連結や分離を総称する言葉が関係なのである。意味とは、ある複合物が別の複合物と結ぶ関係のことにほかならない。それゆえ、関係が発見、発明されたときに、発見、発明されているのは意味なのである。また、関係の秩序や体系は、無数の意味を構成している。

7——パース「探究の方法」『世界の名著 四八』上山春平訳、中央公論社、一九六八年、五三―七五頁(C. S. Peirce, "The Fixation of Belief," in Justus Buchler ed., *Philosophical Writings of Peirce*, New York: Dover, 1955, pp.5-22)を参照。

探求の共同体

おそらくはチャールズ・サンダース・パースによって作られた「探求の共同体」というフレーズは、本来、科学的探求の実践者に限定された言葉であった。すべての科学者は共同体を作っており、その共同体の内では科学者たちは似た手順を使ってまったく同じ目標を追求することに打ち込んでいると考えることができる[7]。しかし、パース以降、このフレーズは科学的であるかどうかにかかわらず、どんな探求を意味するのにも使われるようになった。それゆえ、私たちは「教室を探求の共同体に変える」と言ってもよいことになる。それはつまり、生徒たちが敬意を持ちつつ互いに意見を聞き、互いの意見を生かしながら、理由が見当たらない意見に質問し合うことで理由を見いだし、それまでの話から推論して補い合い、互いの前提を明らかにするということである。探求の共同体は、既存の学問の領域の中に閉じ込められずに、探求が誘う場所へと進み続ける。対話は論理に従おうとし、ヨットが向かい風を斜めに受けてジグザグに前に向かうように、真っ直ぐにではなく進んでいく。しかしそうしているうちに、その対話の流れは、思考の流れに似てくるのである。結果、参加者はその流れを内面化し、その対話の手順に似た動きの中で考えるようになる。つまり、その対話の流れこそが思考であると考えるようになっていくのだ。

問題を感じる感性

教室では教師と生徒どちらの側も少しの疑問も困惑も持たずに、教師が質問し、生徒が解答しているだろう。そこでは、本物の思考は決して生じてはいない。なぜなら、そのやりとりは機械的で作り物だからだ。探求は何かに直面したときに始まる。逸脱や矛盾といった、当然だと思われていることへと挑戦する何かが私たちの興味をかき立て、反省と探求を要求する。教室で考えることが求められているのならば、カリキュラムは明瞭で確固としたものなどではありえない。カリキュラムが明瞭で確たるものであると、思考が麻痺してしまうからだ。生徒の鈍い意識をとらえて探求の共同体を作るように生徒を刺激するには、カリキュラムは、教科における不確定で問題含みの側面をつまびらかにするようなものでなければならない。

理性的姿勢

可能な限り、科学は合理性の模範になろうとする。科学者たちは、科学によって何が起きるのかを予言し、現在起きていることを説明する法則を作ろうとする。また、科学者たちは自らの道徳的役割を認識している。つまり、科学の干渉がなかった場合よりも状況をもっとよいものにするために科学者が必要とされている場所で変化を起こすのである。しかし、世界の多くの側面――特に人間の行動を扱おうとする側面――は、科学の特徴である精密さによっては扱うことも定式化することもできない。そこで必要とされるのは近似である。理論と事物とが正確に対応することを期待するのではなく、「適度である」といった感覚を育てなければならない。あらゆる点で正しい解決である必要はなく、バランスのとれた解決で満足すべきなのである。たとえ厳密な意味で成果が「合理的」ではなくとも、妥当で理に適っていれば成果に満足しなければならない。これは特に倫理的な論争に当てはまる。というのも、倫理的な論争の場合には多くの論争が公平に解決できず、どちらの側も体面と自尊心を保てるように妥協と取引をする必要があるのは、もう分かりきっているからである。教育を合理性の偉大な実験室と見ることもできるが、現実的にはこう考えたほうがいいだろう。すなわち、成長して理性的な市民、理性的な伴侶、理性的な両親になるために、若い人たちが理性的姿勢を学ぶことが教育なのである、と。

関係と判断

判断とは関係を判断することであり、それは関係を見つけたり、作ったりすることによってなされる。読者のみなさんのほとんどは、「比較し、対比しなさい」という決まり文句で締めくくられる問題文で判断力を見ようとする小論文試験を忘れることはないだろう。「アメリカとフランス、各国の革命による歴史的影響を比較し、対比しなさい」「ピアジェとヴィゴツキーの心理学理論を比較し、対比しなさい」「ルネサンス絵画とバロック絵画の美術様式を比較し、対比しなさい」といったように。このような場合、基準となるのは類似と差異である。しかし、部分と全体、手段と目的、原因と結果といった無数のものが関係であるのと同じように、類似と差異は一種の関係なのである。どんな分類の枠組みであっても、経験的実在に形式的関係を打ち立てる。どんな法則も、どんな原則も、適用される出来事に関係をもたらす。より正確には、一連の諸関係をもたらす。原則に含まれる情報は単に些末なものであって、より重要なのは、原則とは情報が組織される諸関係の構造であるということだ。その構造こそが、私たちの理解を形作る。

専門科目における思考

ハーストによれば、探求過程の論理こそが教育的に高い価値を持つと語るデューイは誤っている。ハーストの考えるところでは、教育が科学から引き継がねばならないのは過程ではなく、その成果である。科学的知識こそが合理性の模範なのである。すべての科学的知識は証拠と理由に根ざしており、また、証拠と理由によって正当化されていなければならない。生徒はそのような科学的知識を求めるように教えられなければならない。探求過程の最終成果である知識は論理的に構築されている。そして、生徒はその構築方法を教育されねばならない。証拠なしでは事実に対してどんな反論もしてはならず、理由を添えることなしにどんな意見を提出してもならない。また、適切な基準なしにはどんな判断もしてはならない[8]。

しかしながら、ハーストは、ちょうど外国語を学ぶ生徒がその外国語で熱心に思考しなければならないように（ただ機械的に外国語を自分の母語に翻訳し、自分の母語でしか思考しないので

8——Paul H. Hirst, "The Logical and Psychological Aspects of Teaching a Subject," in R. S. Peters (ed.), *The Concept of Education* (New York: Humanities Press, 1967), pp.44-60.

はなく)、自由主義教育の享受者たちもまた各教科が提示するさまざまな言語で思考せねばならないことを認めている。歴史上生じた出来事について学ぶだけでは十分ではない。私たちは歴史的に思考することができなければならない。「私たちは生徒たちが、どんなに未熟であっても、歴史的に思考すること、科学的に思考すること、数学的に思考することを実際に開始するのを求める。つまり、特定の教科に含まれる特徴的な方法で思考し始めることを求めるのである」[9]。しかし、こうした考えになったのは、明らかにハーストが「効果的な思考」という方向へと自ら歩を進め、一九四六年のハーバード委員会によるレポート『自由な社会における一般教育』[10]を目の当たりにしたからである。そのレポートでは、教育一般に必要不可欠な特性として、効果的に思考する能力、考えを交換すること、関連する判断を行うこと、価値観を区別することがあげられている。彼はその後、思考の問題に見切りをつけ、「知識形式の公的特徴」の考察へと後退してしまった[11]。

会話の見習い

幼児は家族の中で育ち、家族との会話という冒険に興味をそそられる。この目の前で行われる対話との「つきあい方のスキル」を身につけるために、「声を識別する」ことや「発言の適切なタイミングを計る」ことを学ぶ。マイケル・オークショットは、学校教育を受ける時期になると再びそれが繰り返されると言う。「もともと教育とは、この会話のスキルや参加資格への入門のことであり、そこで我々はさまざまな言語を認識し、発話の

9——同書四五頁。

10——James Bryant Conant, *General Education in a Free Society* (London: Oxford University Press, 1946).

11——Paul H. Hirst, "Liberal Education and the Nature of Knowledge," in R. F. Dearden, P. H. Hirst, and R. S. Peters (eds.), *Education and the Development of Reason* (London: Routledge and Kegan Paul, 1972), p.397.

適切な機会を弁別することを学び、またそこで我々は会話にとってふさわしい知的ならびに倫理的な習慣を獲得するのである」[12]。他方、マルティン・ブーバーは会話よりも対話を重視する（彼は、ディベート、友人とのおしゃべり、恋人との話に加えて、会話を対話の単なる影として分類する）。真の対話が生まれるのは、話者のいずれもが「実際に他者を、つまりその対話の相手、その個別的な存在を心に浮かべ、自分自身と他者との間に生き生きとした相互的な関係を作るという意図で向き合う」[13]ことによってのみ、なのである。理想的には、教師と生徒との関係はこういった対面での対話のような性格を持つべきだ。そうすれば、共同体に対話の学習と双方向の敬意が生まれ、一つの世代から次の世代へと伝統的なスキルが受け継がれてきた足場を作ることになる。オークショットとブーバーのどちらもが明らかに伝統主義的な主張をしているのであるが、彼らの考え方は、二十世紀最後の二十五年間に行われた教育改革に無視できない影響を与えている。

自律

教育の反省的様式が平均的様式から区別されるのは、反省的様式にとって最も重要な目的が学習者の自律にあるからである。それは不思議なことではない。自律には重要な意味がある。自律的に思考する人とは「自ら思考する」人のことであり、他の人が述べたり、考えたりしたことを単に受け売りするのではなく、自分の判断を理由付けし、世界を自ら理解しようとし、自分がなりたい人物像、自分が望む世界像を育んでいる人のことなのである。不幸にも、自律はしばしば無骨な個人主義と結びつけられてきた。批判

12――マイケル・オークショット「人類の会話における詩の言葉」田島正樹訳、『政治における合理主義』嶋津格、森村進他訳、勁草書房、一九八八年所収、二四〇頁。

13――Martin Buber, *Between Man and Man* (London: Kegan Paul, 1947).

的に考える人は、何ものにも依存せず、自己充足して、マッチョで、無敵の論証の傘で防衛していると考えられてきた。しかし実際には、反省的様式は、完全に社会的で共同的である。この様式の目的は共同体に摩擦を生む差異を明確に説明し、対立する主張に補足されながら論証を考え出し、そして熟慮の後に、それら摩擦や対立を乗り越える、もっと客観的な判断を生み出すような全体像を獲得することにある。

以上のことは、反省的様式の目的は先ほど言及した判断によって達成されると示唆しているのだろうと思う人もいるかもしれない。しかし、それは誤解である。教育全体の目的は、人生をより賢明なものに変え続けていくために、よりよい判断をなすことである。判断それ自体が目的なのではない。私たちは芸術作品についての判断を行うために作品を鑑賞するわけではない。より豊かな美的経験を獲得するために、芸術作品についての判断を行うのだ。道徳的判断を行うことそれ自体は目的ではない。それは、人生の質を向上する一つの手段なのである。

反省的思考

思考の改善には反省が伴う。ほとんどすべての人が次の二つの区別をよく知っているはずだ。確信の理由や根拠を知らずに正しい確信を持つことと、確信を支持する理由や根拠を意識しながら正しい確信を持つこと。後者はより反省的であり、長い目で見ればよりすばらしい考え方である。反省的思考とは、結論を支持する理由や根拠に意識的であり、しかもその結論の前提や含意に注意が向いている思考のことである。反省的に考える人は、自分の方法、手順、見方、立ち位置を説明することができる。また、先入観、偏見、自己欺瞞を生む要素を識別することもできる。反省的思考とは、主題に対する思考であるのと同時に、手順についての思考なのである。それはちょうど、州議会の議論で話題になっている事柄について考えながらも、その間中ずっと、議会が定めた方法に則って議論されているのかを意識し続けていなければならないようなものだ。同じように、教室での慎重な探求においても、議論されている事柄に注意しつつ、その探求の方法論に継続的な意識を向けなければならない。なぜなら、教室では非常にしばしば先入観や自己欺瞞が手綱を失って論証の隅々にまで行きわたることがあるからだ。会話は慎重な探求になりにくく、偏見の虜になりやすい。

端的に、思考とは完全に手続き的なものか、完全に内容的なものであると考えることもできる。論理学や数学についての思考、より正確に述べるならば、論理学について論理的に思考することと数学について数学的に思考すること、この二つは純粋に手続き的で、方法論的な思考の例だと言えるだろう。手続きを当然のものだと考え、完全に内容だけについて思考することが完全な内容的思考である。この二つの単純な形式を重ね合わせることで作られる混合体が反省的思考である。ここで反省的思考と呼ぶものには、再帰的思考、メタ認知的思考、自己修正的思考、そしてその他すべての主題を検討しつつ、自らの方法論に反省を加えるような思考の形式が含まれる。

思考の改善が反省的側面を洗練することであるのと同じように、ケア的、批判的、創造的側面を洗練することもまた思考の改善である。このことが再び、私たちをそうした思考を生み出すために何ができるのかという問いへと呼び戻す。教育をより批判的に、より創造的に、よりケア的にし、自らの手順を評価できるようにするためには、何がなされなければならないのだろうか。私が推奨するのは、手始めに、小学校と中学校のカリキュラムに哲学を加えてみることである。もちろん、そのような追加だけでは不十分だろう。学習の内で生じているに違いない思考を改善するには、さらに多くのことがなされねばならない。そしてもちろん、私が小学校レベルの哲学について語っているときに意味しているのは、伝統的に大学で教えられている、無味乾燥で、学問的な哲学のことではない。

その解決法では病気よりも悪い状態になってしまうだろうと考える人も、もちろんいるだろう。そういう人たちに対しては、あなたたちは患者の状態を最近観察しましたかと尋ねることくらいしかできない。確かに、どこの学校も生徒の知識が乏しいことを理由にして非難されている。しかしもっと悪いことは、あまりに少しの生徒しか、自分が無批判に知識を受け入れていることに気づいておらず、自分が想像力を用いずに反省していることに気づいていないことである。そういう生徒たちは民主主義を堅牢にするために必要とされる思慮深い市民になることはないだろうし、彼らが個人として自分に必要とする能力や自尊心を期待することもできないだろう。もちろん、私たちには必要な変革を起こす能力がある。私たちが変革を行う意志を持っているかどうかは、明らかとはいいがたい。明らかなのは、私たちが行っていることをもっと徹底的に再検討しなければならないということである。実践への反省こそがよりよい実践を生み出す基礎となり、それが今度はさらなる反省を促すのである。

第二章

思考教育の方法論

Approaches in Teaching for Thinking

批判的思考の運動の始まり

一九八〇年代には、教育相ウィリアム・ベネット、次官補チェスター・フィン、全米人文科学基金の書記長リーネ・チェニーといった人たちから教育課程に対する批判の声が絶え間なくあがっていた。ベネットなどは、自分が長を務めている教育省の解体を率先して行うことを明言して、その役職に就任したほどであった。それほど、彼は教育省の仕事に不満を持っていたのである。

彼らの訴えはもちろん、社会的・経済的不公正に抗議し反対する左派のものではない。彼らは、現存する社会制度に批判的な保守派であり、一般的な保守派とは異なっている。こういった人々のことを教育原理主義者と呼ぶ人さえいた。

彼らの嘆きをひとことで言えば、アメリカの教育制度は人々にきちんと恩恵を与えていないというものである。教育制度によって何らかの恩恵があったとは認められず、そもそも認められるべき価値があることは何もなされていない。よって彼らは学校制度全体が危機に陥っていると結論づけた。

これに対して、教育に実際に携わっている教師や役人は、一丸となって敵方の攻撃に応じ、一斉攻撃を繰り広げた。彼らは教養のある人が知っているべきこととして箇条書きにされたリスト（有名なところではE・D・ヒルシュが教養として羅列したようなもの）の素朴さをあざ笑い、自分たちが何をしているのかを弁護するために、大量の研究成果を示してみせた。要するに、ほとんどの専門職が批判を受けたときにするようにしてみせたのである。彼らは自分たちの実践に若干の不適切なところを見いだしたが、それ以外ほとんどはその実践が行われる状況に照らして申し分ないものであると主張した。

学校側はもし危機なるものが存在するにしても、それは学校のせいではなく、学校を含む社会の問題であると主張して自分たちの嫌疑をはらそうとした。生徒たちは正しいことを正しい方法で教えられている、ただ彼らが十分に学んでいないだけなのだ。子どもたちは、テレビ、薬物、性、家庭内の不和や友人との問題などで手一杯であり、勉強どころではないのである。教科書の作成者たちは一つの教科がカバーしている広大な領域から、重要なことを何とか数冊に詰め込み、教師はそれを子どもたちに伝えるよう努力している。残念なことに、多くの教師の意見では、あらゆることが多様化する今日、そういった知識はもはや意義を持っていないとのことだ。教育がそれ自体で意味を持ちえた時代はもはや過ぎ去った。多くの生徒にとって教育が価値を持つのは、それが就職市場へと参入する切符となり、またそこで有利になる資格を与えてくれるときのみにすぎない。したがって、今日の教育というのは、何か必要があるときには手に取るが、用訳注――ミュージックテレビジョンという音楽番組。

事が終われば捨ててしまう紙コップのような使い捨ての存在にすぎない。生徒たちは、学校で手に入れることのできる知識は彼らの人生や生活には無関係であると感じている。それらは彼らが世間の一員となれるかどうかがかかっている試験のためにだけ存在する。試験が終わってしまえば、いらなくなった紙コップを捨てるのと同様、なんのためらいもなく忘れ去られる。

多くの教師が教育原理主義者の批判に対してこのような反論を行った。原理主義者たちが「君たちは、自分たちが教える教科についてだってろくな知識を持ち合わせてないのだから、満足に教えられるわけがない。君らの持っているものと言えば、教育大学の教育方法論講座で得たおそまつな知識しかないのだからな」と批判すれば、教師たちはできるかぎり威厳ある態度でこのように答えたものだ。「ご心配なく、私たちは自分たちが教える教科について十分な知識を持っていますから。ただ、私たちは百年前にラテン語やギリシャ語の教師が置かれていたのと同じ状況にあるのです。私たちは時代に取り残されつつあります。ＭＴＶ〔訳注〕の時代にテキストの意味を深く理解しようとしたり、文法的に正しい文章を書く必要性があると誰が思うでしょうか。両親がろくに投票にすら行かないのに、生徒たちはいったいどうしてローマやギリシャの歴史が自分たちに関係があるなどと思えるというのでしょう。行く先が分からなくなっているのは私たち教師のほうではなく、私たちが住んでいる世界のほうなのです」

この論争では、学校制度に対して批判する者もそれに対して反論する者も、教育の目的は知識を注ぎ込むことにあるという同じ前提に立っている。偉大な知識の集大成といったものがすでに存在しており、それらは要約され、生徒たちに伝えることができるということは当然だとみなされているのである。教育原理主義者も教師たちも、この知識の伝達をいかに生じさせるか、もしうまくいかないならそれはなぜかを問題にしていたのである。だからある意味で彼らは互いに似たような前提を持っているのであり、そればかりか同じ教育的伝統に属している。しかし、一九八〇年代のこうした論争の傍らでは、別の事態も生じていたのである。

いかにして今いる場所に到達したか

カーター政権時代、それより前のケネディ政権時代から、多額の資金が国立教育研究所（＝NIE）の研究に分配されていた。この資金は一九七〇年に一旦停止されたが、その後八〇年代初頭に再び雲行きが怪しくなるまで順調に運用され続けた。七〇年代後半から八〇年代初頭、NIEの教育学習部門には、自分たちの役目が終わる時期に来たという危機感があり、手遅れになるまえに何か意義のある活動をしておこうという機運があった。これまで正統だとされてきたピアジェの学説に対する不満が生じつつあり、ヴィゴツキーやブルーナーの影響の旋風が巻き起こっていた。思考力、認知スキル、メタ認知といった単語が魔法の呪文のように飛び交った。

そして、スーザン・チップマン、ジュディス・シーガル、ロバート・グレイサーなどのNIEのすべてのメンバーの主導で、ピッツバーグ大学の学習に関する研究開発センターで会議が行われることになった。この会議の表向きの目標は、「学生たちの理解力、推論能力、問題解決能力、学習能力に関する教育実践と科学的調査についての検討で

1――Robert Glaserの序文、*Thinking and Learning Skills*, vol.1(Hilsdale, N.J.:Erlbaum,1985, p.x.

あった。認知科学者、プログラム開発者、認知スキルの教育に携わっている人々が一堂に会し、相互に意見交換し、それぞれの理論や成果、優れている点について議論することが計画されていた」[1]。教育プログラムの開発に携わる人々の間からは、ルーベン・フォイヤーシュタイン、ジャック・ロクヘッド、エドワード・デ・ボノ、マーティン・コヴィングトン、そして私自身も参加していた。認知心理学者としては、フィリップ・ジョンソン＝レアード、ジョン・ブランフォード、ロバート・シーグラー、ジェームス・グレーノ、ロバート・スタンバーグ、ジョナサン・バロン、スーザン・カレイ、そしてジェローム・ブルーナーが出席した。教育心理学や関連領域からも、カール・ベライター、ボー・フライ・ジョーンズ、デヴィット・パーキンス、ドナルド・マイケンバウム、アラン・コリンズといった人たちが参加していた。この会議は、すべての参加者にとって、まったく新しい興奮を誘う経験であった。それは、教育課程において思考力の養成が中心的な役割を果たす、そうした望まれていた新しい時代へ向けての足がかりを準備するものでもあった。

この会議は新しい時代への先導役を務めたが、同時にそれに終わりを告げるものでもあった。この会議によって、ＮＩＥの活動のいくつかには終止符が打たれ、ＮＩＥはそれから沈黙することになった。

しかし、教育研究界に震撼を与えるのには十分だった。人々は、思考教育について議論し始めた。当初多くの人々は、思考教育などは学ぶことを教えるときの付加的な要素にすぎないと考えていた。しかし、間もなく、ローレン・レズニックのように、学ぶことはそれほど重視しようとせず、思考することを教育という営みの中心に据える人が現れた。

思考教育というアイデアが特別なインパクトを持った一つの場所として、『エデュケーショナル・リーダーシップ』の編集事務所をあげることができる。『エデュケーショナル・リーダーシップ』は教育行政官を対象として、管理とカリキュラム作成協会が発行していた雑誌である。この雑誌の主幹編集者ロン・ブラントとその同僚たちは、思考のスキルの教育についての記事を好んで掲載し、一九八四年には思考のスキルをテーマにいくつかの号を発刊するまでになった[2]。やがていろいろな教育関係の刊行物が、教育界に現れたこの魅力ある新参者の存在を認識し、記事を載せるようになっていった。また、ほどなくして教師や教授たちは一斉に、自分たちはもともと思考教育に携わってきたのだから、自分たちがことさら新しいことをする必要などないと主張し始めた。

しかし、教育者のうちには、問題はもっと大きなものであるととらえる人たちもいた。もちろん、従来の教育も考えることを含んでいるが、しかしそこには考えることの質の問題が欠けていると彼らは考えた。必要なのは思考教育ではなく、批判的思考を教えることである、というのがそうした人たちの意見であった。

批判的思考の由来

批判的思考とは、いったい何であろうか。

この言葉がどこからやってきたのかについてははっきり知っている人はいないように思われ、また人はそうした言葉の由来についてはそれほど気にしていないように見受け

2——"Thinking Skills in the Curriculum," *Educational Leadership* 42:1(September 1984).

られる。この言葉が用いられ始めたのは、マックス・ブラックが一九五二年に出版した教科書『批判的思考』ではないかと考えられている[3]。ブラックの本は、論理学が学生にとってもっと身近なものとなるようにという意図のもとで作られたものであり、論理学者の苦心のあとが見てとれる。他の見解としては、マックス・ブラックと同様に重要なイギリスの論理学者スーザン・ステビングの仕事に由来するのではないかというものもある。彼女の本、『有効なる思索』もまた、論理的思考が実用的な価値を持つことを示そうとした試みである[4]。

しかし、それらと同時期に出版された本の中で、この言葉を世に知らしめるさらに大きな役割を果たしたものがある。それは、モンロー・ビアズリーの『実践論理学』である[5]。ビアズリーは文学的な審美眼を持つ哲学者であると同時に、フレーゲやウィトゲンシュタインの論理学に関して言語の観点から研究をした人でもあった。彼はかつて英語の教師をした経験も持っていた。それゆえ、当然のことながら、ビアズリーの本は、論理学、文法、修辞法、文章作成などを組み合わせて構成されたすばらしいものであった。ジョン・デューイの仕事を熱心に信奉するような人たちが期待したように、彼の仕事は教育の分野に広く影響を与えた。古くから伝承されてきた論理学の練習問題や例題にすっかりやる気を失った学生たちに対しては、ビアズリーは新風を吹き込んだ。つまり、論理学を退屈なお勉強ではなく、興味のわくチャレンジであると感じさせるような課題を新しく開発したのだ。ビアズリーの仕事は、学生の興味にも、彼らが話している言語にも、彼らが暮らしている世界にもつながりを持っていた。

他の論理学の教科書の執筆者たちは、しばしば命題の真理値にこだわり、学生にとっ

3——Max Black, *Critical Thinking*, 2d ed., (Englewood Cliffs, N.J.: Prentice-Hall, 1952). また、初期の重要な著作として、以下のものも言及する価値がある。Edward Glaser's *Experiment in the Development of Critical Thinking* (New York: Columbia University Press,1941).

4——スーザン・ステビング『有効なる思索』元野義勝訳、教材社、一九四二年。原書は、Susan Stebbing, *Thinking to Some Purpose*, (Harmondsworth: Penguin, 1939)。

5——Monroe Beardsley, *Practical Logic*, (Englewood Cliffs, N.J.: Prentice-Hall, 1950).

訳注――Josiah Royce, *Primer of Logical Analysis for the Use of Composition Students*, (San Francisco: A. L. Bancroft and Co., 1881).

ては何の役に立つか直感的に分かりにくい真理表に魅せられているように見える。ビアズリーにとって重要だったのは真理ではなく、意味であった。意味のほうが、審美的な批評の問題を追求する人にとってはふさわしい問題だったのだ。彼は、真理に重きを置く推論にではなく、意味に重きを置く翻訳にこそ注目した（演繹的な推論における結論は、その前提の真理を保持している。それに対して、よい翻訳は元の文章の意味を保持していると言える）。ビアズリーが強調したような翻訳のスキルや手順が、読解力の向上につながるものであったことはまず指摘するまでもない。というのも、読解とは、書き手の思考や言葉を読み手の思考や言葉に置き換えることだからである。

ビアズリーとブラックが批判的思考の発展に貢献した最初のアメリカの論理学者であるという印象を与えることは、私の意図するところではない。その栄誉は、ジョサイア・ロイスに捧げられるべきであろう。ジョサイア・ロイスはまさに卓越した哲学者、観念論者であり、後半生にはプラグマティストでもあった人物である。彼の一八八一年に出版した『作文クラスの学生のための論理分析入門』［訳注］は、評判にならなかったが、よくできた形式論理学の学習書であった。しかし、練習問題が堅苦しく、古くさいものだったので、作文を学ぶ学生たちにはあまり役に立たなかった。しかしながら、批判的思考の領域では、ロイスは社会への責任についておそらく最も敏感な人だった。彼は論理学が教育的に有効であることを示したいと考えていた。この点において、彼は、ドイツの論理学者ジグワートとイギリスの論理学者ベンの初期の仕事に近づいていった（後者は、古典論理学の初学者の中で視覚を重視する人たちには分かりやすいが、それ以外の人には分かりにくい有名なベン図の発明者）。さらに、ロイスの共同体の哲学は、一方でプラトンとヘーゲルに由来するものであったが、もう一方で、C・S・パースに由来するものであった。ロイスにとって共同体とは、解釈の共同体、すなわち意味を共有し、意味を創造する共同体であるのに対して、パースにとっての共同体とは、探求の共同体であり、その共同体の中では論理学それ自体が基本的に社会的な企図であるととらえられるのである。一世代若いG・H・ミードは、ロイスとパースの主張する論理学の社会的起源や社会的責任を取り上げ、それらをコミュニケーションや自己についての共同社会の理論へ取り入れることになる。批判的思考や非形式論理学の運動の中にあって、子どもにとって教育への最も強力な動機付けとなり理性的な人間になろうとする最も強力な動機付けとなるのは、社会からの働きかけであると考えている人たちにとっては、ミードの行動主義の社会的解釈は今なお影響を持っている[6]。

6——『デューイ＝ミード著作集〈6〉精神・自我・社会』河村望訳、人間の科学社、一九九五年。

デューイとデューイ主義者たち

デューイは一八七〇年代にジョン・ホプキンス大学でパースに師事していた。プラグマティズムという考えを発明した当人であるパースは、二十世紀中盤までデューイの哲学的な活動の方向を決め、推し進める力となった。パースは非常に独創的な人だった。実際、彼はあまりに創造的であり続けたために、体系を構築したり、自分の考えが実際にどのように役に立つかを細かく説明したりすることに時間を割けなかった（自分のアイデアの意義はまさにその実際的な有効性にあるというのが彼の主張でもあった）。デューイがパースから学んだのは、パースの唱える主義ではなく、その方法である。デューイはそれを科学、芸術、論理学、教育、あるいは学習に関する他の分野に応用していった。

デューイが教育に関心を持ったのは、かなり初期のころ、十九世紀の終わりの二十年あたりからであった。哲学史家は、デューイは初期のころヘーゲルに傾倒していたことを強調しがちであるが、彼の初期のライプニッツやダーウィンについての論文を見てみると、こうした思想家たちの著作にも大いに触発されていたことが分かる。十九世紀中頃の教育現場においては古典が衰退し、カリキュラムの中でそれに代わるものとして、科学の台頭が盛んだった。デューイの目にはこのことが、古典人文学への場当たり的だが頑固な追従に対する、柔軟で順応性のある探求の方法論の勝利として映っていた。それ以後、デューイの「知的方法論」としての科学への忠誠や、探求とはすなわち科学的探求のことであるという考え、教育の再構築はこの探求という方向性に即してなされることが望ましいという確信は揺らぐことはなかったのである。デューイの考えでは、私たちの社会が十分に文明的なものになり、学校制度もまた申し分ないものになったと言えるためには、学生たちがこうした探求をするようになり、それによって社会の一員となる準備をして、さらに自分たちの問題を解決するための最上の方法である探求にコミットするようになる必要があるのだ。

しかし、デューイは心理学者でもあったということを私たちは銘記しておくべきである。彼が教育に関することを取り扱うときには、必ずといってよいほど、そのアプローチに心理学者としてのそれと、哲学者としてのそれが巧みに混ぜ合わせられている。彼の心理学的なアプローチは、一九〇三年に初版が出た『思考の方法』において最もはっきりと示されている。ここでデューイは日常的な問題解決的思考の起源をさかのぼる形で、科学的な探求の歴史をたどっている。彼が示そうとしたのは、昔の人々は何かに阻まれて自分たちの行動がうまくいかないと分かった場合に、それまで自分たちが問題解決のために用いてきた思考のアルゴリズムを、それが成功をもたらした経験に基づきつつ、手を加え発展させてきたということであった。何かがうまくいっていないことを察知したとき、彼らは、自分たちがこれまで当然とみなしてきたことや正しいと思ってきた信念がもはや頼りにならないことに気づいたはずである。そこから問題を定義し、こうであったらよいのにという希望をありうべき実現可能な目標へと変更することが必要になる。また目的とされる結果にどのようにすれば到達することができるかという仮説を立て、その仮説に従って、どのような帰結が生じるかということを想像することも行わねばならない。最終的にはその問題が解決できるまで、こうした思考や仮説に基づき実験を行うことが求められる。障壁となっていたものは取り除かれ、これからの思考の前提となる新しい考えが見いだされるだろう。こうした問題解決のための思考の手続きは日常の私たちの実践の中から取り出された記述的なものであるが、それが一旦科学的な探求と結びつけられるやいなや、規範的なものとなり、いつの間にかこのようである／このようであったからこのようでなければならないへの移行が起こる。そう考えると、現代の認知心理学者たちが、問題解決パラダイムでの研究に失望して、まるで中世のキリスト教徒がアリストテレスの自然哲学に飛びついたのと同じような素早さで、デューイのモデルに飛びついたことにはいささかの不思議もないのである。

　また、まさに同じこの『思考の方法』の中で、デューイは単なる思考と反省的思考と呼びうるものとを区別している。反省的思考という言葉によって、デューイは、自らの原因や帰結に対して意識的であるような思考を指し示している。ある考えがどこからやってきたか——まさにこの条件のもと、その考えは思考となりうること——を知ることによって、私たちは知的硬直から解放されるのであり、知的な自由の源泉であるところの代替可能な選択肢の中から選択を行い、それに基づいて行動する力を得るのである。ある考えの帰結を知ることは、その考えの意味を知ることである。プラグマティストであると同時にパースの後継者でもあるデューイは、ある考えの意味というものはその考えが実際にどのような成果をもたらすか、私たちの実践や世界に対してどのような影響を持つかに存すると確信していたからである。現代の批判的思考運動に与する多くの人にとって、反省的思考に力点を置いたデューイこそが、今世紀における真の先駆者であったと言える。

それから十年も経たないうちに、デューイの教育に関する主要著作が出版されることになる。『民主主義と教育』においては、科学的探求をモデルにした教育の必要性が依然として呼びかけられているが、教育における思考の重要性がさらに強調されている。もし私たちが民主主義に価値があると考えなければならないなら、私たちは、子どもたちが自分で思考するように教えるにはどうすればよいかを学ばなければならない。自ら思考することのできる個人というのは、探求を行う社会と同様に重要なものである。これは、あたかもデューイが、民主主義と探求とは努力によって両立可能になるけれども、当たりまえに結びついているものではないのではないかという疑念を持ち始めていたかのようである。

多くの現代の読者にとって、民主主義と教育を結びつけるというデューイの考えはとても説得力のあるものと映る。共同体は科学的な方法論と民主主義的実践を結びつける中間項であるという考え方も非常に示唆に富むものである。しかし、デューイのアプローチには、ある問題がひそんでおり、それが後年明らかになった。その問題とは、思考することはそのままでは民主主義に結びつかないのと同様に、科学とも結びつかないということである。この食い違いは『思考の方法』のころにすでに予見されていた。この問題の研究者たちがプラトンまで遡ってみたところ、卓越した思考は哲学的な思考のことだと考えられており、哲学と科学とは互いに還元できない独立した営みだというのが事実なのである。それゆえ、もしよく思考することが教室での第一目標となるとすれば、そこには科学的探求をもって到達するべきか、哲学的探求をもって到達するべきなのか、という疑問が生じる。

この問いをデューイ自らは決して取り上げることがなかった。デューイの哲学への愛については疑いようがない。だが、たまたまエッセイでそれに触れることはあるか、触れるにしても「教育についての一般的理論」のようなさりげない言及をするのを別にして、デューイは哲学とはそもそも何かという問題には積極的に関わろうとしなかった。その結果として、デューイの考え方に触発された人の中でも分裂が生じ、何人かは学校に哲学を導入することが生徒の思考力を向上させる道であると論じたが、多くの人々は、デューイの後継者を自認する少なからぬ人々を含めて、そうした考え方を否定して、別の道を採ることになった。

そのような企てのうち、最も悪い評価が与えられそうなものは一九二〇年代に登場した「進歩的教育」である。このプロジェクトは続く十年の間にデューイをひどく失望させたあげく、彼はこの試みを批判するために『経験と教育』を書くこととなる。デューイに対して忠誠を貫き続けた別の試みとしては、「反省的教育」運動があり、この動きは一九五〇年代にアーネスト・ベイルズ、H・ゴードン・ハルフィッシュ、ローレンス・メトカフらの旗ふりによって始まった。教師の思考を生徒に伝達するようなカリキュラムを提供できなかったという意味では、この運動はうまくいかなかったと言える。しかし別の意味では、この運動は成功したと言える。というのは、反省的な教師を育成することのみに関心があって、反省的な思考過程が生徒の中で確立されるかどうかには無関心であるような教員養成過程がこの「反省的教育」のアプローチを採用していて、それが今では「批判的思考教育」をしていると宣伝しているからである。もっともすばらしい実践例は、健全な教育者であるルイス・ラスによって行われたものであり、ラスは賢明なことに、デューイの問題解決の手続きを「思考することを教える」[7]ときの形式として用いた。デューイにとっても、ラスにとっても、この方式は価値においてより上位の価値とそれ以外のものを区別するために役立つものであった。しかし、ラスが健康上の理由で仕事を続けられなくなると、それを引き継いだ後継者たちは彼のアプローチを「価値の明確化」へと変形させた。このアプローチでは、他のものよりもいっそう考慮に値する重要な価値などは存在しない。このようにして、批判的思考のモデルとして始められたものは、非批判的思考のモデルとなってしまった。

それ以外に実り多い貢献をしたのは、B・オサネル・スミスとロバート・エニスである。彼らが編集した『教育の言語と概念』[8]はイズラエル・シェフラーの『教育の言語』[9]の補遺も含め、教育を言語学的、論理学的側面から検討した、合衆国でも初期の試みであ

7——Louis E. Raths, Selma Wasserman, Arthur Jones, and Arnold Rothstein, *Teaching for Thinking* (1967), 2d ed. (New York: Teachers College Press, 1986).

8——B. Othanel Smith and Robert Ennis, *Language and Concepts of Education*, (Chicago: Rand McNally, 1961).

9——Israel Scheffler, *The Language of Education*, (Springfield, Ill.: C. C. Thomas, 1978).

る。一九六二年、エニスは『ハーバード・エデュケーショナル・レビュー』に「批判的思考の定義」[10]を発表し、この記事は「考えることを教える」という概念を発展させるのに大きな影響を持つことになった。論理学を専門とするバックグラウンドを活かして（彼は、『教員のための論理学』[11]の著者でもある。この本は優れた論理学の教科書であるが、なぜ論理学が教えられるべきなのかについてはほとんど説明されていない）、彼は自分の作成した批判的思考の定義を改良し続け、その定義に論理的説得力やそれが当然要求する教育的な妥当性を与えようとした。そうして彼は、批判的思考を、「私たちが何を信じ、何をすればよいかを決める手助けをしてくれる筋の通った合理的な思考」と定義する。彼の定義は他のどの定義よりも多くの支持を得ている。特に哲学を勉強したことのない人にとっては、彼らがわずかに理解できる爪の先ほどの狭い領域をこの表現は言い当てているのだろう。

デューイ主義者たちの批判的思考運動への目立った貢献を見ていけば分かるように、その貢献は反省的思考という概念だけに限定されるべきではない。デューイは『経験と自然』[12]の中で、批判としての哲学という考えを強く擁護していることを忘れてはならない（こうした哲学に対する考え方は、ビアズリーが彼の主要著作『美学——批判哲学における諸問題』においてとったものである）。デューイは、哲学を、科学とは異なる特殊な認知形式と位置づけ、それは価値判断に関わる固有な探求の形式（判断の判断、「批判の批判」）であると考えた。批判的思考と哲学との間はほとんど関係がないと考える人々は、先に言及した形而上学におけるデューイの主著の最終章をよく再読するべきであろう。

10——Robert Ennis, "A Concept of Critical Thinking," *Harvard Educational Review* 32:1 (1962), 81-111.

11——Robert Ennis, *Logic of Teachers*, (Englewood Cliffs, N.J.: Prentice-Hall, 1950).

12——『デューイ＝ミード著作集〈4〉経験と自然』、河村望訳、人間の科学社、一九九七年。

分析的スキルと認知対象

ところで、イギリスにおいては、その頃分析哲学の領域で教育に対する関心が高まりつつあったが、それをアメリカにおける批判的思考運動の盛り上がりとつなげて考えられることはほとんどなかったはずである。イギリスの人々は彼らの哲学的な仕事が持つ実践的な意味について気づいていなかったのだ。イギリスで批判的思考に関する書物が初めて出版されるのは実に一九八八年のことであった(アレク・フィッシャー編纂の『批判的思考——非形式論理学と批判的思考についての第一回イギリス会議紀要』)[13]。

しかし、ロンドン大学においては、すでに一九六五年に、概念的思考や論理的思考の観点から教育と学習を考える公開講義が行われていた。講義を行ったのはR・S・ピーターズ、D・W・ハムリン、ギルバート・ライル、マイケル・オークショットといった教育のプロセスを哲学的に考察することに取り組んでいた一線級の人々である。その二年後、ピーターズはそこで講義された内容を中心にして論文集『教育の概念』[14]を編纂している。この論文集には、上記の人物の他にポール・ハースト、R・F・ディアデンやアメリカ人のイズラエル・シェフラーやマックス・ブラック、オーストラリア人のジョン・パスモアらが寄稿している。パスモアの論文「批判的に考えるための授業について」[訳注]はこの論文集の最後に置かれているが、他の著者が論文の中で用いている理論的思考法を誰もが使えるようになることの必要性を初めて指摘したものであった。彼のこの論文は現代においても批判的思考理論のすばらしいお手本となっている。そこでは、批判的に考え

13——Alec Fisher, ed., *Critical thinking: proceedings of the first British Conference on Informal Logic and Critical Thinking*, (Norwich: University of East Anglia, 1988).

14——R. S. Peters, ed., *The Concept of Education*, (New York: Humanities Press, 1967).

訳注——John Passmore, "On Teaching to Be Critical".

ることができる人になるためにどんな認知的スキルが必要かについて効果的に論じられており、またそれ以上に、批判的に考える人が持つよう努力すべき性向について述べられている。

認知的スキルに言及することによって、私たちは批判的思考運動の起こりに深い関係を持つ、もう一つのアカデミックな背景に近づくことができる。一九五〇年代には、教育界の議論や実践において、教室での「行動の目標」について盛んに言及がなされた。シカゴ大学のベンジャミン・ブルームと同僚たちは、「認知の目標となるものは何か」「そこに到達するにはどのようなスキルが必要か」を議論していた。その中で、ブルームらによって『教育目標の分類学　第一巻 認知領域』[15]が編集された。この認知領域という言葉は二十世紀後半の教育界において多くの教育学者や教師にとっての決め文句となった。この書物は、論理的推論という目的が明らかに欠けてはいるものの（このことが致命的な欠陥であると指摘する者もいるが）、非常に役立つものであり続けている。この本が後に影響を与えたことの一つとして、そこで提案された認知の階層構造がある。（与えられた知識を）単に記憶することは最下層に置かれる。その上に理解すること、分析すること、統合することがあって、ピラミッドの頂点にはそれらを評価することが置かれている。教育現場に立ち会ったことのある多くの人にとっては、この階層は批判的思考に向かう道のりを表していると映った。知識を得ることは下位に置かれ、それを評価することが上位に置かれていたからである。このことはブルームたちが意図したことでもあったはずだ。この階層構造の詳細については文句をつけることもできようが（ネルソン・グッドマンは、ずっと後で、評価することは認知の全プロセスの中で試行錯誤し発展していくものであり、総括的な位置にあるも

15——Benjamin Samuel Bloom, et al., eds., *Taxonomy of Educational Objectives, vol. 1: Cognitive Domain*, (New York: McKay, 1956).

16――*Languages of Art* (Indianapolis: Bobbs-Merrill, 1968), p.262.

のではないという意見を述べた）〔16〕、それでも、教育システムの主要な目標となる批判的思考がどのように発展し学習されていくものなのかという道のりは前よりはっきり分かるようになった。

教育界においては、とりわけ運命のいたずらがチャンスを生み出すものである。しかし、ブルームに起こったことは、ちょうど半世紀前、進歩的教育運動が起こったときのデューイが経験したこととよく似ている。デューイは、ただそれを受け入れる準備のできていない教育的な文脈に自らのアイデアが放り込まれたときに、自分が意図していたのとはまったく逆のものとして解釈され、形を変えられてしまうのだ、ということに気づかされたのだった。ブルームの着想が放り込まれたのは、一九三〇年から七〇年代に児童心理学の分野で隆盛を誇ったピアジェ主義の帝国のまっただ中であった。ピアジェは終生（晩年にときおりこの信念がゆるめられるのをのぞいては）幼年期の子どもの思考様式は、知覚的な意味でも、情動的な意味においても「具体的」なものであるという考えを変えなかった。子どもは抽象的な概念を信用することができず、無知ゆえにそれらを理解しそこなったり、理解できなかったりするのである。教育とは、ほとんど時間の問題なのであって、子どもはいずれ子どもっぽい考え方から脱皮し、真理を獲得する、すなわち大人が物事を理解するようなやり方で考えることができるようになる。生徒たちはおおむね中学校の後半か、少なくとも大学に入るころには、抽象概念をうまく扱えるようになるはずだと考えられていた。

ブルームの着想が教育界を席巻していたピアジェ主義の帝国に浸透していく際、ピアジェの考えと完全に調和されるように解釈がほどこされた。ブルームの認知の階層構造は、ピアジェ的な認識の発達段階の理論として解釈されたのだ。幼年期における子どもの具体的な思考のプロセスにおいては、単に物事を記憶する以上のことがいくらかはできるだろうが、しかしそこから子どもの思考は段階を追って発達していき、最終的には大人のレベル、すなわち階層の頂点にある評価するという段階に到達することができるとされたのである。

最終的な結果としては、子どもに批判的思考を教えることは阻害されてしまった。ピアジェ流に解釈されたように、批判的思考にいたる認知の発達が長期にわたる発達の結果なのであれば、幼年期の子どもには、自分の思考を観察し、自分の意見に理由を与え、論理的な操作を自分で行ってみるなどということができるわけがないとされたからだ。一九七〇年代後半になってようやく、「基礎回帰」運動が起こったことにより、教育者たちは知識と思考に対する自らが持っていた前提を再検討し始め、心理学者たちも同様にピアジェやヴィゴツキーについての自らの前提を問い直し始めるようになった。教育者たちが、生徒には抽象化して物事を考える経験が欠けているのではないかという疑念を持ち、この欠落は哲学を通じて推論を教える、あるいは推論によって哲学することを教えることによって改善されるのではないかと考え始めたのも、一九七〇年代になってからのことである。

非形式論理学の台頭

批判的思考運動は、非形式論理学という試みが形を取りはじめた一九七〇年代後半にはかなり勢いを増していた。長い間、古典的な論理学を批判する人々は、自然言語に調和するような論理学の必要性を叫び続けており、そのような論理学があれば、古典論理学や記号論理学よりも学生たちの推論能力の向上に役立つことができるだろうと考えられていた。この目的のために、一九七八年にカナダのウインザー大学で会議が行われ、そこから「非形式論理学会報」（後年『非形式論理学誌』*Journal of Informal Logic* となる）が出版されることになった。この会報の巻頭にはこのグループの信条が次のように表明されている。「私たちの構想は非常に広範囲にわたる偏りのないものであり、理論的な問題（誤謬や論証についての理論）から、実践的な問題（日常的に行われている議論の構造を示すにはどのような方法がよいか）、また教育上の疑問（批判的思考の授業をどのように計画したらよいか、どんな種類の教材を用いるか）などあらゆることをカバーしている」[17]。ウインザー大学での会議に参加していた人の中には、非形式論理学運動の最前線にいる学者たちが多数存在した。ラルフ・ジョンソンとJ・アンソニー・ブレア（会報の共同編集者）やハワード・カハネ、マイケル・スクリヴェン、ダグラス・ウォルトン、ロバート・エニス、アレックス・ミカロスなどである。特に、非形式論理学運動の形成においてスクリヴェンが果たした役割は非常に大きく、この運動の実質的な創始者と言えるほどである。会議の中での発言において、彼は、この運動が「哲学を救済する」ものであり、「基礎的なスキルの教育を改善することにつながる」と強く主張している[18]。

「非形式論理学」という言葉は、ギルバート・ライルが彼の論文「形式論理学および非形式論理学」[19]で用いたことが始まりである。そしてウィトゲンシュタインやオースティン、ライルらが行った自然言語の分析がこの非形式論理学運動への道を切り開くの

17——Ralph Johnson and J. Anthony Blair, in *Informal Logic* 1:1 (July 1978), 1.

18——同書五頁。

19——Gilbert Ryle, "Formal and Informal Logic," in *Dilemmas* (Cambridge University Press, 1966), pp.111-29.

に大きな貢献をしたことは疑いの余地がない。この運動に貢献した人物の名を挙げればきりがないが、言語学的分析と批判的思考の間を非形式論理学によって橋渡しをしようとした人々がおり、その中でも、マイケル・スクリヴェンに加えてポール・グライスやステファン・トゥールミン、ロバート・フォグリン、C・L・ハンブリン、ルパート・クロウシェイ＝ウィリアムズの名前は挙げておかなければならないだろう。非形式論理学は現在でも非常に生産的な活動を続けており、毎年たくさんのテキストが出版され、批判的思考と非常に密接な関係があることが確認されている。

ある意味において非形式論理学は非常に新しいものであると言えるが、一方で長い伝統を持つものであるとも言える。さしあたり（批判的思考の起源がソクラテスやソフィストにあるということに触れなかったのと同様）古代哲学、とりわけアリストテレスに起源を持つということについては深く触れないでおこう。しかしながら、修辞法に関する研究というのは古代に限られたことではなく、現在まで続いている生ける伝統と言うべきものであり、批判的思考運動や非形式論理学運動はこの伝統から少なからぬ刺激を受け、またスキルに関しても多くのものをこの伝統に負うている。実際、もし大陸哲学が批判的思考の台頭と結びつくことがあるとすれば、ハイム・ペレルマンやポール・リクール、アルネ・ネスやハンス・ブルーメンベルク、H・G・ガダマーやジャック・デリダの著作におけるレトリックや論証の立て方と最も強いつながりを持っている。

すなわち、非形式論理学者と上記のような修辞学者は同じ問題に違った角度から取り組んでいたのであって、できることなら、川を両岸から掘り進めてトンネルを造るときのように、互いの道の中間地点のどこかで出会うことが期待された。両者はともに理性的姿勢（したがって合理性についての理論的説明をも）を検討し直すことを主張していたのである。非形式論理学者たちが、論理学の概念を拡大し、再定義することによって新しい理性的姿勢というものを見いだす方向に進んだのに対し、修辞学者は形式的にみれば論理的ではない文章を吟味し、どのように弁護すればそれらの文章が合理的であると言えるかを明らかにすることによって、同じことを目指していたのである。さらに両者とも論証に焦点を置く傾向があったが、一方はその論証がどのような説得力を持つかを強調していたのに対し、もう一方はその論理的な力に強調点を置いていた。

他のつながり、他の意見

修辞学者や非形式論理学者が異なる観点から批判的思考を支持していたように、哲学者たちは批判的思考の中でも推論の要素に重点を置くのに対し、哲学者以外の人々（特に科学者）は問題解決（あるいは「合意決定」）の要素を重視することが多い。科学教育や専門教育、技術教育の分野においては、「問題解決アプローチ」はそう新しいものではない。技術者教育や数学、物理学、化学、生物学や医学教育においてはもう何十年も用いられてきた方法である。最近の問題解決型教育では、専門化した講座や理論を持つのではなく、より一般的な教養型の教育が行われるようになっている。カーネギー・メロン大学で一九七八年に行われた会議「問題解決と教育」では、多くの認知科学者が集まり、問題解決の理論や方法について互いのアプローチを検討しあった。その中の何人かの人々は、各分野固有の知識に基づいた、その分野独特のヒューリスティックスを単に記憶するだけではない、より一般的な問題解決の過程を発見できるのではないかという期待をかけていた。そうした希望を持っていたのは、レイモンド・ニッカーソンやアラン・コリンズといった認知心理学者たちであり、彼らはコンピューターを使って問題解決の理論を検証し、それによって「認知的修練」という教育理論を発展させつつあった。

他にも批判的思考と関連領野のつながりをたどることもできるが、批判的思考と応用哲学の間にあるつながりはそれほど強くはない。応用哲学運動が組織されたのは一九八〇年代中盤のことである。イギリスにおいては、リチャード・ヘアやＡ・Ｊ・エイヤーなどのお偉方が応用哲学に関心を示したが、アメリカにおいては、いわゆる純粋哲学と呼ばれる分野の研究者たちは、この応用哲学という日常生活の実際的な事柄に関わって手を汚すことをいとわない哲学の領野を支持することや、そちらに乗り換える気などさらさらないという態度を示した。現在では、応用哲学に関するいくつかの専門誌が存在し、論文も多数発表されており、哲学的思考が教育やビジネス、法律や保健医療、環境学や政治における問題に対して効果的な働きかけを持つということが示されている。

批判的思考運動の中でも、応用哲学という分野に位置づけることが適切な実践もある。「子どものための哲学 Philosophy for Children（Ｐ４Ｃ）」という名で知られる教育的アプローチもその中に入る。子どものための哲学は、優れた推論能力や判断力を持つ生徒たちを育てるために、哲学が教育の分野に応用された分かりやすい例と言えるだろう。しかし、応用哲学と子どものための哲学の間にはいくらか違いも存在する。通常の応用哲学の形式では、哲学者ではない人々が直面している問題を明らかにし、解決するために哲学者が介入するのに対し、子どものための哲学では、生徒たちが自ら哲学的に考えるようになるために介入が行われるのである。

またそもそも教育分野の人でも、始めから批判的思考を支持していた人達が存在する。ヒルダ・タバ、ジェームズ・シェーバー、フィリップ・フェニックス、フリーマン・バッツ、トマス・グリーンらの名前が挙げられるだけでなく、もっと最近の人々、アーサー・コスタやロン・ブラント、バリー・ベイヤーといった人たちもいる。

これまでは、批判的思考教育を広め、発展させるという協力的貢献をした人しか挙げてこなかったため、批判的思考に対して批判的な関わりをした人については触れられていない。しかしこのことは、包括的な批判的思考運動の歴史を描く際にはやっておくべきことであろう。また、そのついでにジョン・マクペックの『批判的思考と教育』[訳注]について書き留めておくことが有意義であるはずだ。彼はそれぞれの教科に固有の思考の仕方があり、それゆえそれぞれの教科でその教科に相応しい思考力の養成を行うのが望ましいと考え、批判的思考は教科とは独立に思考することを教えようとするので、それを批判している。このことからロバート・エニスやリチャード・ポールのように一般的な教科とは別に、独立した科目として一般的な思考のスキルを教えようとする人々と、マクペックとの間に長い論争が続いた[20]。マクペックが批判的思考について指摘したことの多くはある程度、妥当なものもあるが、考えることを教えるには、それぞれの教科固有のやり方で行われるべきだという彼の考え方は、明らかに誤りであると言える。というのは、彼は、哲学というはっきりとしたその反例を考慮にいれていないからである。哲学と論理学という学問が現に存在するということ、そしてそれらは、優れた思考とは

訳注――John E. McPeck, *Critical Thinking and Education*, (New York: St. Martin's, 1981).

20――以下の文献を参照のこと。John E. McPeck, *Critical Thinking and Education* (New York: St. Martin's, 1981) ; Richard W. Paul, "McPeck's Mistakes", *Informal Logic* 7:1 (Winter 1985). 35-43 ; John E. McPeck, "Paul's Critique of *Critical Thinking and Education*," ibid., pp.45-54.

どのようなものであるかを示すことに関わる規範的な学問であること。こうした事実そのものが、思考の内容に縛られない自律的な営みとして思考教育に特化した教科や学問など存在しないというマクペックの意見への反論となっているのである。

批判的思考の教育領域への導入

一九八〇年代後半から一九九〇年代には、批判的思考の実践や研究が興隆していることを広く知らせようとする努力がなされた。一九九二年だけでも、「批判的読解能力と批判的思考」（シカゴ）「思考能力について」（ノースクイーンズランド）、「批判的思考と教育改革」（カリフォルニア州ソノマ）「批判的思考と学習」（ニュージャージー州モンクレア）など、たくさんの関連会議が行われた。一九九二年を頂点として、年間に開催される会議の数は増えていった。それ以降は若干減少傾向にあるように思われる。非形式論理学（批判的思考にとっては重要な理論的片腕）の会議についても同じことが言え、そのうち多くはカナダにおいて行われ、カナダの研究者が重要な役割を果たした。この時期において、合衆国における批判的思考運動の主要な両輪は、ソノマ州立大学とモンクレア州立大学であった。ソノマでは毎年大勢の人数を集めて会議が開かれたが、一九九〇年代後半からはその勢いも衰えていった。モンクレアでは、豊富な資金に恵まれた批判的思考研究所が作られ、大学生や周辺の学区にある学校において批判的思考能力の向上を目指した取り組みが行われた。モンクレア州立大学の研究所で一九八九年に行われた会議では、その議事録が『批判的思考——社会文化的探求への注目』[訳注]というタイトルで一九九一年に出版された。

訳注——『批判的思考——社会文化的探究への注目』原題 *Critical Thinking: Focus on Social and Cultural Inquiry*.

一九九二年の会議の議事録は『教育の理想としての批判的思考』［訳注］として一九九三年に出版された。また一九九二年には『批判的思考と学習』［訳注］というタイトルの論文集が出版された。これらの三つの出版物の編集者はウェンディ・オクスマン、マーク・ワインスタイン、ニコラス・ミケーリ、レスリー・コイアである。この時期に研究所は『探求――学問分野を横断する批判的思考』［訳注］という定期刊行物を出版し始めた。

　しかし、批判的思考が盛んに宣伝されたのはこの時期までであり、数年後には、モンクレアの研究所は活動を休止し、ソノマ州立大学のセンターは教師の教育のためのワークショップを行うことに重心を移すことになる。批判的思考の知名度はしっかりと確立され、教育のあらゆるレベルに導入されることになった。

　けれども、現状をよく見てみると、事態を楽観視できるような根拠はあまりないことが分かる。出版社の年刊あるいは季刊カタログを見てみれば、批判的思考のテキストが一冊あるいは数冊挙げられていることが慣例となりつつあるが、これらのテキストは、おもに批判的思考の練習問題集として使用されることになっているため、どれもこれも似通っている。すべての教科が批判的に教えられ、共同的な学習が行われることが可能であったカリキュラムが存在したのはもはや遠い昔のことである。批判的思考は確かに教育界に導入されたが、しかしそれは（今でもそれに抵抗し続けている教育者もわずかに存在するが）すっかり牙を抜かれた虎に姿を変えることによってであった。

　それでもなお、希望のしるしもいくつか存在する。『非形式論理学誌』はその運動初期の状態を保っていることにおいて模範例となってきたが、近年ではそれをどうやって教えるかという問題に毎号の一部がさかれている。また、モンクレア州立大学では、教員

訳注――『教育の理想としての批判的思考』原題 *Critical Thinking as an Educational Ideal*、『批判的思考と教育』原題 *Critical Thinking and Learning*、『探求――学問分野を横断する批判的思考』原題 *Inquiry: Critical Thinking Across the Disciplines*。

養成課程のすべての授業に批判的思考の要素が取り入れられるようになっており、また大学院の博士課程では、修士から子どものための哲学を専門的に扱う教育プログラムが提供されている。また、合衆国の国務省の支援のもと、キロボグラード州立師範学校（ウクライナ）との協働事業に着手しており、批判的思考を上は大学の高度専門教育から下は小学校での哲学教育までに導入するという試みが行われている。最初はほんの戯れから始まったアメリカの教育界と批判的思考との関係は、教育大学が次々と多元的な思考ができる教員養成コースを作ることによって、より実質的で意味のあるものになるに違いない。

これまでに見てきたことは、批判的思考運動の最近の流れを遡った簡単なスケッチにすぎない。自らが何者かを決めかねているというところもこの運動には存在する。たとえば、一方で哲学的な思考との結びつきを持ちながら、他方では、創造的思考とも結びついているというように。しかしこのような難点を克服するための試みが行われているということこそが、批判的思考運動が私たちにとって価値あるものとなっている理由であるとも言える。

批判的思考と信念を植え付けること

ロバート・エニスほど批判的思考の促進に精力的に尽力した人はいない。それゆえ、彼が、批判的思考とは私たちが「何を信じ、どう行動すればいいか」を決める手助けとなってくれる、と述べていることには注意を払うべきであろう。彼が信じると行動するという言葉を選んだのは、信じることと行動することがちょうど一般的な教育実践が働きかける対象となっていたからである。学校とは（したがって考えることもそれを目標としているが）私たちが正しいと思われることや適切に行為することを学ぶ場所なのである。実際にはそんな曖昧な表現ではなく、学校とは知るべき正しいことを学ぶ場所である、とはっきり述べられている。しかし、ここで次のような推論がなされているのは明らかである。もし私たちが何かを知るようになれば、それを信じることになる。そうなれば、当然その信念に基づき行動するはずだ、と。エニスの批判的思考の定義を読んで、これはまさに、二十世紀後半の社会において、その社会で多少とも公認されたイデオローグたちの考えを生徒に植え付ける際に用いられた言い方ではないかと不信に思う人もいるだろう。そうしたことは生徒たちが自分たちで考えることや、より理性的になることを助けるといった見せかけのもとで行われたのだから。

一般的な知識伝授型の教育実践から、新しい探求型の教育実践に目を向ければ、複数の実体的な信念を「知識」と偽って教え込む必要がないことに気づく。その代わりに、生徒たちは探求の方法を暫定的にではあるが受け入れることが求められる。これは、探求の共同体のメンバーとして受け入れられるための手続きなのである。探求をするに値する数限りない問題や状況があり、現在も行われているさまざまな探求からは、いろいろな解決案や意見が提示されている。そのうちのいくつかはかなりしっかりしたものであり、「正当に主張しうる」ものである。学校に行く年齢の子どもたちが気になっているのは、友だちや成績のことだろうし、大人が考えたいと思うのは、物価の高騰のことや自然環境のことであるかもしれない。一般の市民でも批判的思考が必要であると言われるのは、これらのテーマがどれも簡単には解決できない問題を含んでいるからである。説得的な論拠があるかないかを判断して知識に関するさまざまな主張について判断を下すことが人々には求められている。しかし、批判的思考ができるようになることは、依然として「何を信じるべきか」を決めることからはかけ離れている。批判的思考は、私たちが無批判に物事を考えることや、無反省に行動することをなくすことを手助けしてくれるだけである。

しかしながら、批判的思考は、多くの人に受け入れられるような解決策を見いだす手続きにおいてではなく、根本的に論争的な事柄や容易には結論が出ない事柄に関して用いられるほうがもっと有効性があるだろう。人間であるとはどういうことか、人間は自分たち以外の動物や自然の生物に対してどのように接するべきか、人は自分の人生を正しく終えることができるかというようなことが問題である場合には、議論は氷河のように本当にゆっくりとしか動いていかないために、ほとんど進展がないように見えることは明らかであるが、それでも進んでいってはいるのである。

批判的思考の目的が何を信じるべきかを決定することを支援することではないとしたら、ではその目的とはいったい何なのだろうか。知ることと信じることが問題になる限りでの、批判的思考の役割というのは防衛的なものではないかと私は考えている。すなわち、誰かが、私たちにそれを自分で吟味する機会を与えずにただ信じこませたいと思う事柄を受け入れてしまったり、それに洗脳されてしまったりすることから私たちの身を守ることができるということである。どの社会にも個人は強力な力（政治的、軍事的権力や経済的支配力がその最たる例である）に晒されている。それらの力を持つ人たちの狙いは、往々にして、彼らが持たせたいと考える見解を私たちに無反省に身につけさせるということなのである。批判的思考が私たちに与えてくれる、何事もまずは疑ってかかるという構えは、個人に関する限り、どんな考えをも受け付けないというような強固なものではなく、人々がそのような態度を取れるようになるのであれば、人に考え、決断する能力を与えると言えるだろう。批判的思考が生徒の中に育むものは、その場限りの懐疑的な態度ではなく、先行きが不明な中で長期にわたって信用することのできる信念体系を築く能力であると考えるほうが賢明だと私は思っている。

エニスが掲げた信念と行動という二つの目標は、教育と学校教育がしばしば混同されることによって生じる教育の本性についての誤解を表している。考えだけでなく、行動面においても、慣例に合わせて順応することが必要だとされるのは、学校教育においてであって、教育においてではない。むしろそれとは反対に、教育においては、何が信じるに値するかを疑問に付しつつ、開かれた態度でいることによって、理性的に考え、判断力を行使することが求められる。

それゆえ、探求することと信念を持つことは両立しないと主張できるような根拠はどこにもないと言える（ただし、探求することに価値があるという信念をのぞいては）。しかし、探求のテーマとなった事柄については、私たちはもはやそれまでの信念を持ち続けることができない。一度探求が始まれば、信念をいったん保留させるような証拠が提示され、探求が締めくくられるまでは、何事も疑ってかかることを行わなければならないからだ。探求を進める中でたえず自己修正を繰り返し、それがいろいろな形で落ち着くことによって、むやみな懐疑主義に陥る土壌も徐々になくなっていくだろう。あるテーマについての探求の終わりに、問いが解決されて結論に至ることで、また探求の結果、再構築され、さらに練り上げられた新たな信念を持つこともできるようになるだろう。

ある者たちは、理性的姿勢や判断力を単なる「過程」や「方法」にすぎないといって、それが「内容」に欠けていることを非難する。優れた判断力を養うには、その内容に関わることが不可欠であることは知っておかれるべきである。そして、もし生徒に歴史的な判断力を養ってほしいなら、実際に彼らを歴史に触れさせるべきだし、文学的な審美眼を養ってほしいなら文学に触れさせなければならない。環境問題についての判断能力をつけさせたいなら、彼らにそれらに直接触れさせる必要がある。しかし、まさにこの点において、どんな教授法をとるか（批判的思考教育のために教師がどのような介入をするか）が重要となってくるのである。もし私たちが生徒に単純に文学や環境学や歴史だけを学んでほしいということであれば、その中で彼らの判断力の向上を望むことは無理に等しい。しかし、私たちは、生徒に愛国心を持たせるためにではなく、優れた歴史的判断能力を養うためにこそ、歴史について批判的に考えることを教えているのだと理解しているのであれば、教えられる内容とその方法論とは、決してどちらが優先されることもなく、両方並んで正しい位置を持つこととなるだろう。

実際のところ、（複数の教科の中において、あるいは複数の教科をまたがって教えるということでなければ）ある特定の教科の内容を教えるのに適した方法などありはしない。もし、批判的思考が文脈への敏感性を根本的に含んでいるのであれば、それは、私たちが敏感であるべき文脈というものを発見できるような個別の内容に直接出会うことによってしか発揮されない。個別の内容の特殊性、つまり、まさしくこれ以外にありえないという特殊性に再度直面するまでは、私たちは文脈への鋭敏な感受性を働かせることはできないであろう。それぞれの教科の内容が持っているこの他に還元できない個体性や特殊性こそが、生徒たちがよく注意を払わなければならない当のものなのである。生徒たちがこうしたことに直面したときには、探求の方法を自己修正することが教えられなければならない。

生徒たちに、あらゆる判断は基準を伴っていること、それぞれの探求は判断に依存していることを理解させるために、学術的な理論を教える必要はない。私たちは、こうした判断の基準が難解な論理学の産物であり、私たちの生活からかけ離れた知識の殿堂にしか存在しないと考えてしまいがちである。こうした基準がすべての知的活動に適用可能であり、そうした知的活動の中で意識的にこの基準を用いることが行われていないような場合でも、それは可能なのである。ある人が「シェークスピアの詩作は華麗である」という場合、この人がシェークスピアとベーコンとの違い、あるいは詩と散文との違いや、「〜である」と「〜だった」の差異、「華麗」と「きらびやか」の差異を意識的に考慮しているかどうかにかかわらず、それらの副次的判断はこの命題の中に表されている判断を補強しており、この副次的判断はそれぞれの基準に導かれている。名詞というのは、ものを分類するための最も単純な装置であり、形容詞や副詞は物事を評価するための装置、動詞はその両方であると言える。いずれにしても、分類と評価のいずれが問題であるにしても、こうした言語の使用それ自体において判断はなされており、したがって、そこには何らかの基準が存在するのである。

実践的な推論の教育のための他のアプローチ

退屈な、頭を使わない、決まったことの繰り返しのような日課から退屈で機械的な技能まで、単なる実践と言えばいろいろある。しかし実践に批判的思考が行きわたるようになれば、実践者は何かする前やした後に批判的に反省するようになるため、こうしたつまらない仕事でさえ自己修正的な実践となり、自己修正的な実践は探求そのものとなる。

異なる種類のプログラムには、異なる目的が存在する。論理的・合理的思考能力の訓練を通じて、認知的能力の向上を目的とするプログラムも存在すれば、学力や、運動能力、芸術的表現力や道徳的思考力など、スキルが必要な実践を遂行する能力の養成を目的とするものもある。生徒たちが問題を発見し、解決するための能力を向上させるためのプログラムもまた存在する。これら三つの目的がまったく異なっているためそれぞれのプログラムではまったく別々の方法がとられる、というわけではない。それぞれのプログラムや目的には重なっているところも多分に存在する。しかしながら、最初のグループに属するプログラムでは、しっかりした合理的思考が重要となってくるであろうし、二番目のグループでは、明確化されている基準を満たして巧みに課題が遂行できることが問題になる。三番目のグループでは、結果と手段を再考することに強調点が置かれる。言い方を変えれば、ある場合にはきちんとした理由や証拠を実践の導きとすることが重視され、別の場合には、基準にあわせて実践が行われることや、仮説やその帰結から実践が行われることが重視されるのである。

理由や証拠を実践の導きとする

子どもたちは、社会的に容認されない行為と容認される行為があることをよく知っている。彼らは、教師がそのような行為の容認を行う道徳的権威であることを理解しており、自分たちがこの権威に対し異議を申し立てるような立場にないと感じている。ということは、学校の教室においては、道徳的な問題について自分たちで考えることが求められる倫理的探求を行うことは容易ではないということである。たとえば、ある子どもが他の子どもを叩いたとしよう。生徒たちは当然、人を叩くのは悪とみなされており、したがって教師がこの行いを非難するであろうことを知っている。そのために、子どもたちがこうした行為を引き起こす状況について探求を行う機会はほとんどない。しかし、試しにここから他にどのような教育実践が展開できるか考えてみよう。教師が当該の行為のよし悪しや自分の権威をいったん棚上げにすることができれば、何が起こったのかをクラス全員で考えてみることができ、子どもたちはこの問題に関する決定について自分の問題として責任を持って関わることができるようになるかもしれない。教師は叩いたという行為を直接非難するのではなく、なるべく公平に、誰かが人を叩くにはどのような理由があるか、ということを尋ねてみるとよい。叩いた子どもが「彼の容姿が気にいらなかった」と言うのであれば、教師はクラスの他のメンバーに「それは十分な理由といえるかな？」と尋ねてみればよい。ここで子どもたちは、叩いたという行為についてではなく、その理由に着目する段階に進みつつある。彼らはおそらく一斉に「だめだ、それじゃ理由にならないよ」と言うだろう。もしも叩いた子が「彼は僕にナイフを向けたんだ！」と言えば、クラスのメンバーはそのことが相手を叩く理由になっているかどうかをじっくり考えてみる必要にせまられる。重要なのは、子どもたちが、すべての倫理的な行為には理由があること、ある行為を実行する前に自分がそうする理由について考えてみなければならない、そうしなければ、自分は後で仲間の道徳的非難の対象になる、ということを学ぶことである。このことは、単に合意に基づいて意思決定を行っているということではない。ここで起こっていることは、個々の行為ではなく、その行為の理由を重視するような批判的探求を行う共同体が形成され、私たちの行為がそれによって導かれるようになっていくということなのである。

　こうしたやり方に対しては、通常、教師の道徳的権威としての基盤を弱めることになるのではないかという反対意見がある。ある意味では、確かにそうである。こうした実践の目的は、教師に課されている道徳的責任を一部でも取り去ることによって、その道徳的責任の重みが一カ所に集中しないようにするということだからである。しかし、生徒たちにとっては、我々がそう見るほどには、教師は強い立場にあるわけではない。教師の道徳的権威は、倫理的決定をすることができる専門家としてではなく、教師たちがきちんと大人として振る舞うという点に残されている。どんなときにある行為が賞賛され、非難されるのかということに対して、納得のいく合理的な説明を与えてくれたということで、生徒たちは教師を尊敬するだろう。

実際のところ、教師が置かれている状況というのは私たちのうちの誰にとっても覚えがあるものであり、私たちは毎日そのような状況の中で暮らしているのだ。私たちは、食べ過ぎはよくない、喫煙はよくない、飲酒はよくない……などと自分に何度も繰り返し言い聞かせながら、自分が非難しているまさにそのことを何度もやってしまうのだ。子どもたちも同じである。子どもたちは、嘘をつくことや人のものを盗むこと、人を叩くことは悪いこととして大人から非難されるのだということは、教師がそれを知っているのと同じくらい十分知っている。けれども、その判断に納得がいっていないのかもしれない。彼らにとって問題であるのは、悪いとされることをいかにしないでおくか、ということなのだから。

単にある行為を禁じることや、大人や教師がその理由を説明してやるのでは、不十分なのだ。子どもたち自身が、そのような行為が、大人にとって、また彼ら自身にとって問題である理由について、議論し、じっくり考えることによって、何を善いこととし、何を悪とするのかを十分な理由を挙げて決められるようにならなければならないのだ。

基準に基づいて行為する

他の状況も考えてみよう。学校の水泳チームのメンバーが飛び込みの全国大会に出場することになった。彼女は何ヶ月も練習をし、コーチとともに自分の演技を見直してきた。彼女はまた、試合の際に審判が採用するだろう基準を満たすよう準備を重ね、それぞれの基準を満たすには、高い水準の演技を自分に課さねばならないことを認識している。いろいろな点で、彼女の演技は、これらの基準に応えるものであり、それに導かれたものである。こうした実践もまた、探求的な方法に基づいていると言えるのであり、特にチーム全体やコーチが、共同体として、演技にはどんな基準が課されており、それを満たすにはどんな水準の泳ぎや飛び込みが要求されるのかについて話し合う場合はそう言えるのである。

仮説やその帰結に基づく実践

仮説を立て、その帰結に従って実践するやり方というのは、デューイが『思考の方法』で初めて概略を述べた「問題解決」的手続きの系譜に属している。以下にその現代版を紹介しておく。

問題解決にむけての八つのステップ

1　子どもに、今感じている通常とは異なる感情の兆しを探し、それを言葉にするよう促す。例「私は腹が立っている」。

2　そこで起こっている問題を要約するよう助ける。「トッドが私をいじめるから、私は腹が立っている」。

3　その問題に対する解決を考えさせる。「私はトッドにいじめるのをやめてほしい」。

4 答えを与えてはならない。子どもが自分で問題を解決するために何ができるかを考えさせ、挙げさせる。「私はトッドを叩くか、『やめて』と大声で叫ぶことができる」。

5 それぞれの方法を実行した場合に、どのような結果になるかをあらかじめ考えさせる。問い「もしあなたがトッドを叩いたら、どうなると思う?」「もっとややこしいことになるか、トッドが傷つくことになる」。

6 子どもにどれが最善の解決法かを決めさせる。「トッドに向けて『やめて』と大声で叫んでみる」。もし大人からみて適切ではない方法が選ばれそうな場合は、子どもが自分で考えているのを邪魔したり、子どもの考えを頭ごなしに退けない形で大人が意見を述べる。ただし、意見の表明は最終的な決定がされるよりは前にすること。

7 どのような形で、いつ、決定したことを実行できるか考えさせる。うまくいかない場合についても考えてみるとよい。「トッドに『やめて』って叫んでも聞いてくれない場合はどうしたらいいかな?」事前に起こりうる問題について予想できている場合は、実際に行為を行うのに障害が生じた場合、子どもががっかりしてやる気を失ってしまうことが少ない。

8 子どもに実際に考えた解決法を実行させ、その結果を評価させる。子どもに「実際にやってみてどうなったか教えてちょうだい」という問いを向けて終わること[21]。

それぞれのステップで起こっていることは次のように表される。

1 自分は問題を抱えているという感情を表出する。

21――この八つのステップは、以下の文献からの引用である。"How to Teach Decision-Making to Kids," *U.S. News and World Report*, April 21,1986, p.64, a discussion of the problem-solving approach of Maurice J. Elias and John F. Clabby. 以下の文献も参照のこと。Elias and Clabby, "Teaching Social Decision Making," *Educational Leadership* (March 1988), 52-5, and George Spivack and Myrna Shure, *The Social Adjustment of Young Children* (San Francisco: Jossey-Bass,1974).

2　その感情の原因を特定する（問題の定式化）。
3　こうなりたいという最終段階、ゴールを選ぶ（目的の定式化）。
4　そこに至る手段を特定する（仮説を考える）。
5　その手段を取った場合どのような結果になるかを予想する。
6　複数の選択肢をたて、そこから選ぶ。
7　実行するための計画を練る。
8　結果を評価する。

解決しなければならない問題が存在する状況に対応するために必要な八つのステップからなるこの一連の手続きはかなり実用向きであるように思われる。こうした手続きで実際に考えてみることは合理的な振る舞いのよい実地訓練となるだろう。

このような手順で考えることは、多くの人にとってごく自然にできることのように見えるらしい。しかし実際はそれほど簡単ではない。八つのステップのどれもが、かなりのスキルを必要とする。それぞれのステップをつなげて考えるにはスキル以上のことが要求される。こうした思考の手順は合理的であるし、共通感覚として誰でも備えているように見えるけれども、私たちが実際に日常生活でそれを使用できるかどうかは定かではない。衝動的で無反省な子どもの場合は、おそらくこの手順に従うことは難しいだろう。それゆえ、経験的なテストによってその有効性が証明されているこのアプローチの発案者であるエリアスとクラビーから学ぶことは有益なのである。

一般的に言って、このような認知的手法に関しては、それが治療的な目的で用いられるのであれ、教育的な目的で用いられるのであれ、それ自体単独で活用するよりは、反省的な思考力や実践への自覚性を高め、思考のスキルを向上させるようなより広範囲の試みへと統合するほうがよい。先の手順のうちのいくつかにおいては、理性的思考力が含まれ、ほとんどすべての手順で判断力が必要となる。先ほど検討したように、批判的思考だけでなく、創造的思考やケア的思考に重点を置く実践も継続的に行っていかなければ、さきほどの手順というものは、期待されているよりも価値のないものとなってしまう。

このような問題解決、合意形成的手法は、子どもたちの探求する力、推論する力や情報を収集し把握する能力、コミュニケーションスキルなどを養うためのより包括的な教育的実践の一部として活用されるときに、より成功する可能性が高いだろうというのが私の考えである。哲学が提供しうるのは、まさにこうした包括的な手法である。問題解決的手法はこうした哲学的教育実践の中でうまく位置を持ちうるだろうが、その逆はありえない。哲学はあまりにも広範囲を扱う思考であるために、それらの構成要素の一部となることは難しい。こうした発言は、懐疑的な人の目には「教科帝国主義」の一種と映るかもしれないが、余計な不安をあおることはこの際有益ではない。私たちはすでに哲学なき教育がどのようなものであるかを見てきた。今こそ、哲学とともにある教育というものがどのようなものでありうるかを考えるときであろう。

私たちが考えてきた手法は、行為の理由ではなく、行為の適切さに焦点を置く「ゲシュタルト」アプローチに比べ、どちらかといえば認知的な面に限ったものであった。「自己修正」や「文脈への敏感性」といった特徴は基本的にはすべての実用的推論において見いだされるものである。倫理的な探求の場合は、「自己修正」ということで、単に理由を考えるというだけでなく、どれがよりよい理由なのかを考える必要があると考えられる。それゆえ、行為それ自体よりも、行為の理由を挙げ、正当性を考えることが重要となる。よりよい理由を求めて考える過程としての自己修正プロセスは、ある側面では、倫理的判断への統語論的アプローチでもありうるが、文脈への敏感性という側面を考えると、自分の置かれている具体的な状況とその意味に基礎を置いて考える意味論的アプローチでもあると言える。文脈への敏感性はその行為が引き起こされた当の状況において、適切な行為を要求する。ゲシュタルトアプローチでは、明らかに何かが欠けており、不完全な状況の性格がその状況にかなう行為を呼び起こす（ゲシュタルト心理学者は、頂点が一つ欠けている三角の例や、ローマで迷子になり、地元の人に道を聞いてさらに混乱した旅人が、この状況でローマの人々と同じように振る舞うにはどうしたらいいかというような例題を提示する）。倫理的な探求においては、自己実現的倫理がゲシュタルトアプローチによってなされる例であり、それは、まず理想の自分とはどのようなものかを描き出し、その理想を叶えるためには、どのような倫理的行動をとるのが相応しいかを判断するというものである。自己修正に強調点が置かれる手法の場合は、よい理由に基づく倫理が重要になっている。道徳教育においては、いずれのアプローチで教育実践がなされる場合であっても、実際の生活で起こりうる具体的かつ固有の状況について考えながら、自分にはどんな行為の選択肢があるのか生徒が理解できるような形で行われるのが望ましい。

橋渡し、転移、翻訳のための教育

現代の教育の問題は、生徒たちが身につけた僅かな知識も、トレーで凍らせたブロックアイスのように、相互に影響したり、関係づけられることのない状態にとどまってしまうということである。したがって、教育改革を志す人々は、生徒たちが、互いに異なる領域をつなぐ手段になるものや、それらの領域の間を移行するための変数、中間項、ミッシングリンクを見つけることができ、それによって一つの領域の知識から他の知識への橋渡しができるようになるということを最優先にしてきた。また、特定の内容領域にだけ活用できるものではなく、いろいろな領域に転移が可能な包括的なスキルを育成することを重視された。最終的には、生徒たちが一つの領域で教えられた内容を他の領域の内容に翻訳できることを目指して、それぞれの領域を特有の象徴体系、言語を持つコミュニティとして取り扱うための方法論が研究された。

古典的推論における橋渡しの例を見てみよう。生徒に次のような穴埋めの問題を出す。「すべてのロンドン人は［　　］である。すべての［　　］は英国人である。それゆえ、すべてのロンドン人は英国人である」。答え方は一通りではないが、生徒たちにはロンドン居住者と英国人をつなぐ中間項を見いだすことが要求される。別の言い方をすれば、生徒たちに「英国の居住者」という言葉を提示し、この言葉が他のどの領域に関係しているかを尋ねることによって、橋渡しの実践をさせようとしていると言えるかもしれない。こうした場合に「太陽の黒点の活動と降水量の共通点はなんだ」「この言葉は他のどんな意味領域に関係しているか」というような質問をして、他の概念に移行することが可能になる。

別領域への知識転移の例は、デイヴィッド・N・パーキンスやガブリエル・サルモンによって提示されている。彼らは「低次の」転移と「高次の」転移という区別を設けている[22]。低次の転移とは、すでに自動車を運転できるスキルを持っている人が、そのスキルを転移して大型車の運転を学ぶというような場合のことである。大型車を運転するのに必要なスキルは普通の自動車を運転する際のスキルと共通点が多いため、私たちは一方の状況から他方の状況を容易に推し測ることができる。高次の転移の場合には、互いの領域が密接に関連することなく、遠く離れている。この二つの領域を関係づけるには、なんらかのメタファーを持ち出してくる必要がある。シェークスピアの「夏の仮住まい」[訳注]という表現を理解するためには、夏が一年の中にほんの一時しか場所を持たないことと、アパートに仮住まいをすることや私たちの人生の儚さといったことを関連づけなければならない。もちろんのことながら、このようにかけ離れた領域の間に架け橋をかけることは、自動車の世界と大型車の世界を関連づけることよりも、（関連性は希薄であるが）いっそう豊かな実践ではある。

翻訳することに関しては、一つの自然言語から他の言語への翻訳が模範となる。ラテン語のような起源となる言語の知識を持っている場合は、そうした予備知識がない場合に比べ、フランス語やスペイン語の学習がより容易であることは知られている。アリストテレス論理学のように、非常に単純化はされているが、普遍的な言語の習得が可能になるものもある。芸術分野において、音楽的構造と詩的構造が比較可能なように、また、絵画と写真における自然の表現手法や建築と彫刻における空間的なマッスの扱い方を比

22——“Teaching for Transfer”, *Educational Leadership* (September 1988), 22-32.

訳注——夏の仮住まい＝Summer's lease。シェークスピアのソネット18に出てくる表現。

較して考えることができるように、相互に対応するような表現や言語体系を持つ領域も存在する。

これら三つの方法、橋渡し、転移、翻訳においては、アナロジーを用いた推論能力が要求される。立てられるアナロジーの中には、はっきり正しいと認められるものもあるし、こじつけに思える場合もある。また、そうした推論の難易度の度合いもいろいろである。しかし、このような仕方で考えてみる経験を積むことは、アナロジーを用いた推論の洗礼を受けるよい機会となる。このようなスキルは、科学的領域だけでなく、芸術や人文学の領域でも必要となるものであり、創造的スキルの中では最も包括的なものであり、分析的スキルの中では最も想像力を用いるものである。異なった体系間の翻訳やその中での知識やスキルの転移には、創意工夫に富む、柔軟な知性が必要とされる。そうした知性を育てるには、今私たちがたとえば算数の教育に注ぐのと同じだけの熱心さでアナロジーを用いた推論能力を育む実践に取り組む必要があるだろう。

批判的思考をどのように定義するか

二十世紀の最後の十年間には、教育界の片隅や隙間のいろいろな場所で、「批判的思考」が意気揚々と普及され、制度化のための思考実験が行われた。このアプローチの大まかなアイデアとは、「人の思考力は、それぞれの人が自らの思考について、注意深く、構築的に考えていくことによって向上する」というものであった。それゆえ、「メタ認知」という単語が多くの心理学者によって採用された。批判的にものを考える人は、「非常に分析的」で「綿密かつ正確」で「頭脳明晰」として記述され、それらの属性を持つ人物であるとされた。最近では、批判的思考が思考力の例として用いられる場合には、より効率的で確実になされる思考ならどんなものでもその名で呼ばれるようになってきている。批判的思考を特徴づける点を言い表そうとするたくさんの試みがあるので、以下にそれを紹介する。

これらのうちのほとんどは、特定の筆者の立場を示したものである。

1　何を信じ、何を行うべきかを決定することに焦点を当てた、合理的で反省的な思考（エニス）
2　問題を解決し、結論を出すことに役立つ思考（スタンバーグ）
3　批判的に考えるスキルを学校の教科に取り入れることを可能にする思考（マクペック）
4　専門技術の領域を超えて共有されるスキルだけでなく、それを可能にするスキル（例　推論の原則や論理的スキル）を含む思考（レズニック）
5　何かが間違っていることが疑われる場合に、起こる／起こりうる思考（マクペック）
6　ある事柄Xについての哲学を表す思考、Xについての哲学というのは理念上、Xを学ぶことの不可欠な一部をなすのでなければならないから（マクペック）
7　生徒たちが言葉の論理的な連関を理解する助けとなってくれるような思考（アドラー）
8　思考することについての形式的側面について注意深くあること（ガルバー）

9 人文学の伝統的作品から取り出された論証的な文章についての議論（ガルバー、アドラー）
10 理由によって適切に導かれ動かされている人々が行っている思考（シーゲル）
11 偏見や先入観、固定観念を克服するための思考（ポール）
12 他人からだまされることや、自己欺瞞から自分を守るための思考（ポール）
13 反省的懐疑論（マクペック）
14 読み書きの能力（デイヴィッド・オルソン）
15 言明に対する正しい評価（エニス）
16 自分が精通しているコンテクストだけでなくコンテクストが分からない場合でも考えることができるように、自らの思考に対して意識的になること（アロンズ）
17 思考と行為の統合を目指す思考（J・R・マーティン）
18 考えることについて考えること
19 人間がなすこと—発言や、制作物、行為など—について考え評価すること
20 考えることに対して責任を負い、知的活動が評価される基準を理解し、それを自らの思考へも適用できるという考える者の能力（ポール）
21 批評家たちがするように、物事を解明し、解釈しながら考えられること
22 理論的な思考を解決することの難しい実践的状況に適用すること
23 起こったことの原因と結果についての反省
24 実践を反省的に評価すること
25 専門家と社会の間のコミュニケーションをいかに促進するかを考察する思考

26　人の考えがいかなる理由によって正当化されるのかということに関する体系的な研究

27　すべての説明や解説の中には、特定の考え方を信じるよう説得する要素が含まれていることを暴くとともに、説明や解説とは、問題提起であることに注意喚起をするような思考

28　置かれている文脈や、概念的枠組み、ものの見方が異なることから生じる解釈の差異を吟味する思考

29　お手軽なバージョンの哲学

30　主張を吟味すること

31　どのような証拠や論拠がありうるかを十分考えながら、取りうる可能な選択肢を偏りなく吟味することによって、最終的に一つの判断に到達することを目指す思考

（ハッチャー）

これ以外にも、言及する価値のある定義があることは間違いない。それらの定義からも、批判的思考とは、不偏不党であること、正確であること、注意深くあること、真実を目指すこと、抽象的であること、一貫性があること、実践的であることなどを目指す思考であるという印象が得られるだろう。批判的思考は、それが応用的であるという意味で実用的と言えるが、批判的思考においては、非常に抽象的な思考が非常に抽象的な問題に適用されると同時に、非常に具体的な問題にも適用されている。

これは批判的思考にアプローチするひとつの方法であるにすぎない。これらの定義は

それぞれ異なる観点（ほとんどがなんらかの理論的権威に基づく）から出てきているものであることを頭に入れておこう。問題は、これらのさまざまな定義を一貫した仕方でまとめられるような原則が見つかっていないことなのだ。定義のうちには、互いに重なっているものも、相矛盾するものもあり、他の定義の中に副次的に含まれるものもある。私たちはもっとよいアプローチの仕方がないかどうか考えているところである。

考えられうるのは、始めから一つの原理のもとに各項目をとりまとめて扱うようにすることである。その場合、批判的思考について、たった一つしかない、信頼できる観点があって、すべての定義や特徴づけはそこから派生しているのだという確信のもと、それらを選別することが可能になる。そのためには、もちろん、どれか特定の観点を頼れるものとして承認し、選び出さねばならない。ここでは、この目的のために、レイモンド・S・ニッカーソンの高く評価されている批判的思考に関する考察を取り上げてみよう。ニッカーソンは、よい思考とはどのようなものかというテーマを扱う信頼に足る著述家を列挙したリストがあれば、かならずその上位にくる人物であることは間違いない。私たちは、次に紹介するニッカーソンの提起したリストの中にある批判的思考の特徴は、この研究中の領域の他の専門家によっても受け入れうるものとしてみなされるであろうことを、かなりの程度で確信することができる。しかし、ニッカーソンが提起した順序でこれらの特徴を繰り返すことはせず、それらを二つのグループに分けてみたいと思う。最初のグループは、私が一般的になじみのある、受け入れられているとみなすものであり、二番目のグループは、そこまで一般的ではないが、おそらくニッカーソンの独創や熟練の産物によるとみなされるものである。言い換えると、私はそのリストを、一般的でありふれているもの（それでも重要なものではある）と、認知的な創造力の結果として生じた独創的なものに分けることを提案する。

以下では、よりなじみのある特徴を前に、より特殊な、あまりなじみのない特徴を後に列挙する。

（前）

1　たくみに、偏りなく、証拠を用いる。
2　考えを簡潔に、一貫性のある仕方でまとめ、分節化する。
3　論理的に妥当かどうかを区別する。
4　決断するのに十分な根拠がないような判断はしない。
5　選択肢から選ぶ前に、それぞれの選択肢がどんな帰結を取りうるかを考えようとする。
6　問題解決的手法を、それを身につけた領域ではない領域にも応用する。
7　他の人の考えをよく聞く。
8　複雑な問題に対しては、これまで試みられていないアプローチを探す。
9　結論、前提、仮説の違いを理解する。
10　自分のものの見方を疑うことを習慣とし、自分の見方を左右するような前提や、その見方を取ると、結果どうなるかなどを理解しようとする。
11　自分の意見が誤っている可能性や、意見の中に偏りが存在する可能性があること、個人的な選り好みによって証拠の重み付けが変わってくる可能性について認識している。

（後）

1 理由を挙げ推論することと、単なる屁理屈の違いを知る。
2 信念の程度があるという考えを理解できる。
3 情報にはコストと価値があるという感覚を持つ。情報の探し方を知っており、そうするのが適切な場合には情報収集をする。
4 表面には現れない類似性やアナロジーを見いだす。
5 自立して学習することができる、あるいは少なくともそれと同じほど重要なこととして、自立して学習することへの持続的関心を持つ。
6 非形式的な表現形態をとっている問題を、形式的手法（例 数学）を適用できるような仕方で構築しなおすことができる。
7 議論に勝つことと、正しい意見を言うことの区別を理解する。
8 現実世界で起こる多くの問題には一つ以上の複数の解決法があること、そのそれぞれの解決法はいろいろな点で異なっており、一つのメリットがあるかどうかという観点からは比較できないということを認識する。
9 状況に即さない、見当違いな議論を取り除き、本質的な言葉でそれを言い表すことができる。
10 信念の妥当性と信念の強度の違いについての感受性を持つ。
11 自分とは異なる見方をしている意見を、ねじ曲げたり、誇張したり、勝手な性格づけをすることなく、代弁することができる。

12　探求的な態度を持たない人が思っている以上に、それぞれの人の理解は限られたものであるということに気づいている。

リストの後側のものは、前側のものに比べて、典型的な、型にはまった特徴ではないということは認めていただけるとして、その場合、この違いをどう説明すればいいのだろうか。先で述べた創造力という言葉の背後に隠れているものが問題であることは明らかである。後のグループから窺えるのは、探求を行う際に、ニカーソン自身が常に綿密に自らの経験を吟味したであろうことや、その過程で彼が見いだしたものは、他のよく知られた特徴と同じくらい重要であることを認識する想像力をニカーソンが持っていた、ということである。

のちほど、もうすこしゆっくり創造的思考とは何かということを考える際にこの考えを検討したいと思うのだが、創造的思考にとって重要なのは、経験と想像力が相互に浸透し合うことではないかと私は考えている。経験との結びつきなしには、想像力は簡単に見当違いの方向にいってしまうし、想像力との結びつきなしには、経験は容易に退屈で、平凡なものになる。しかし、両者がメタファーやアナロジーという形で結びつく場合には、思いがけない幅で存在している新たな可能性の扉を開けることができる。

ニカーソンの批判的思考の定義は、比較的広い範囲にまたがるものである。ここで私たちはまったく異なるタイプの定義も検討しておこう。それは、批判的思考運動のもう一人の熱烈な支持者、ハーヴェイ・シーゲルによってなされた、簡潔でみごとな定義で訳注――原文では、"appropriately moved by reasons"。

ある。シーゲルの記述は、わずか四語で、批判的思考と主要な特徴に到達している。感心するほどの単純さで彼はこのように述べている。批判的思考とは、「理由によって適切に動機付けられる」[訳注]ことである、と。この表現について少し考えてみよう。

a　批判的思考が適切さに関わると主張することによって、シーゲルは、人の考えは文脈を考慮してなされる場合に正しいものになる、ということを確認している。

b　理由や根拠が人を動かす力を持つと主張することで、シーゲルは批判的思考が、理性的な行いであることを保証している。

c　そのような思考が、理由や根拠の持つ力によってつき動かされた結果生じると断言することで、シーゲルは明らかに、そのプロセスにおいて情動が重要な働きを持つことに同意している。彼にとって、批判的思考とは、合理性を熱心に追求することに関係している。

もし、簡潔さが機知の真髄であるとするなら、シーゲルの定義は、かなり機知に富むものと言える。こんなに短い表現で、批判的思考が関わる広大な領域をカバーしているのか疑問に思う人もいるだろう。しかし、私はそれとは違う理由から、この定義をここで紹介したのである。それは、批判的思考と批判的な思考者を対立させて論じることに関するためらいについて取り上げるためである。エニスやスタンバーグ、マクペックといった人たちが断固として思考の形式について論じようとするのに対し、シーゲルやガルバーやアロンズたちは思考する主体の性質について言及しているように見える。

批判的な思考者がどのような人であるかということと、批判的思考とは何かということの間には、大きな違いもあると同時に、類似点も存在する。そこに類似点があるということはあまりに明らかであるために、私たちは思考と、思考者が異なる二つの存在なのだということをほとんど気に留めることはない。それゆえ、エマーソンは彼自身が「疑う主体であると同時に疑いそのものでもある」と述べたし、イエーツも「ダンスからダンサーを切り離して考えることはできない」と嘆いたのである。私たちは、歴史に残る音楽作品の断片を耳にすると、「これはシューベルトによるものだ」と言わず、「これはシューベルトだ」と言うのだ。もっと真剣に、このことをあるものの制作者と制作物は同じ質を分有している、ということもできる。スピノザの「精神は肉体の一様態である」という言明についてはどう考えよう。ここから、精神と身体が共通の様態を持っているということ以外にどのようなことが想像できようか。

これらのことは、私たちを、思考しているその本人と、その人の思考の方法がどのような関係を持っているのかという問いに導いてくれる。シェークスピアは自分の作品から距離をとり、作品には彼自身の痕跡を残しておらず、彼自身と彼の作品はまったくかけ離れている。しかし、彼独自の思考法についてはどうだろうか。それは、シェークスピアその人と同じ性質を持っているとは言えないだろうか。

明らかにこの問題にはまだ議論の余地がある（飼い主とその犬が、長い年月をともに過ごせば、互いに似通ってくるということを真剣に考えてみてもいいかもしれない）。いずれにせよ、芸術作品に属すると言い切れないものは人間のほうに属すのであり、その逆もありうる。

シーゲルが、批判的思考とは「理由によって適切に動機付けられる」ことであると言う場合、動機付けられるのは、思考者のほうであり、思考のほうではない。理由や根拠があることに従ったり、情動的につき動かされたり、心動かされたり、かきたてられるのは、思考者である。批判的な思考者は、自分が読むものの妥当性や合理性を享受し、価値を認め、その妥当性を自らの批判的思考の中に取り入れる。

私は、自分がかつて批判的思考に帰属させた四つの特徴は、実は批判的な思考者のほうへ帰属させるべきではないかと、今になって感じている。判断を生み出し、基準によって導かれ、コンテクストに敏感であり、自己修正を行うのは、思考そのものではなく、思考する人のほうであろう。

厳密に言えば、作曲家の創造的スキルが音楽的に評価される質を持つ作品を生み出すのであり、批判的思考の主体のそうした認知的能力が優れた思考（論理的、文法的な質、説明として、物語としての質、など）を生むのだ。しかしながら、私たちは先にも述べたように、そこにある差異を認識し、考慮しなければならない。「ヴィヴァルディはリズミカルだ」という場合、それはヴィヴァルディその人ではなく、彼の音楽を指しているように、「理由によって適切に動機付けられる」という表現は、文脈によっては、批判的な思考者だけでなく、その人によって生み出された思考のことを指す場合もある。極端な例を挙げれば、絵画作品の質が画家と緊密に結びつく場合もあるが（たとえば、ムンクの絵画の扇情的でヒステリカルな性質はムンク自身に備わったそうしたふるまいがそこに凝固したものである）、反対の例では、画家個人の言動とはほとんど無関係に作品の質が成り立つ場合も存在する。思考の中には、ある人物に独特な精神活動の傾向が深く刻まれるような、哲学的あるいは文学的な質が存在する一方で、思考の中にはほとんど現れることがない心理的な質（穏やかであるとか、不安に苛まれている、など）も存在する。私たちがシェークスピアのソネットを読む際には、彼の文体における文学的・哲学的質というものは容易に見てとれる。多くの場合、私たちはそれに満足できず、これらの詩作から、彼の個人的、心理的な質を再構成しようとするのであるが、それは腹立たしいくらい完全に隠されており、私たちがつかむことはできないのである。

この本のⅣ部では、思考にも、思考者にも当てはめることのできるような批判的思考の特徴を紹介するつもりである。思考者に当てはめられる場合は、それは「機能的な特徴」として考えられるべきだろうし、思考する人の思考そのものに当てはめられる場合は、認知的、あるいは情緒的な質や価値（音楽的質や絵画の質、建築における空間的な価値とのアナロジーで考えられるような）として考えられるだろう。

第三章

思考のための教育の障害物と誤解

Obstacles and Misconceptions in Teaching for Thinking

思考力の強化をはばむ概念上の障害物

この章ではまず、学校や大学において、思考力を改善しようとするその試みをはばむ考えについて取り上げる。そして次に、その問題の実践的な側面について論じることにする。

思考の本質についての考え方の不一致

私たちは、人生とは何か、経験とは何か、人間とは何かという問いについて、確信の持てる解答を持てないのと同じように、思考とは何であるかという問いについて確信ある答えを持っていない。妊娠中絶問題のような難問が表面化すると、世間の人々は、このような問題は、各自が向かい合って熟考すべきだと気がつく。私たちはまず、教育面での基本的な思考力を確立するために、学校でどうすべきかを考えなければならない。そのためには手がかりが必要である。次に述べることは、思考力のための教育に重点を置こうとする際に表面化してくる、いくつかの意見とそれに対する反対意見である。

1 おもに問題解決を求める思考のとらえ方

対

おもに問題探索を求める思考のとらえ方

解説 おおよそこの二つは、自然科学の教育と人文科学の教育における根本的な違いを示している。自然科学の教科書は、自然科学の知識を自明のものとして扱う傾向にある。生徒は、標準的な問題の解決方法を学んでから、標準から少し異なった問題を与えられて、確立されている解決方法が適用できるかどうかを理解するように求められる。対照的に、人文科学では、その教科の内容は、本来疑問の余地のあるものとして扱われる。そこで生徒は、新しい解釈や、概念化のための新しい問題を探すことを奨励される。

2 思考の主たる目的は、信念を作り出すことだと考えること

対

信念は単なる心理学的な最終状態にすぎず、認識論上の特別な価値はない。したがって探求の過程を強調すること

解説

探求とは、信じていたことに疑いが生じたときに始まり、そして、信頼できる確信を得たときに終わるものである。したがって、信念とは、探求に先立つ状態でもあり、探求の後に起こるものでもあり、探求そのものの一部をなしているわけではない（探求する人が、探求の過程があることを信じているという事実を考えない限り）。言うまでもなく私たちは、偏見や先入観の対極にあるものとして批判的思考を用いる。しかし、信念を持つということそれ自体は、想定することや仮定を立てること、あるいは説明することなどとは異なり、批判的な思考方法の一部ではない。信念とは、現在主張されているものに、それ以上の根拠を付け加える必要はないという心理状態を指している。

3

批判的思考、創造的思考、ケア的思考を、不連続で、断片的、あるいは対立するものとしてとらえること

対

批判的思考、創造的思考、ケア的思考を、長さ、広さ、深さのような三次元のものとしてとらえること

解説

批判的思考、創造的思考、ケア的思考については、その三つが相互に補強し合ってい

るという考え方、三つが単に両立しているだけだという考え方、根本的に対立しているという考え方というように多様な考え方がある。私が考える実りあるアプローチの仕方とは、この三者は、思考とは何かがよく分かってくるにつれて一体化し、相互的に作用するようになる探求の三つの形態であるととらえるアプローチである。

4 生徒たちが考えるようになるような課題を設定すること

対

生徒たちはすでに考えているが、よりよく考えることを学ぶ必要があるとみなすこと

解説 私たちは、生徒たちが、私たちが考えることと同じ事柄について、同じ方法を用いて考えることを身につけたとき、生徒たちによく考えさせることができたといって喜ぶ。しかし、これでは、私たちの思考内容を生徒に移植したにすぎず、生徒の思考力の質が向上したことにはなっていない。つまり生徒たちは、より多くも、よりよくも考えていないのかもしれない。生徒には、より多く、よりよく考えるようにさせる必要がある。

5 さまざまな思考の操作を階層的に並べること

対

序列は付けず、分類は単なる記述的なものだとみなすこと

解説 この対立する意見に対する妥協案は、特定の範囲内で機能を果たす思考には階層性が存在するが、思考の全体を覆うような階層性は存在しないというものである。たとえば、主張の正当化が求められる状況では、根拠を示すことは用語を定義するよりも重要なスキルであるが、別の状況ではその逆が正しいかもしれないのだ。

6 思考のための教育において、抽象性より具体性が優先される

対

具体性より抽象性が優先される

解説 この議論においては、現在行われている教育実践についての前提を理解する必要がある。最近は、早期の児童教育においては具体性が優先されるべきだと考えられている（なぜならば、幼い子どもは「抽象的な操作ができない」からである）。一方、抽象性は高等教育の中で優先されるべきだと考えられている（しかしながら、大学生は、知識を身につけることのみを要求され、判断力を身につけることを求められていないが）。しかし、これらの前提は確かな根拠を持っていない。

正しいアプローチに関する心理学内部の争い

心理学内部には、確かにじつに多くの争いがある。たとえば、学習の本質、記憶と概念形成の役割、知能と感情要因の本質などに関する論争である。これらの議論の結果は、教育に与える影響が大きいと思われているので、教育者たちはこうした議論に熱心に注目してきた。学校をもっと反省に基づいた場所にしようと計画し始めたとき、教育者たちは、自分が正しいと考える心理学的アプローチを拠りどころにする。しかし、私たちは以下の立場を混同してはならない。

1 子どもにとって介入なしにできることを見ることにより、子どもの認識の発達を理解しようとする立場

と

子どもにとって干渉されることによってできることをもって、子どもの認識の発達を理解しようとする立場

解説 これは、部分的には、ピアジェとヴィゴツキー間の論争である。実際のすべての教育現場では、文化と子どもの間の仲介役として大人が必要とされている。そして、その仲介の仕方には、さまざまなスタイルがあり、それぞれが子どもの学習に影響を与え

ている。しかし、ピアジェの取り組みを、カリキュラム構成や教授法を考案する際の模範として取り入れることには弊害がある。なぜなら、ピアジェは、子どもたちがある時期まで自力では何もできないということを強調するあまり、どのような援助があれば、子どもたちがそれができるようになるかという点に焦点を合わせていないからである。

2

さまざまな教養を身につけるために、あらゆる種類の人間の知能（数学的なもの、音楽的なもの、言語的なもの、その他諸々）を強調すること

対

ある程度限定された人間の知能を強調すること

解説

ハワード・ガードナーは人間知能の多様性について強調しているが、長い目で見れば、これは正しく適切なものである。なぜなら、この主張は、教育課程に公平で人間らしい目標を与えるからである。しかし、言語の習得が不十分な生徒や、正しいか間違っているかはともかく、語学や数学が、教室での授業で制度化された価値だと気づいている生徒にとっては、この考えはほとんど慰めにはならない。本来、すべての子どもに備わる知能の潜在的な可能性は、発達するに値するものである。そして、学校は、生徒一人一人の能力を発達させるべきである。しかし、そのようなことは、現在の教育課程全体の再検討がなされないかぎり起こらないであろう。

哲学の役割に関する考え方の不一致

哲学者たちの間にある意見の不一致を反映して、教育において哲学が果たす役割を支持する教師たちの間にも、意見の不一致がある。おそらく教師と行政との間では、子どもは、哲学理論を学ぶべきなのか、それとも、実際に哲学的に思考することを学ぶべきなのかについて、ほとんど議論されてはいない。後者を支持する意見が多いようだが、多くの教師たちも哲学理論と哲学的に思考することの両方を学ぶべきなのか、それとも片方でよいのかについて、はっきりとは分かっていない。このような状態は将来禍根を残すように私には思える。なぜなら、教師たちが哲学理論を学び、かつそれを実践できるようになるまで、教育によって思考力を養成できる可能性は見込めないのだから。

1　形式論理学または非形式論理学または修辞学のうちのどれかを強調する

対

形式論理学、非形式論理学、修辞学に頼らず、批判的思考を授業に取り入れてみる

解説　批判的思考には、必然的に批判のための基準を用いる能力が求められる。そして哲学は、何よりも、その基準を確立することに関わる学問である。そうである限り、哲学的実践のこの側面をある程度まで吸収しなければ、どの程度、確実に批判的思考に

携わることができるかは分からない。少なくともある程度の論理学に頼らなければ、無批判な思考を克服したとみなすことは難しい。

2

哲学がよい考え方であるとみなす
対
哲学とよい考え方は特別なつながりを持たない

解説
哲学の一つの伝統（他からは尊大で帝国主義的だとみなされる）では、哲学を優れた考え方そのものだと考える。一方、もう少し穏健な伝統は、哲学的思考について、心理学的な探求ではどうしても欠如してしまう直接性や無媒体性を持つものであると主張する。哲学が、思考に関して批判的に思考する唯一の能力であると主張する限り、この意見の不一致が解消される余地はないであろう。

3

記述的思考のアプローチ
対
規範的思考のアプローチ

解説
ある意味、これは当てにならない推論に基づいた二分法である。すべての規範は記述することを前提とし、すべての記述は規範や判断基準を前提としている。形式論理学の場合でさえ、その原理原則はもっぱら記述によるのか、あるいは、規範のみに従うものなのかはっきりしていない。それでもやはり、教育が記述された情報を受け売りするだけではなく、思考するにはこうするべきだというような提案をする必要がある限り、生徒は、批判的思考と無批判的思考を区別する基準を身につけることがなくては、批判的に思考するようになることはないだろう。形式による提案も、経験による提案もともに価値があるものなのだ。

4

よく考えることに適したモデルは科学的なモデルのみだという主張

対

文学が書くことを教えるのに適した教材であるように、哲学が考えることを教えることに適した教材であるという主張

解説

科学、哲学、文学のすべての学問から人間の価値を引き出すことはできるし、それらを実践への誘いとしてとらえ直すことができる。しかし、文学は、考える教育を手助けするには内容が拡散しすぎているし、変化に富み過ぎている。一方、科学は、見解が狭く、画一的である。論理的な厳密さを強調し、柔軟性を重要視する哲学は、文学や科学よりも考えることを教える教材に相応しい。

優先されるべき教育的アプローチに関する考え方の不一致

哲学と心理学のアプローチの不一致に加えて、教育学者の間では、それらのアプローチを純粋に教育的な問題とするか、あるいは、哲学や心理学上の論争点と結びついた問題と考えるかで意見が対立している。

1　どんな思考もそれぞれの学問分野に特定的だと主張すること
対
あらゆる学問分野すべてを含むような一般的な思考のスキルがあると主張すること

解説　どんな思考もそれぞれの学問分野に特定的だと主張する人は、批判的思考はそれぞれ特定の教科の中でしか教えることができないという。つまり、批判的思考そのものだけを教えることはできないと主張する。一方、その意見に反対する人はこう主張する。一般的な思考のスキルがあって（たとえば、モーダス・トレンス［訳注］のような形式論理学）、それは学問の内容が変わったとしても変わらずに成り立つ。したがって、そうした一般的なスキルは、教科として独立した授業の中で教えるほうがより効果があるのだ、と。私がこれらの意見にさらに付け加えるとするならば、哲学という学問は、他の教科と特別な関係にあるということである。なぜなら、哲学は、他の教科におい

訳注――対偶による証明、あるいは、後件否定と呼ばれる妥当な推論。たとえば、「ある人がこの本の読者なら、その人は哲学に関心がある。その人は哲学に関心がない。したがって、この本の読者ではない」。

ても、生徒に考える心構えを身につけさせるからである。小学校の低学年の頃に、推論や概念形成、判断力のスキルを身につける哲学的な学習をしておくことは、中学年の子どもたちにとって絶対に必要なことである。小学校課程を通して哲学が子どもに与えるもの、つまり、クラス討論に必要とされる基本的な人間に関する観念を蓄えておくことは、中高生や大学生、市民として欠くべからざるものである。親になるならなおさらである。哲学が老人のためだけにあるという神話は、大変嘆かわしいものだ。哲学とは本質的に何か、に備えるためにあるものである。他の教科がこのことに早く気づけばそれだけ、哲学は、教育一般における思考のためによりいっそう役に立つだろう。

2

カリキュラムのそれぞれに批判的思考の訓練を加えることによって、個々の教科をより反省的なものとしようとすること

対

批判的思考という独立の教科に、すべての認識の過程の実践を組み入れること

解説

前者は、表面的になりがちな危険性があり、後者は見当違いなものになる危険性がある。この両者の中間に位置する取り組みとして、私たちは、専門科目で思考を教えることと、各教科の中に批判的思考を取り入れ強化することの両方を必要とする。それはつまり、独立して設置された授業で学んだスキルを、読み書きの基本的なスキル

へと適用することである。もし、読み書きがもっと批判的なものになれば、生徒は自分の力で、この新たに付与された反省性を他の個々の教科へと振り向けるようになるだろう。

3

批判的思考について教えることにより、批判的に考えることを教える試み

対

理論よりも実践を重視することにより、批判的に考えることを教える試み

解説

批判的思考について研究した教師が、そのことでさらに批判的に考えるようになるという根拠はほとんど、あるいは、まったく報告されていない。一方の、理論より実践を強調するやり方は、トレーニングを始めたばかりの教師の場合はうまくいくだろう。しかしトレーニングが進んでいる教師の場合は、理論と実践の両方が、同時に獲得されるような探求へと促していくのがよいだろう。

4

教師から生徒に受け継がれていくという仮定のもとに、教師の側での認識のスキルの獲得を重視するアプローチ

対

教師を生徒への仲介役として使い、さらに、手本としての教師に欠けている点を補う

ために、思考を教えるカリキュラム上のモデルを生徒に提示するアプローチ

解説

この点に関しては、後者の選択肢のほうがとりわけ好ましいものに思える。さらに、「思考を教えるカリキュラム上のモデル」が、子どもの集団によって探求の共同体が形成されていくという筋立てであるならなおさらである。これは、強力な動機づけになる方策である。しかし、たいていの批判的思考のアプローチは、残念なことに、推論や判断力の向上を目的とした活動に対してもともと積極的な関心を持っていない生徒に対しては、なんら動機づけになるようなものを提供できていないのである。

5

説教のような教訓を教え込む訓育方法を使うアプローチ
対
学級を公平で協力的な共同体へ変えていこうとするアプローチ

解説

この二つのアプローチのうち、後者のみが、会話や対話の中で思考力や判断力を強化するという重要な役割を担うことができるだろう。また、後者のアプローチが目指すものは、参加型民主主義の社会が目指す、より広い目的と一致している。もっとも、前者がこうした目的と常に両立しないというわけではないが。しかし、私たちが到達しようと努める目的と一致した手段を用いることは望ましいことである。

批判的思考の教育に関するいくつかの誤解

医療研究者は新しい伝染病が流行すると、普通、まずその病気を他から識別できるような基準を作ろうとするだろう。しかし実際には、そうした基準は、あとで修正されることになる仮の定義として作られる。

さて、思考力を改善するための教育は、病気というよりもむしろ健康な教育の発展だととらえるべきだが、それは難しい側面も持っている。私たちは、教育や思考、そのスキルや内容、判断基準について、安易に持ってしまいそうな想定を慎重に検討する必要がある。そこで、次にいくつかの誤った想定について検討してみよう。そして、これらの想定は、一つ一つは間違っていなくても、組み合わさると効果のないものになってしまうことを覚えておこう。

誤解1　思考のための教育と批判的思考のための教育は同じことである

もし、思考のための教育と批判的思考のための教育が同じことであるとすれば、思考のための教育をしている人が「もうすでにやっているのに、なぜ、批判的に考えることを教えなければならないのか」と言い返すことは正しいということになる。果たして彼らは正しいのだろうか。もし正しくないとしたら、それはなぜだろうか。

A先生の例で考えてみよう。A先生は、機敏で説得力があり、エネルギッシュな教師である。彼の関心は常に授業に向けられ、絶えず考えを巡らしている。彼は、生徒たちに対して、授業について彼と同じような興味や関心、わくわくした感じを持つことを望んでいる。その結果、彼は、授業中には講義を控え、生徒に矢継ぎ早に質問をする。なぜなら、彼は、質問をすることによって生徒が考えるようになるという確信を持っているからだ。同様に彼が出す宿題には、生徒が深い思考に挑戦するような問題が出されている。それにもかかわらず、彼は、生徒たちの知的な性質について尋ねられると、生徒たちは軽率で怠惰だと言う。生徒たちは、与えた問題について次々と考えることを押し付けてくるこの芝居がかった教師によって、絶えず電気ショックを与えられている。そして、彼らは、目的のない、けれども楽しい空想を楽しむといったことを許されてはいない。

解説　多分、A先生は、生徒の考える量を増やすことが、生徒の考える質を向上させると思いたいのだ。彼は、生徒がよりよく物事を考えるようになるという非現実的なことを想定しているようだが、教師は、生徒により多くを考えさせることができるだけである。勿論、何もしないよりは、教室内で考えるようになるという程度になら彼は正しい。

A先生は、何かを教えられていないときの生徒は、何も考えていなくて頭を使っていないと思っているが、それは見当違いではないだろうか。もしかすると彼は、生徒の考えは焦点が合っていないので、彼が焦点を合わせているつもりなのかもしれない。あるいは、生徒の考えがどこか他のところに焦点が合ってしまっているので、身近なテーマを提示することによって、彼が、うまく焦点を合わせていると信じているのかもしれない。

A先生のやり方は、生徒に批判的に考えることを身につけさせるかは疑わしいが、考えることを身につけさせるという意味においてはメリットがある。しかしながら彼は、生徒が自分自身で質問の答えを出そうとするのを促すのではなく、質問を出して、答えるまでの一連の過程を独占している。彼のそうした行動は、生徒に質問の答えを考えさせはするが、それでは生徒が自ら考えていることにはならないのだ。問いに答えることと、問いを作り出すことでは、それぞれがもたらす結果には違いがある。そして、たとえ彼が生徒に質問をさせたとしても、生徒たちが、解答できるのはA先生だけだと思っていたり、逆に質問しかできなかったとしたら、それは大きな進歩とは言えないであろう。

誤解2　反省的授業は、反省的学習を生む

本物の授業が行われるとき、教える側も学ぶ側もともに考えることに深く関わる。それは、買う人と売る人がともに商売上の取り引きに参加しているのと似ている。しかし、機敏な教師が機敏な学習者を生み出さないように、反省的な教師が、必ずしも反省的な学習者を生み出すというわけではない。

B先生のケースを考えてみよう。B先生は担当の教科についての知識が豊富で、生徒たちに一年間の授業が修了するまでに、より多くの知識を身につけることを要求する。多くの生徒は、彼女の授業を難しいと感じている。なぜなら、とても多くの題材を扱い、

記憶し、そしてそれらを習得しなければならないからだ。生徒の中には、以前の授業では、このような複雑で専門化したテーマを扱うスキルを教えてくれなかったと思っている者もいる。B先生はこの意見には同意しているようだが、それでも、それは前の先生たちがちゃんと仕事をしなかったせいであり、彼女が、自分の教えるスキルを使って、わざわざ授業内容を易しくするような問題ではないという。

解説 B先生が、自分が教える教科について豊富な知識を持っていることには疑う余地はないだろう。その上、彼女は、同僚たちが（そして彼女自身も）当然だと思ってきたことについても、注意深く入念に検討してきた。このような彼女の教科に対する理解が、多くの批判的思考から生み出されたことは、まず否定できないであろう。

ところで、一般に思考とは、経験を意識化する過程だと考えられる。少なくとも私にとってはそうだ。また、批判的に考えるということは、実践活動についての反省から始まり、そこから判断に至ることである。この一連の過程はB先生が実際に行ってきたことと一致する。彼女は、その職業上の生活における（デューイが述べている）「体験したままの、加工していない、目に見える経験」に手を加え、精錬し、最後にはそれを知識という生産物に変えてきた。このような過程を経験する中で、彼女自身は批判的に考えざるを得ないようになっていたのである。しかしながら、だからといって、先生が最終的に作り出した生産物を学んだ生徒たちが、そのことによって批判的に考える力を与えられたことにはならない。そうなるためには、生徒たちは、少なくとも、先生が最初に経験した体験したままの、加工していない、不確かな素材のいくつかに接する必要がある。そうすることによって、生徒たちは、その素材を通して先生がしたように自分たちで批判的に考えられるようになるのである。

B先生の態度についてさらにコメントしよう。彼女の授業を受ける生徒は、授業内容を習得するのに必要なスキルをあらかじめ持っていなければならないが、彼女には、生徒にそうしたスキルを下準備させるための時間を与えることは期待できない。それは、そうした下準備だけがスキル不足を埋め合わせる唯一の方法というわけではないからである。たとえば、もしB先生が、自分の授業内容が決着済みのものではなく、議論の余地があるものだと考えるつもりなら、つまり、授業を知識の探求の終着点ではなく出発点として考えるとしたら、彼女は、生徒たちの認識が探求が進むにつれて熟達することが分かるだろう。

私は、よい思考のモデルとして教師が重要であることには大いに賛同している。しかし教師からの影響だけで、生徒の考え方に重大な進歩をもたらすのに十分だという根拠はそう多くはないのではないか。教師を育成する人たちは、もし教師がさらに批判的に考えるようになったら、批判的思考は何らかの方法で生徒に伝わっていくと強く信じているようだ。しかし私は、教科書や試験、授業の方法論を徹底的に見直さなければ、たとえ教師がもっと批判的に思考することがあったとしても、そこから生徒が利益を得ることは何もないのではないかという疑念を抱いている。

誤解3　批判的思考に関する教育は、批判的思考をするための教育と同じである

批判的思考に関する教育は、批判的思考をするための教育と同じであるという誤解は、私たちがここで言及するあらゆる間違った想定の中で、おそらく最も危険で最も重大な影響があるものである。なぜなら、この誤解は、教育の価値が果たす役割について、最も根深く間違った想定に基づいているからである。ここでは、その根本的な想定について詳細に吟味することはできないが、私の見解では、おそらく以下のように言っておけば十分であろう。すなわち、生徒が、自分自身のために自分の思考を評価できる基準や規範を用いるように教えない限り、生徒をよりよい思考に引き込むことはできないということである。現在、理解され実践されているような仕方で批判的思考について教えたとしても、このようなことが起こるかは分からないのである。

C先生のケースを例に考えてみよう。C先生は、人はどのように考えるかということ、つまり思考の過程に対する興味を持っており、生徒にも同じような興味を持たせたいと思っている。そのため彼女はたびたび他の教師や生徒、保護者に対して、最新の研究で明らかになった思考の過程とその基礎となる状況、そして彼女の授業がこれらの研究成果に基づいているということについて話している。彼女は、生徒の認識の方法、あるいは、右脳に従って行動しているのか左脳に支配されているのか、道徳上のどの発達段階にあるのか、性別、体型などなどの特徴によってその違いを見分けている。生徒を特徴づける方法は実にたくさんある。このような、研究者によって指摘され、報告された実

験上の分類に従って生徒を分類し特徴づけた彼女が次に行うのは、生徒の一人一人の違いを効果的に扱うことである。そのために彼女は、個々に応じた対応が必要だという仮定に従い、各々の生徒に対する可能な限りの適切な方法で対応するのだ。

解説

教えることと学ぶことについての実証的調査は、教師にとって有用なものであろう。特定の生徒の特別な特徴には、個別の対応が望ましいに違いない。しかしながら、このような個別の対応は、クラスが孤立した個人の単なる集まりに分裂してしまったときの、その弁明として用いられるべきではない。教師は、個々の生徒の違いを理由にして個人の寄せ集め集団を作るより、個人の違いはあっても、クラスという一つの探求の共同体を作り上げることに努力をするべきである。私たちが、もし個人の相違が見られたとたんに、それを理由にクラスという共同体の解散や分離を試みるとしたら、公平な多元的な社会を創造することなどまず期待できない。

生徒に批判的思考について教えて、批判的に思考する国民を作ろうとすることは、ちょうど、自転車の乗り方を研究した結果を生徒に知らせることで、自転車に乗る国民をつくろうとするのと同じである（だがこれは、初等教育課程の中の心理学や認知心理学の授業が、そこから生徒が知識を得ることには不適切だと言っているのではない。それはただ単に、批判的思考は実践的な推論を行うことを必要としていて、批判的思考について教えることは、この点ではほとんど役に立たないと言っているのだ）。

要するに、もっと知るということは、よく考えるということとは同じではないのだ。

批判的思考は、教育と同様、単に他の誰かの考え方に沿って子どもに考えさせることが狙いなのではなく、子どもたちの思考をもっと反省的で、もっと理にかなった、そしてもっと賢明なものにすることが狙いなのだ。矛盾しているように思えるが、あるテーマについての事実を教えるということは、実践的な態度ではなく、むしろ現実から距離を取った、理論的な態度を育てるのである。

誤解4　批判的思考を教えるには、思考のスキルを養う反復練習が必要である

子どもが初めて言葉を習得するとき、文法や語法を訓練されたり、下準備をさせられたりはしない。子どもは、自分がある一連の状態に身を浸していることに気がつくのである。その状態それぞれが独特な性質を持っていて、そこでは独特の意味を持つ言葉が発せられる。それぞれの文脈は意味を規定しており、そうした文脈で用いられることによって、発話行為と言語に意味が生じるのである。発話行為を文脈から分離してしまうことは、発話から意味を分離することであり、その意味は単調に反復することでは回復されない。意味が最小限のものである場合（たとえば、掛け算の九九を覚える場合など）は、反復練習は正当化できるかもしれない。しかし、意味の構成が重要である場合――これは望ましい事態である――には、反復練習を用いるのは逆効果である。なぜなら、反復練習は、考える必要性のある意味から、思考の過程を分離してしまうからである。反復練習によって培われる知性は、疎外された知性とも言えるであろう。

D先生が提示している議論について考えてみよう。彼は経験豊富な教師で、教育における実践が持つ重要な役割をよく心得ている。彼はいつも、人は実際に出かけて行って、

実際にやってみることによって何かを学ぶのだと考えている。これは、私たちが水泳やダンスやスケートを学ぶ方法に適している。スキルとは「やり方を知ること」の問題であり、内容は「知識として知ること」の問題である。その内容は、教えられることでひとりの心から別の人の心へと受け渡すことができるが、スキルは実践によって獲得されなければならない。そこでD先生は次のように主張する。私たちの思考の質とはスキルの問題であり、どのように考えるかを知るという問題である。そして、スキルは実践から生まれるのだから、生徒の思考力を向上させるために、特定の思考操作をするような反復練習をたくさんさせる以上によい教育などあるのだろうか、と。さらにD先生は、もし前の教師が、彼の授業の内容に対応するのに必要なスキルを生徒に提供していなかったとしたら、そのときは彼が自分でそれを提供する責任を持つのだという。

解説　D先生は、教育者たちが持ちがちな多くのことを想定として持っている。その一つ目は、もし生徒が授業内容を覚えるのに必要なスキルに欠けていたら、そのスキルをカリキュラムに組み込めばよいという想定である。二つ目は、そのようなスキルを教える最良の方法が、反復練習だということ。そして三つ目は、スキルこそが必要とされるもののすべてだということである。

一つ目に関しては、カリキュラムに組み込むというアプローチがうまくいくという根拠は何かと問うことができるだろう。また、もしそのアプローチが機能したとしても、それ自身が功を奏したからなのか、あるいは、批判的思考法の授業で生徒が学んだことを強化したことによるのだろうか。

「思考の反復練習によってスキルを確立する」という想定に対しても同様である。まずは、それが機能するのかが問われる。そして次に、それが人為的ではない方法、たとえば、教室で交わされる論理的に制御された対話のような方法と比較して優れているのかが問われるだろう。

三つ目の想定に関しては、優れた批判的思考者は優れた技術者であるが、その技術は単なるスキルの寄せ集めではないと指摘することができる。ある職人が、穴をあけることや、やすりをかけること、切断、金属研磨などのスキルにどんなに優れていたとしても、実利性や便利さ、美しさについての判断基準を持っていない、あるいは、持っていたとしてもそれが十分でなければ、その職人は未熟というほかない。批判的思考についても同様である。たとえば、批判的な思考をする人は、研究中の事柄に関連する適切な判断基準を認知し、勉強し、そして訴えるための準備をしていることが欠かせない。さらに、批判的な思考をする人は、自分自身が見かけ倒しの思考、つまり非論理的、あるいは、無批判な思考をすることを許さない。だから、高い水準のパフォーマンスを行うことが欠かせないのだ。また、一度に複数のスキルを用いることに熟達する必要もある。というのも、たくさんのスキルは、あるときは一つに集まり、次のときには、対位法のような配置[訳注]に組織し直されることがあるかもしれないからである。

D先生は、彼の実践についてもっと徹底的に考える必要がある。それは反復形式の学習方法が、役立つ場面と役立たない場面があることを知るためである。さらに、彼は、どのようにしたら、単なるスキルを超えて、よりよく考えるための技術を形成す

訳注――複数の旋律が調和よく重ね合った状態。

ることができるかを、自分自身に問わなければならない。

誤解5　論理的思考のための教育は、批判的思考のための教育と同じことである

もし、批判的思考者が非論理的であることを（何にもまして）避けることを目指してしまうと、批判的に思考することが論理的であるとみなしてしまいがちである。仮にそうだとするならば、批判的に考えることを身につけるために必要なのは、優れた論理学の授業だということになる。たとえば、E先生は、長い間、生徒たちの乱暴な議論の仕方にうんざりしてきた。彼女は、生徒に文法と語彙、または計算と幾何学を教えるだけでは不十分であり、生徒たちは、論理的に考えるということを学ばなければならないと考えている。そこでE先生は、形式論理学の授業を行う許可を得た。

解説　E先生は、学校が、生徒たちの初歩の論理的な能力を重視せず、他方でバランスのとれた取り組みの範囲を超えて数学的な能力を要求していることは、学校教育における失敗なのではないかという疑いを抱いている。この疑いはおそらく正しいであろう。このような現状は、教育課程上の深刻な欠点を象徴している。しかしながら、論理的な能力が必要だというE先生が正しいとしても、論理学がカリキュラムに加えられさえすれば、教育課程が正しい状態になるというわけにはいかないのである。その理由の一つには、単独で論理学を教えても、さまざまな学科の内容に対して論理学を応用する方法は生徒たちには伝わらないということがある。論理学のスキルと

教科内容を結び付ける方法を教えられない限り、生徒たちは一人で論理的に考えようとしても、たいていはどうにもならないであろう。

教育における内容とスキルを融合させることがうまくいっていないのは、私たちがこの点に関して、あまりにも真面目に大学をモデルにしたことの反映である（私たちが、真面目に受け止めていないことは他にたくさんあるが）。大学生はそれぞれの学科の中で、あまりにも専門化した方法論を教えられている（高校はこの点においても熱心に大学の真似をしている）。これに対して私は、専門化した論理学や批判的思考の授業、生物学や人類学や哲学の講義の代わりに、初歩的な生物学の推論法や人類学の推論法を学ぶよう取り計らう。このような私の指導法を取り入れれば、論理学的なスキルと各授業の内容は、初期の段階からお互いに融合されたものとして生徒に提示されることになる。

誤解6　学習のための教育は、批判的思考を教えることと同じくらい効果がある

ある教育学者は、学ぶことを教えることは批判的思考よりも役に立ち、おそらくより好ましいものだと主張することによって批判的思考への要求をかわそうとする。これは、学ぶことを教えることが「何に対して役立つのか」と問うことによってのみ決着がつく問題である。そして、その問いの答えは、教育の目的が何かによって決まる。私たちが生み出そうとしているのは、情報をたくさん持っている物知りの市民となる人間か、理性的で反省的な市民になる人間か、そのどちらかなのであろうか。あるいは、その両方なのであろうか。

F先生のケースはよい例である。F先生は、彼女の地域の一般的な基準に照らし合わせれば非常によい教師である。それにもかかわらず、彼女は悩みや不満を抱えている。

F先生は、担当教科に精通しており、教えられた通りの方法で教えている。それなのになぜ、彼女の生徒たちは、テストをすると、彼女が期待するほどの結果が出せないのだろうか。

解説

私たちは、生徒たちが理性的で反省的な人間に育つことを望む。だが、その一方で、彼らが知っていること、つまり、学んだことについてテストをする。ここには深刻な矛盾がある。生徒やその親たちが学校に期待しているのは、人生や、私たちが生きているこの世界に関連していて、それらに適用できる教育を与えてくれることである。だから、もし私たちが、日々の実践や経験に対して、学校で教えることがどう応用できるのかが分からなければ、私たちは、生徒に正しい判断力を向上させることなど期待できない。

その結果として、保護者間、教師間、生徒間に漠然とした不満がひろがる。なぜなら、試験問題を作る人たちの一般的な教育概念が、判断力ではなく、たいていは知識を基礎にしているからなのである。問題を作る人が譲歩して、「反省的な項目」形式の問題を作ったとしても、そのような譲歩は消極的なものであり、不十分である。テストは、抽象的な思考能力を必要としているのではない。私たちは、生徒がその事柄をただ単に知っているかどうかではなく、知っていることを基にして判断ができるかどうかを見極めようとするべきなのである。

私は、非常に多くの教師がＦ先生と同じ状況にあるのではないかと思う。多くの教師たちは、何が悪いのかが分かっていない。そのうち彼らは、自分の生徒たちを非難するようになるだろう。そして、いつか自分自身を責めるようになるだろう。教育学者たちが何を優先させるかをはっきりさせるまで（言いかえれば、教育学者たちが教育の過程に適用可能な、一貫して筋の通った基準や規範についての意見を一致させるまで）、私たちがここで取り上げてきたような、熱心で善意のある教師たちは、自分自身の欠点を責めながら、この制度はどこかに何らかの不備があると感じ続けることになるであろう。

II

探求の共同体

第四章
共同体の中で考える
Thinking in Community

共同体を生み出すものと、共同体が生み出すもの

探求とは自己批判的な実践である。好奇心豊かに未知のものを切り開いていく営みである。実験的な側面もある。そして、探求とは一般に、本質的に社会の中で行われる営みであり、共同体の中で行われるものである。というのも、探求とは、言語や、科学的操作や、記号システムや、測定などに基づいて行われるものであるからだ。それらは確かに社会的なものなのである。

しかし、探求がいつも共同体に基づいているからといって、共同体がいつも探求に基づいているということにはならない。伝統に縛られて固定化している共同体という概念の内に自己矛盾はない。共同体を結合させる接着剤は実践であるが、必ずしも自己批判的な実践である必要はない。

したがって、「探求の共同体」という概念には、逆説的で少しぎょっとするようなこと

が含まれている。この概念は、普通はいっしょにされたり並列されたりすることのない二つの概念を結びつけているのである。このことは、探求の共同体という型破りな概念を基本的な教育上のパラダイムにするという提案を、ますます驚くべきものにしている。

以上の点に関して、そのいくつかの特徴を考えてみよう。第一に、探求の共同体には目的があることを理解する必要があろう。探求のプロセスは、それがいかに部分的で暫定的なものであろうとも、ある種の解決や判断といった成果を得ることを目指している。第二に、探求のプロセスには方向感覚がある。探求のプロセスは、議論が連れていってくれるところへと動いていく。第三に、探求のプロセスは単なる会話や討論ではない。それは対話的なものである。つまり探求のプロセスには構造があるのである。国会における討論が、議事進行に関する議員法規によって統制されているように、探求にも進行手順に関するルールがある。それは探求ということの本性上、大部分が論理的なルールである。第四に、理性的姿勢、創造性、ケアが、探求の共同体にどのように当てはまるのかについて、もう少しきちんと考察する必要がある。最後に、探求の共同体を利用して、批判的思考、創造的思考、ケア的思考の定義に内実を与え、これらの定義を実行できるようにするという問題がある。本章と次章でこれらの点について見ていく。

議論が導くところについていくということ

よくある思い込みとして次のものがある。子どもは生まれたときは野蛮人であり、文明人になるためには学習しなければならない、というものである。教育は子どもにかなりの影響を与えると考えられている。教育の慈悲深い影響の結果、子どもは社会的存在になるのである。以上の考え方を、ジョージ・ハーバード・ミードは以下のようにひっくり返した。「学習によって子どもは社会的になるのではない。学習するためには、子どもは社会的でなければならないのである」[1]。探求と共同体という、それぞれそれ自体で強力な二つの概念の形を変えて、探求の共同体という一つの概念に融合させたのはパースであるが、そのことがもたらす深い教育上の含みを最初に理解した人はミードであったのである。ミードも認めているように、教師の役割は支配することではなくて仲介することであるということをデューイは早くから理解していた。「デューイ教授の言い回しを用いるなら、指導とは経験のやりとりの場でなければならない。そうしたやりとりを通して、子どもは自らの経験を親や教師が解釈する経験へと結びつけていく。このことが示しているのは、教育とは思考のやりとりであり、会話であるということである。すなわち、教育は会話という領域に属している」[2]。以上を踏まえて、ミードは、そのような会話のテーマとしてふさわしいのは何かという問いを提起した。彼が示した答えは明確である。つまり、それが指導上のテーマでなければならない、というものである。

子どもの経験の中で生じている問題の形式に則して指導上のテーマを決めることが

1——"The Psychology of Social Consciousness Implied in Instruction," *Science* 31 (1910), 688-93, reprinted under the title "Language as Thinking" in *Thinking: The Journal of Philosophy for Children* 1:2 (n.d.), 23-6.

2——同書二五頁。

できるときには、場合によっては子どもと教師との関係によって問題が自然に解決されるものの、実際に教師が成功するかどうかの大部分は、教師が子どもの経験の目線に立って指導上のテーマを提示できるかどうかにかかっている[3]。

授業や教科書をどのように編成すればよいのかについて、ミードはたじろぐことなく次のように述べている。授業や教科書は私たちが探求を行うときの思考様式に則って設計され、そのことによって探求の助けとならなければならない、と。したがって、理想的な教科書は「ある意見と別の意見が作用と反作用を繰り返していく中でテーマが実際に深まっていくように編成されている。プラトンによると、ソクラテスは『対話においては議論が導くところについていかなければならない』という格言を残しているが、このことをモットーにして教科書は書かれなければならない」[4]。ミードは次のことをはっきりと述べていると言えよう。理想的な教科書は、焼き直しの回りくどいものではなく、直接的で新鮮なインパクトを与えるものでなくてはならない。干からびた大人の経験ではなくて、子どもの経験が詰まったものでなければならない。考えのぶつかり合いや心のぶつかり合いが鳴り響いているものでもなければならない。子どもの心と指導テーマとの出会いがドラマチックに描かれていなければならない。そして、議論が導くところについていくものでなければならない、と。

ところで、議論が導くところについていくという考え方は、ソクラテスがそれを彼自身の哲学の実践における指導的原理として表明して以来ずっと、人々の頭を悩ませ続けてきた。より一般的な表現で考えるならば、探求は実際のところどのように導かれるの

3——同書

4——同書

であろうか。自然はどこも同じように謎めいているのだとしたら、どこから手を付けてよいかさっぱり分からないだろう。しかし、私たちは現に、最初に手を付けるべき場所が分かっているように思われる。何かが私たちに、どこから手を付けるべきかの優先順位と方向感覚を示してくれているのである。それは何か。

この問いに対するデューイの答えには説得力がある。デューイによれば、探求は状況の中で、すなわち文脈に応じた全体ないし領域の中で生じる。状況はその「直接的に浸透的な性質」によって一つの全体になる[5]。この性質は、その状況における構成要素のすべてを一つの全体にまとめるだけではない。この性質自体も唯一で分割できないものである。広く行き渡った性質が同じなら、それを二つの状況が共有することはない。私たちが状況の中に設ける区別と関係は再帰的で反復可能な性質であるが、唯一の性質ではない。この性質を「赤さ」や「固さ」や「甘さ」と混同してはならない。「赤さ」や「固さ」や「甘さ」は状況の中で私たちが区別するものだからである。むしろ、この性質は、「困惑する」「愉快な」「わびしい」といった言葉が指し示しているものに似ている。これらは、芸術家を導き、芸術作品の創造に突き動かす第三の性質である。ジョージ・ユースが主要なアスペクトと呼んだものは、これらの性質に類似している[6]。ソクラテスの探求も含めて、あらゆる探求はそのような性質によって導かれている。探求の共同体はどれも、探求に関して、必要性ないしプレグナンツ（簡潔性）を有しており、それが探求に方向感覚を与えるのである。そのような共同体では、参加者の誰もがデューイが第三の性質と表現した性質を帯びている。この性質は、人の心の中に簡単に入り込んでしまうものなので、記述するのは難しい。しかし、もしこの性質が存在せず認められることがないと

5——ジョン・デューイ『行動の論理学——探求の理論』河村望訳、人間の科学新社、二〇一三年、七六頁。

6——George Yoos, "A Work of Art as a Standard of Itself," *Journal of Aesthetics and Art Criticism* 26 (Fall 1967), 81-9. See pp. 243-4 in this book.

するならば、探求の共同体の参加者は、探求の適切さや不適切さに関していかなる基準も得ることはできないであろう。

デューイが教えてくれるのは、探求の共同体は、唯一で直接経験される探求状況のゲシュタルト性質に導かれて前進する、ということである。ミードが教えてくれるのは、教育の場における探求の共同体では、未だ探求の途上でまだ答えの出ていないテーマが活発な議論になる、ということである。しかしながら、ここで言われている議論の本性について、私たちはさらに知る必要がある。たとえば、どのような議論も終局にたどり着かなければならないのだろうか。ジャスタス・バクラーは、議論が生み出す成果を、議論によって生み出されることが求められている結論や終局と混同してはならない、と忠告している。

結論を述べることが可能であったとしても、それは長い時間をかけた後に、しかも、状況に応じてという但し書きをつけた上でのことであるだろう。しかし、それとは関係なく、議論をある程度の時間積み重ねれば、議論の成果は必ず得られる。なぜなら、議論の成果は、主張文の形式を取った結論でなくてもよいからである。議論の成果は、可能性のある見解を列挙することかもしれないし、問題のより完全な定義を得ることかもしれないし、洞察力が鋭くなることかもしれない。主張というよりはむしろ示すことに属するかもしれない。……最終的な答えを要求する権利を生徒は持っていないかもしれない。しかし、知的に前進したり洞察感を得たりすることを期待する権利を、生徒は確かに持っているのである［7］。

7——"What Is a Discussion ?" *Journal of General Education* 7:1 (October 1954), 7-17.

洞察感というのは当を得た表現である。さほど大げさな哲学の議論でなくても、子どもたちが哲学の議論から得た成果に満足していないような場面を見たことは、これまでほとんどない。子どもたちは、このような習得をどのぐらい前から行ってこなかったかを分かっているからである。子どもは、大人と違って、答えや結論を求めることに執着したりはしない。むしろ子どもは、哲学がもたらすある種の変化を追い求める。つまり、もともとの問いに新しい答えを与えるのではなくて、問い自体を変化させてしまうのである［8］。

たとえば、ソクラテスがエウテュプロンに対して、あることが正しいのは神々がそう命じたからなのか、それとも、そのことが正しいから神々がそう命じているのか、という大問題を示す。このとき、問われた後と前とでは何かが決定的に変わってしまう。問うということは、世界について異なる仕方で考えさせるということなのである。

8――これは、ギルバート・ライルが以下の論文の中で述べていることを分かりやすく言い換えたものである。
"Hume," *Collected Papers*, vol.1 (New York: Barnes and Noble, 1971), p.160.

会話の論理

探求の共同体について述べるときには、以下の対比的構造に注目せざるをえない。すなわち、一方で共同体の概念において個人が強調されるのに対して、他方で個人を超越した論理に基づく探求も強調される、という構造である。そこで、会話と対話を比べてみると、会話のプロセスでは個人的なやりとりが強く論理的なつながりは弱いのに対して、対話ではちょうどその逆になっていることに気づかされる。

会話と対話を比べたときの目立った違いの一つは、会話は安定を伴うのに対して、対話は不安定を伴うということである。会話では、最初にある人が支配権を握り、次に別の人が支配権を握っていく。ここには相互関係が存在しているが、何も前には進まないだろうという理解も伴われている。会話では、主役はめまぐるしく移り変わる。その意味で会話には運動が含まれている。しかし、会話それ自体が前に進んでいくということはない。

これに対して対話では、前進運動を強いるために不安定な状態が保たれている。歩行との類似を考えざるをえない。歩行では、絶えず自分自身を前方に投げ出してバランスを失うことによって、前に進むのである。歩くときに、両足を同時に地面に固定させることはない。一歩前に踏み出すことによって、さらに一歩前に踏み出すことができるようになるのである。対話では、それぞれの議論は反論を引き起こす。反論はもとの議論を超え、そのことによって、もとの議論も反論を超えるところまで引き上げられる。

会話とは、お互いの感情や思考や情報や理解を交換するものである。対話とは、共同で行う探索であり、吟味であり、探求である。会話をしあっている人たちは、とても協力的であり、テニスの選手たちが練習のときに延々とゆるいボールを打ち合っている様子に似ている。対話に参加している人たちは、とても協同的であり、警察官たちが同じ事件を解決するためにいっしょに働いている様子に似ている。ボールを打ち合うテニス選手たちの目的は、ラリーをできる限り長く続けることである。警察官たちの目的は、

9――ポール・グライス『論理と会話』清塚邦彦訳、勁草書房、一九九八年、三四頁。

できる限り短い時間で事件を解決することである。

対話の論理の根っこは、会話の論理にある。ここで手短に、ポール・グライスとルース・ソウによる会話に関する議論を考察しておきたい。そうすることによって、会話から対話へと移っていくにつれて徐々に現れてくる論理の違いを認識できるようになる。

グライスの提案は、「会話を支配している条件」[9]を吟味して、私たちが会話の場で自明視していて従おうとしている格率を定式化できるようにしよう、というものである。グライスは、会話することと思考することが似ていることに気づいていた。両方とも、ウィリアム・ジェームズが「飛翔と休憩」と呼んだものによって特徴付けられている。会話はスムーズには続かない。裂け目や縫い目が至る所に存在している。口を滑らすこともあれば、口を挟まないこともある。ほのめかしたり遠回しに言ったりすることもある。会話の相手も集中していたり、憶測でものを言ったりする。会話という営為、すなわち、ただ発話されただけの断片から意味を構成する営為には、グライスが言外の含みと呼んだものが関わっている。言外の含みが可能なのは、会話が共通の価値と共通の意味を伴う共通経験だからである。私たちはある程度会話の成り行きに対する見込みを共有していて、それに従うことで会話において協力することができるのである。会話では注釈は省略されるが、私たちは自発的にギャップを埋める。そうすることによって、私たちは、話者がそれぞれの端をつかんだ、一本の継ぎ目のない意味の糸を作り上げるのである。この際に、私たちが従っている格率が、グライスが「協調の原理」と呼ぶものである。「会話においては、そのそれぞれの段階で、そのときの会話の目的ないし方向から要求されるように、貢献せよ」。言い換えるなら、グライスが勧告しているのは、いつどのように会話に貢献すべきかの指示を会話の中で感じて、それを受け入れることである。

会話の技術

ルース・L・ソウは、会話であるための条件を説明している[10]。彼女はまず、次のように問いかける。会話とは何であろうか。大家と入居者が家賃滞納の件で会話をしている、と記述することは適切だろうか。裁判官が原告と被告の両方の弁護士を判事室に呼ぶのは、会話をするためだろうか。自分の子どもたちが数日間学校に行っていないことに気づいたとき、私たちは子どもたちと会話をするのだろうか。会話と討論は（違いがあるとしたら）どのように異なっているのだろうか。「対話」との違いは。「議論」との違いは。会話とコミュニケーションはどのように結びついているのだろうか。

ソウの主張によると、会話の本質とは私心のなさであり、背後にいかなる目的も隠されていないことである。誘導したり指図したりするのは会話ではない。また、相手を操ろうとする試みも決して会話ではない。会話は、純粋芸術の形式とまったく同じように、会話すること自体を目的として行うのである。「感動させるために話をするとき、相手に対して有利な立場に立つためにウィットや経済力や学識を見せつけるために話をするとき、私たちは話の聞き手を人として遇することができなくなる。その人自身を目的とすることができなくなる。会話すること自体を目的としてその人と会話を

10——"Conversation and Communication," inaugural lecture at Birkbeck College, 1962, as reprinted in *Thinking: The Journal of Philosophy for Children* 2:1 (n.d.), 55-64.

11――同書六四頁。

続けることができなくなる」[11]。

相手を操る目的が賞賛に値する立派なものであるかどうかは関係ない、とソウは述べる。操作の結果として最終的に生じるものは、やはり会話ではありえないのである。子どもの知性をよりよく発揮させるために子どもに話をするように仕向ける場合でも、会話がなされたと言うことはできない。また、ずる賢く自分の態度を明らかにしない場合も、そこで行われる相互行為は会話ではありえない。

会話は、会話をしている人同士の合理的なパートナーシップに基づいて成立する。自由で対等な個人の間のパートナーシップである。会話の進む方向は、整合性の法則によって決まるのではなく、むしろ会話自身の要求を展開していくことによって決まる。本を半ばまで書き終えた著者なら、次に何を書かなければならないかが分かり始めるようなものである。著者はさらにいくつかのサプライズを盛り込むかもしれない。それはまさに、会話をしている人たちが秘密を暴露して、お互いに驚かせたり喜ばせたりするようなものである。さらに言うと、非常に誠実な会話の中では、自分がこれまで気づいていなかった自分自身の声を聞くことができる場合もある。「私は嫉妬しているに違いない」と自分が話すのを聞いて、そのことによって、自分の中に隠れていたものがあらわになったことに気づく。このことは、他の人に「あいつは嫉妬しているに違いない」と言われて、そのことから推測して自分の気持ちに気づく場合に劣らず客観的である。というのも、会話の中では一歩後ろに下がって、自分が言っていることに耳を傾けることもできるからである。それはちょうど、芸術家が絵を描いているときに一歩後ろに下がって、自分が描いているものをじっくり眺めることができるのと、同じようなものである。

ソウにとって、会話は対称的な関係である。「BがAと会話していないのであれば、AがBと会話していることはありえない」[12]。会話は、お互いの人格を相互に探りあう営みである。自分の内側をさらけ出す準備なしに、相手に内側をさらけ出すように求めることはできない。この条件を理解するには、ひょっとすると、ソウが設けた区別に戻るのがいいかもしれない。すなわち、「誰かに何かをコミュニケートする」ということと、「誰かとコミュニケーションを取る」ということの間の区別である。前者から連想されるのは、ある種の内容がある人から別の人へと伝達されることである。後者から連想されるのは、参加者がお互いに相手の思考を触発しあう人間同士の経験である。ソウの主張では、他者と真のコミュニケーションを取っているときに、私たちは他者から刺激を受けて自分自身で考えるようになるのである。

対話の構造

残念なことに、ソウは対話を不当に歪曲して扱っている。彼女は、対話に加わることを、誰かに命令することや、誰かから指導を受けることや、誰かに提案することや、誰かの提案を拒否することなどといった、ヒエラルキーのある組織において典型的に見られる他人を操るための無数の行為といっしょくたにして論じているのである。彼女があ

12——同書六〇頁。

げる対話の例は、たいていは徳育に関するものであり、ヴィクトリア朝時代の子ども向けの本の中で見つかるようなものである。

ハリー　お父さん。次に田舎を散歩するときに、ハチの習性について教えてくれるって約束したよね。

父　思い出させてくれてありがとう。私たちはこのせっせと働く小さい生き物からあらゆることを学ぶことができるのだよ……[13]。

このようなやりとりも対話とみなすことはできるが、このようなばかげた対話から探求の共同体が作られることはない。

ソウの言っていることが正しく、目的のないやりとり、相手を操ることのないやりとりが会話の本質なのだとしたら、談話のスペクトラムのもう一方の極を占めるのは、修辞学が扱う説得術であるだろう。この二つの中間のどこかに対話が位置しているのははっきりしている。対話には目的がまったくないわけではないし、説得を目的とした議論ともたぶん関連しているからである。対話は、会話とは違って、探求の形式である。探求が導くところについていくのだから、対話とは目的のない行為であると言うことはできない。また、対話では、自分たちが確信していることの正しさを自分たち以外の人たちに説得するために議論することを必ずしも自制する必要はない。しかし、ここでさえ意見の不一致が存在する。たとえば、J・M・ボヘンスキーは、他人を説得することはどのような哲学対話とも相容れることはないと主張している。

13――同書

哲学者はよく議論するが、哲学者が議論するのは、論敵を説得してやっつけるためではない。哲学者はただ、自分自身が納得することを望んでいるだけなのである。哲学者は、自分の見解が間違っていることを論敵から学び、そのことによって、実在についての新たなよりよい理解を得ることを望んでいる。あるいは、論敵の議論の助けを借りて、自分の見解をよりよく定式化したり、改善したり、強化したりすることを望んでいる[14]。

14――"On Philosophical Dialogue," *Boston College Studies in Philosophy* 3 (1974), 56-85.

ボヘンスキーが退けているのは他人を説得することだけで、自分自身を説得することは退けていないように見える。以上の解釈が探求の共同体という概念と両立可能かどうかは、これからも論争の種であり続けるだろう。ソクラテスの時代からずっと論争の種であり続けてきたように。

対話と共同体

マルティン・ブーバーが対話を擁護していることはよく知られている。彼は対話を次のような談話であると考えている。「その談話において、参加者のおのおのは、目の前に存在する個別的存在者としての他者のことを真に考えている。そして、そうした他者

15——マルティン・ブーバー『我と汝・対話』植田重雄訳、岩波書店、一九七九年、第二部。

と自分との間に生き生きした双方向の関係を築きたいと意図して、他者と向き合う」。ブーバーは、このような対話を、モノローグ、ディベート、会話、友人同士のおしゃべり、恋人同士の語らいと対比させる。モノローグは自己中心的である。ディベートでは、相手の人間性よりもその人が立っている立場が扱われる。会話では、相手に印象を与えることが何よりも重要である。友人同士のおしゃべりでは、お互いに自分の考えは絶対的で理にかなっていて、相手の考えは相対的で疑わしいと思いあっている。恋人同士の語らいでは、お互いが自分自身の私的でかけがえのない経験を楽しむことに関心を向けている。以上の対比を示した後に、ブーバーは、一方で対話と思考の結びつきを、他方で対話と共同体の結びつきを示していく[15]。

ルース・ソウが定める会話の倫理的要件と、ブーバーが定める対話の倫理的要件との間に、類似性が存在するのは間違いない。これらの規範的考察は、探求の共同体と、見かけ上探求の共同体のように見えるだけのものとを区別する上で役に立つ。しかし、以上の考察が探求の共同体と関連していて、ひょっとしたら探求の共同体の必要条件を述べているかもしれないとしても、これらの考察は探求の共同体の十分条件を述べているわけではない。なぜなら、探求の共同体の特徴は、論理の統制を受けた対話によってなされる点にあるからである。探求の共同体の中で起きていることを理解するためには、論理的に思考しなければならない。たとえば、論理的な理解力が欠如している人は、以下のサッカレーのお話をどのように味わったらいいのだろうか。

ある年老いた神父が、親しい友だちとの集まりで、たまたま次のような話をしました。「奇妙な体験をしたことがある僧侶がいます。というのも、みなさん、私の初めての懺悔者は殺人者だったのです」。そのあと、近所でいちばんの貴族が部屋の中に入ってきました。「あぁ、神父さん。ここにいらしたのですか。みなさんご存じですか。私はその神父さんに初めて懺悔したのです。私の告白が彼をびっくり仰天させたのは間違いないですよ」[16]。

教室が探求の共同体に作りかえられたとき、議論が導くところについていくためのステップは論理的なステップである。それゆえ、デューイが論理学を探求の方法論と同一のものとみなすのは正しいのである[17]。探求の共同体がゆっくりと前進するにつれて、探求のどのステップも何らかの新たな要求を生み出していく。証拠を一つ発見することによって、今必要とされているさらなる別の証拠の本性に光が投げかけられる。あることを主張することによって、その主張を擁護する理由を見つけることが必要になる。推論を行うことによって、そのような推論の背後にある暗黙の前提や当然視されていることを精査しなければならなくなる。それらは別のことであると主張することによって、物事はどのように区別されるべきかという問題が生じる。どのステップも、反論したり擁護したりする一連の運動を引き起こす。派生的な問題が解決されていくにつれて、共同体の方向感覚は明確で確かなものになり、探求は新たな活力を得て進んでいく。

もちろん、さしあたっての解決に惑わされてはならない。さしあたっての解決とは、止まり木や休憩所のようなものであって、最終的なものではない。デューイは次のように述べている。

16——このお話は以下の本の中で述べられている。Morris R. Cohen and Ernest Nagel in *An Introduction to Logic and Scientific Method* (New York: Harcourt Brace, 1934), p.174.

17——ジョン・デューイ『行動の論理学——探求の理論』河村望訳、人間の科学新社、二〇一三年、一三一一四頁。

> 特定の探求による特定の状況の「解決」は、その解決された結論が解決されたままずっと残り続けることを保証しない。解決された信念に到達するプロセスは、段階的である。完全に解決されて、それ以上探求する必要のない信念は存在しないのである。……科学的探求においては、何を解決とみなすべきか、何を知識とみなすべきかの基準は、きわめて明確に設定されているため、さらに探求を進めていく上での資源として役に立つ。ただ、その基準は、さらなる探求の中で改訂される可能性のないような仕方で設定されているわけではない[18]。

解決を得ることによって、私たちは自分たちの仮定の根拠や主張の正当性を手にすることができる。解決は暫定的な判断を表しているのであり、絶対的な確信を擁護するための揺るぎのない根拠を表しているのではない[19]。

他人の経験から学ぶこと

探求の共同体とは、みんなでいっしょに学ぶということである。したがって、それは、経験を共有することの意義を示す一つの例である。しかし、別の角度から言うと、探求の共同体は学習プロセスの効率を上げるものである。学習とは一人でしなければならな

18――同書一八―一九頁。

19――暫定的な判断に関して、カントはきわめて有益なことを言っている。ここで詳しく引用しておく価値がある。「しかしとりわけ、私たちの判断を延期したり差し控えることについていえば、それはたんに暫定的な判断を規定的な判断たらしめることをしないよう企てることにおいて成り立つ。暫定的な判断とは、それによって私が次のようなことを表象する判断である。すなわち、ある事柄が真であることに反対する根拠よりいっそう多くの賛成する根拠が現に存在するが、しかし後者の根拠は、私が直ちにその真理に賛成の態度を決めるような規定的なないしは決定的な判断にはまだ十分ではないということだ。かくして、暫定的な判断とは、単に蓋然的でその意識を伴った判断である」（イマニュエル・カント『カント全集一七 論理学・教育学』湯浅正彦・井上義彦・加藤泰史訳、岩波書店、二〇〇一年、一〇四頁）。

いものだと思っていた生徒たちが、他人の経験を学ぶこともできて、そのことは有益でもあるということを発見するようになるからである。

このことはあまりにも分かりきったことなので、わざわざ注目する価値はほとんどないようにも見える。しかし、実際の教室では生徒たちはこのことをほとんど理解していないということは、注目に値する事実である。クラスメイトが話し始めると聞くのを止めてしまう大学生を見つけるのは珍しいことではない。こうした学生は、自分たちの経験を補完する経験を仲間の学生たちが持っている可能性を思い描くことができない（もしそれができていたら、クラスメイトの話をじっくり聞くことによって、多くのことを得たに違いない）。自分たちの経験を裏付けてくれる経験を仲間の学生たちが持っている可能性を思い描くことができない（もしそれができていたら、自分たちの確信をより強くする準備ができたかもしれない）。自分たちの経験と食い違う経験を仲間の学生たちが持っている可能性を思い描くことができない（もしそれができていたら、自分たちの意見を再検討したに違いない）。

多くの場合、生徒たちがお互いの経験から学ぶことができると考えている程度は、生徒たちが教師の経験から学ぶことができると考えている程度と反比例している。子どもと世界の間に立って両者を媒介してくれる大人は自分たちにとって有益であると考えている点において、生徒たちは間違っていない。多くの場合、社会の経験や文化を生徒に分かるような言葉で説明し、生徒の経験を社会が理解できるような言葉で説明するのは、大人の役目である。探求の共同体とは、このような大人と生徒との相互理解の場を、日々の学校活動の中に組み込んでしまうものなのである。

探求の共同体の教育における役割

教育を探求中心のものにしていくためには、教室を次のような共同体に作りかえなければならない。多くの学習塾において蔓延しているような敵対的で競争的な状態ではなくて、友情と協力が学びの雰囲気作りに積極的に貢献するものとして歓迎されるような共同体にである。探求の共同体には次のような特徴がある。仲間と敵対することなくじっくり考えること。認識を共有すること。言語を運用する力と哲学的な想像力を磨くこと。文章を深く読むことが促進されること。教科書にある対話を楽しむこと。

ところで、共同体にもいろいろある。思考するための共同体もあれば、思考することのない共同体もある。反省的で、自分たちで自分たちの誤りを修正することのできる共同体もあれば、そうでない共同体もある。教育において求められているのは、明らかに、探求の共同体である。探求の共同体は、「研究者の共同体」や「学びの共同体」といったものと同じではないのだが、いっしょくたにされることが多い。学校教育のすべてが探求であるわけではなく、むしろその反対である。探求が存在するためには、すべてがうまくいくということを疑ってかからなければならない。なかなか解決しがたいやっかいな難問があることを認めなければならない。問題を解決するために、あらゆることを考慮に入れ、これまでのものに代わる仮説を作り上げて、自分で自分の誤りを修正しながら吟味していかなければならない。探求にとって何よりも必要なのは問うことである。狭い意味で言えば真理の探求であり、広い意味で言えば意味の探求である。探求の共同体のそれ以外の特徴は以下の通りである。

a

排他的でないこと　共同体の内部は多様であるかもしれないし、そうでないかもしれない。参加者は同じ宗教を信じているかもしれないし、そうでないかもしれない。同じ国籍を有しているかもしれないし、そうでないかもしれない。同じ年齢層であるかもしれないし、そうでないかもしれない。しかし、共同体の中では、誰であれ十分な正当性なしに内部の活動から締め出されることはない。

b

参加　探求の共同体では、参加者が平等に発言することが奨励されるが、強制されはしない。言うなれば、共同体とは、本のような認知スキーマ〔訳注〕である。おもしろい本は、途中で読むのを止めることができないが、探求の共同体のスキーマは、そのような仕方で参加者から参加を引き出すゲシュタルト的な関係の構造を有している。教材がおもしろい小説であれば、生徒たちは次に何が起こるのかを知りたくて、ページをいっそう次から次へとめくりたくなるのである。

c

認識の共有　人は、自分の個人的な問題について長い間思考を巡らせるとき、考察している問題を分析し洞察を得ようとして、一連の心の行為を行う。たとえば、驚いたり、問うたり、推論したり、定義したり、前提したり、仮定したり、想像したり、区別したり、等々のことが行われる。認識が共有されている場合（「みんなで分配的に思考する場合」とも言われる）には、これらと同じ行為が共同体の別々のメンバーによって取り組まれる。ある人が問いを提起すると、別の人がその問いを成立させている前提に異を唱え、さらに別の人が反例を提出する。詳細な知的検討が行われる範囲は変わらないかもしれないが、後者の描像は、思考するための共同体とはどのようなものであり

訳注——「スキーマ」については第八章を参照。

うるかを明示している。

d

顔と顔が向き合った関係　このような関係は探求の共同体にとって本質的ではないかもしれない。しかし、顔と顔を向き合わせることは非常に有益である。顔は、私たちが常に読み取り解釈しようとしている意味という複雑な構造物を収納する容器である。意味は、お互いに至近距離にある顔のきわめて生き生きとした特徴によって生み出されるのである。

e

意味の探求　子どもは理解に飢えている。その結果、あらゆる文、あらゆる対象、あらゆる経験から、子どもは意味を搾り取ろうとする。探求の共同体は、それゆえ、病院の集中治療室が人命を救助するような仕方で、意味を探し求める。

f

社会的な連帯感　小さな子どもたちが、言葉では言い表せないぐらい激しい友情で結びついている姿はよく見られる。そのような教室での友情に、自分の権威が少し脅かされるように感じる教師もいる。結果としてそういう教師は、分割統治戦略を敷くのである。しかしながら、教室の共同体と友情に関しては、一方が強まることを他方に対する脅威と受け取るべきではない。教室の共同体と友情は、このように定義され理解されるべきである。

g

熟慮　熟慮には選択に関する考慮が含まれている。私たちは熟慮するときに、いくつかの選択肢を取り上げて、それぞれの選択肢を支持する理由を吟味しながらよく検討するのである。熟慮はたいてい、判断を下す準備の段階で生じるので、そのプロセスは理由と選択肢の「比較考量」と言われる。熟慮をディベートと対比しておくのは有益かもしれない。熟慮においては、自分自身が信じている立場を他の人に受け入れさせようとする必要はない。他方で、ディベートにおいては、他人に受け入れさせようとしている立場の正しさを自分が信じている必要はない。

h

偏りのなさ　探求が偏ることなく行われているときには、重要な問題が、開かれた仕方で、自らの誤りを修正しながら、文脈に即応して吟味されている。このような探求では、すべての人の関心を考慮に入れるだけでなく、あらゆる事柄と観点も考慮に入れた上で解決にたどり着かなければならない。

i

モデルの作成　授業で使用される哲学小説に出てくる架空の子どもたちは、教室の中の現実の子どもたちが哲学探求を行う際のモデルになりうる。このことを、伝統的な小学校での授業のやり方と比べてみよう。伝統的な小学校の授業では、教師が生徒のモデルとして役に立つと主張されている。問うという重要な哲学上の戦術について考えることで、以上の主張を検証してみることができる。生徒は、教師が問うときには答えを求めているのであって、さらなる問いを求めているわけではない、と思いがちだ。したがって、多くの子どもたちが、現実の大人よりも架空の子どものほうをモデルとしてより好むというのはありそうなことである。

j

自分自身で考えること　共同体は画一主義に陥るかもしれない。自分自身で物事を考えることを敵視するようになるかもしれない。こうした可能性を甘く見るべきではない。共同体の中で作用している強力なスキーマによって、裁判員を務めているときのように、議論を終わらせて合意することが要求されるかもしれないし、個人の意見も多数派の単なる追随になるかもしれない。それでも、生徒たちに、自分の応答の独創性に誇りを持たせることはできる。他人の意見には敬意を払う必要があるが、まねをする必要はない。健全な探求の共同体では、必ずしも同一の建築物を建てるわけではないにしても、お互いの考えに基づいて議論を組み立てることを生徒たちは学ぶ。さらに生徒たちは、問いの別の側面を発見することを共同体が促しているときには、その側面に関して誇りを感じられるような機会がたびたびあるということも学ぶのである。

k

方法としての批判　子ども同士で議論をしているときに、子どもたちがお互いに、ときとしてきわめて激しく相手を批判することはよくある。この判断を支えている理由は何か、この表現の意味は何か、と相手に迫るのである。もし子どもたちが頭に血を上らせて相手を批判していたなら、それはその子たちが他に批判する仕方を知らないからである。子どもたちは探求の共同体を経験することで、批判するのはよいことだが、頭に血を上らせる必要はない、ということを学んでいく。批判とは、探求の過程で必要となる認識を拡張させるための方法の一つにすぎないのである。子どもたちはたいてい、このことに気がつくと安心する。大人だけが理性的であることを求めているわけではないのである。

l

理性的姿勢　理性的であるということは、合理的な手段を賢明な仕方で使用する能力があるということを示している。たとえば、感染力の非常に強い病気にかかった患者を処置している医師が、標準的な医療手段を使用するために、理性的な判断を下さなければならないようなものである。しかし、理性的であるということは、人がどのように行動するかを示しているだけではない。人が何に基づいて行動するのかも示しているのである。このことが意味しているのは、理由に対して耳を傾ける能力であり、理由を受け入れる能力である。理性的であるということについての以上の二つの意味は、両方とも探求の共同体の基礎をなしている。

m

読むこと

探求の共同体の授業の目標は、生徒たちを反省的にさせることである。すなわち、反省的な読解、反省的な問いかけ、反省的な議論へと生徒たちを導くことである。これらのうちのどれかに成功すると、他の二つについての反省も同じように促進されるだろう。このことが意味しているのは、各授業は意味の探求を引き起こすことが期待される方法や出来事から始まるべきだ、ということである。それは何か議論の余地のあるものであるかもしれないし、考察を行うために意味を探し出したり、意味を明確にしたり、意味を提示したりする必要がたくさんあるものであるかもしれない。この意味で、哲学の教科書［訳注］を初めて読むことは、絵画を初めて見たり、音楽を初めて聴いたりすることに似ている。そこでしなければならないのは、見るべきものは何かを観察し、どこに価値があるのかを認識し、何が述べられているのかを理解し、何が前提とされているのかを見つけ出し、何が含意されているのかを推論し、何が示唆されているのかを把握し、何が試みられているのかを推測することなのである。このことが、表面的に読むことと対置された、深く読むことである。そしてそれが、生徒が目指すべき目標なのである。

私たちが推奨しているやり方は、子どもたちに授業中一人ずつ教科書を音読させることである。一人ずつ読ませることには、教科書をみんなで順々に共有しているのを示すという倫理的な価値がある。さらに言うと、読書教育の世界ではあまり支持されない教科書の音読は、子どもたちが教科書の意味を自分たちのものにするのを

訳注――ここでいう「教科書」とは、リップマンが独自に作成した教科書のことを指しており、一般の教科書とは異なる。詳しくは、第七章を参照。

助ける。さらに、単調に読んだり無表情に読んだりする傾向を修正する機会にもなるし、意味を見失わないようにするための練習にもなる。読み手の情動的な反応は、文章が示そうとしている繊細なニュアンスや区別を意味あるものにするが、読み方が平板だと、読み手の中に情動的な反応を燃え上がらせることはできない。最後に、音読は、注意深く丁寧に聞く練習の土台となる。これは、物事を正確に考えるために必須の条件である。

n

問うこと　文章を読むことが終了したら、教師は、困惑したり途方に暮れたりしている生徒たちに、自分たちが直面している謎を問いの形で表現してみるように促す。問いが出てきたら黒板に書く。それぞれの問いの後ろには、問いを出した人の名前を書く。問いを出した人は、共同体の課題を考えるのに何かしらの協力をしたのである。それは、生徒たちが誇りを感じる瞬間であり、自分の考えに責任を負う瞬間である。以上のプロセスが完了したとき、黒板に書かれた問いのリストには、議論のテーマに関する共同体のメンバーのさまざまな興味や観点が示されている。そこには、その議論を進める上での可能なパターンも示されている。

これはきわめて重要な場面である。もし教師が議論の問いを選んでしまったら、おそらく生徒たちはそのふるまいに古い権威主義の痕跡を感じ取るだろう。幸いにも、たくさんの民主的な選択肢を用いることができる。議論する問いの順番は、くじ引きで決めることもできるし、問いを出さなかった生徒に強制的に選んでもらうことによって決めることもできる。いずれにせよ、問いの地位が高いこと（そして、答えの地位が低いこと）を認識することは、探求の最前線は問うことであるということを生徒が忘れないようにするのに役に立つ。この認識が対話を可能にし、自己批判を可能にし、誤りを自ら修正することを可能にするのである。どの問いも、世界の一部分を問いに付すことができるというグローバルな可能性を秘めている。そしてこのことが、可謬主義への道を開くのに役に立つ。可謬主義とは、自分が気づいていない間違いを発見するために、自分は間違っていると仮定することである。問うことは、疑いを制度化し正当化することであり、批判的な評価を促すことである。このことは明らかに、「正しい答え／間違った答え」という古めかしい二分法に対する新しい選択肢ないし斬新な代替案のヒントになる。生徒に問うことを促す新しい機会を常にうかがっていなければならない。これは習慣の問題ではない。そうではなくて、多くの実践と慣習は、たとえそれが十分に正当化されておらず価値が疑わしいものであっても、創造的に問うことによってのみ見いだされうるものであるからである。

問うときに重要なのは、重ねて問うということである。いちばんはっきりした具体例は、（最初の問いが答えられた後に）「……ってどういう意味ですか」と重ねて問うことである。ベテラン記者のような腕のいいインタビュアーは、話題が尽きるまで次々と問いを重ねることができる。哲学の時間の教師と生徒にとって、それと同じ技術を手に入れようとするのは賢明なことである。

質問者の目的や意図を推測することが簡単なことはあまりない。多くの場合、問いは根っこにある問題を生徒に気づかせるための誘因としての役目を果たす。言うなれば、問題とは氷山であり、問いは氷山のうちの目に見える先端の部分である。もっとも、先ほどは、探求の最前線は問うことであると私は述べた。この両義性が教えてくれることはたくさんある。というのも、両方とも正しいからである。問いが私たちの心の中に疑いを植え付け、疑いによって探求は始まるのである。

議論　議論はたいてい、共同体の中で最初に論じることに決まった問いを提起した生徒から始まる。この生徒は、その問いを抱いたきっかけや、その問いを提起した理由、なぜその問いが重要であるように見えるのかについて、少し話をしてほしいと頼まれるかもしれない。そしてその生徒が返答すると、その返答に賛成か反対かを発言するために、他の生徒も議論に参加してくる。

ほとんどの場合、現れてくる議論の筋は一つではない。読むことと問うことによって、生徒たちの興味はさまざまな面から刺激を受けて、生徒たちはそれを徹底的に追究したいと思うからである。教師の中には、これらのばらばらの探求の筋をうまく操って、調和を保ちながら統合していくことができる人もいるだろう。しかし、通常は、探求の筋がばらばらであることにいらだつのは子どもよりも大人であるように見える。子どもは明らかに、複数の探求に同時に加わることができる（このことは以下の事実によって裏付けられている。多くの生徒たちは、自分たちが議論の中で何を話して、何に賛成したのかについて、大人たちよりもずっと正確に覚えていることができるのである）。

思考のスキルを伸ばすのに議論ほどよいものはない。このことはおそらくどの教科についても言えることだが、とりわけ思考力の育成を目的とした授業には当てはまる。何らかの理論的に重要な論争点をめぐって議論している仲間たちが、議論を通してある同じ教科に巻き込まれていくというのが一番よい流れである。私たちが最もうまく推論したり、最も関連の深い知識を利用したり、最も理性的な判断力を発揮したりするのは、そのような場合においてなのである。子どもたちの探求の共同体でも、状況はさほど変わらない。子どもたちが議論するのは些細な問題であるかもしれない。しかしそうした問題は、非常に抽象的な概念と関係している可能性もある。そして、生徒たちもまた、最もうまく推論したり、最も関連の深い知識を利用したり、最も理性的な判断力を発揮したりしようとする。なぜなら、議論は公の場で、つまり教師やクラスメイトの面前で行われるからである。イスを丸く並べ、クラスメイトと顔を向きあわせて座ると、子どもたちは他の子が使っている思考のスキルや思考ツール（推論や基準のような）を見て、それと同じスキルやツールを使うようになる。

理解を助けたり、理由や選択肢を熟慮したり、解釈を吟味したりする上での道具立ては、議論によって与えられるのである。

教室を探求の共同体に作り上げていくことに向けて

本章を終えるにあたって、私は一つの示唆を与えたい。それは、探求の共同体を段階ごとに吟味することで明らかになることについてである。以下で述べるように、五つの比較的ばらばらな段階がある。どの段階においてもさらなる分析があるかもしれないが、私はそのような分析を行うつもりはない。私の目標は、それぞれの段階において起こっていることを教育学的かつ心理学的に指し示すことである。

私が哲学の探求の共同体を例として用いることに決めたのは、それが私にとって最もなじみのある共同体だからというだけではない。私の考えでは、哲学の探求の共同体は、探求の共同体の貴重なお手本なのである。他の学問領域における探求の共同体がうまくいくのも、それらがお手本である哲学の探求の共同体に似ている場合だけかもしれない。しかし、本当にそうかどうかはまだ私には分からない。

I　教科書を読む

1　教科書は物語形式で書かれており、探求の共同体のモデルを示している。

2　教科書には前の世代の人々の価値観や到達点が反映されている。

3　教科書は文化と個人をつないでいる。

4　教科書は非常に独特な知覚対象である。教科書が伝えるのは、すでにそれ自身の中にある心的な反省である。

5　人間関係を生き生きと描き出している教科書であっても、論理的な関係を分析できる可能性がある。

6　教科書を順番に音読する。

a　読むことと聞くことを交互に繰り返すことには、倫理的な含意がある。

b　書かれている教科書を声に出して再生する。

c　教科書を交替で読みあうのは、仕事を分担しあうことであり、教室の共同体を作り出すきっかけとなる。

7 物語の中の登場人物の思考する態度が徐々に内面化されてくる（たとえば、物語の中で登場人物がどんなふうに質問しているかを読むことによって、現実の子どもも授業でそのように質問するようになる）。
8 授業を通して、教科書の意味と関連性が発見される。教科書の意味をクラスのメンバーが自分たちのものにする。

Ⅱ
議論を進めるための板書を作成する
1 問いを出す。このことが、教科書に対するクラスの最初の応答になる。
2 発言した生徒の名前を教師がしっかり認識する。
3 共同体で協力しあいながら、議論を進めるための板書を作成する。
4 板書は、生徒の興味のある領域が現れているマップである。
5 板書は、生徒たちが教科書の中で何を重要だとみなしているのかを示しており、グループが知りたいと思っているのは何かを表している。
6 教師と生徒が協力して、どこから議論をスタートさせるかを決める。

Ⅲ
共同体を団結させる
1 対話による探求を通してグループを団結させる。
2 内省よりも活動を何よりも重んじる。
3 どこで意見が一致しないのかを明確にして、理解しあえるように努める。
4 対話の実践を通して、認知のスキル（たとえば、思い込みを見つけ出すスキル、一般化を行うためのスキル、例を挙げて証明を行うためのスキル）を育成する。

5　認知のツール（たとえば、推論する、基準を定める、概念化する、問題解決のための段階的手順を定める、規則を定める、原則を打ち立てる）を使用することを学ぶ。

6　みんなでいっしょに協力しあって考える（たとえば、お互いに相手の考えをもとにして議論を進める、反例や別の仮説を考えあう）。

7　共同体の中で明らかに示された認知的態度が内面化される（たとえば、クラスメイトがお互いに相手の誤りを修正しあうやり方を自分の中に取り入れることによって、各人とも計画的に自分自身の誤りを自分で修正できるようになる）。「精神間的なものが精神内的に再生産される」（ヴィゴツキー）。

8　文脈が異なっていることの重要なニュアンスに次第に敏感になる。

9　グループは、みんなでいっしょに手探りで前に進み、議論が導くところへとついていく。

Ⅳ　練習問題とディスカッション・プランを使う

1　アカデミックな哲学の伝統において問われてきた問いを利用する。哲学の専門研究による道案内を頼みにする。

2　哲学という学問領域の方法論を生徒たちに与える。

3　さらなる別の哲学上の選択肢を生徒たちが利用できるようにする。

4　具体的な問題に焦点を合わせることによって、実践的な判断を下すことを迫る。

5　真理、共同体、人格、美、正義、善といった包括的で統制的な観念の吟味に探求が向かうようにする。

V　**さらなる応答を促進する**

1　さらなる応答を引き出す（物語や詩や絵やスケッチを書いたり語ったりすることによって、また、それ以外の認知表現によって）[20]。

2　批判的、創造的なものと、個別的、共同体的なものの総合を理解する。

3　意味をより深く理解できるようになり、そのことによって判断力が強化されたことを褒めたたえる。

探求の共同体における議論の認識論的身分

探求の共同体は、思考を体系的に構築していこうとする。それは暫定的な足場から出発する。この足場は、しかるべき理由があってすでに信じられていることや、計画の目的、守るべき価値によって構成されている。探求は弁証法的に進行する。すなわち、具体的な判断から広く公認される一般化が形成され、そのような一般化から具体的な判断が形成される。価値に関する考察は、それ以前になされた事実判断との比較考量に付される。探求の目標は、思考の体系が反省的均衡に至ることである。「思考の体系が反省的均衡の状態にあるのは、体系の構成要素が相互に理性的な関係に立っている場合であ

20――V・V・ダビドフは、対話を用いた美術教育のための有益な手引きを与えてくれている。“The Mental Development of Younger Schoolchildren in the Process of Learning Activity,” *Soviet Education* 30:10 (1988), 3-16.
これは、彼の以下の本からの抜粋である。*Problems of Developmental Teaching*, trans. Liv Tudge (Armonk, N.Y.: M. E. Sharpe, 1986).
対話教育の価値に関しては、さらに以下を参照。Roland G. Tharp and Ronald Gallimore, *Rousing Minds to Life* (New York: Cambridge University Press, 1988); W. Wilen (ed.), *Teaching and Learning through Discussion* (Springfield, Ill.: Charles C. Thomas, 1990); and Luis C. Moll (ed.), *Vygotsky and Education* (Cambridge University Press, 1990).

る。また、その構成要素が含んでいる説明が、そのテーマについて私たちがこれまでさしあたって確信してきたことと理性的な関係に立っている場合である」[21]。さて、探求の共同体のメンバーやそのグループが発見したことは、どのようにしてその他のメンバーに伝わっていくのだろうか。実践を一回の授業時間の中で終わらせずに、次の授業時間へと持ち越すことがあるが、そのようなときに、何かを発見した生徒たちは、次の授業までの期間に、共同体の別のメンバーたちに自分たちが学んだことを教えることがあるように見える。このようにして「雪だるま式増加現象」が生じる。その様子は、研究者たちによって詳細に報告されている。

議論戦略の使用は雪だるま式に増加する。すなわち、一人の子どもが議論の中で役に立つ戦略を使用すると、その戦略は他の子どもたちへと浸透していく傾向があり、議論の中での出現頻度が次第に増加していく傾向がある。ある戦略が最初に現れた後は、その戦略が再び現れる確率は通常は高まり、かつ高い確率を維持する。一般に、ある戦略が連続して出現する議論では、議論の筋は次第に少なくなる。雪だるま式増加現象は、教師によって参加がコントロールされた議論よりも、自由参加の議論のほうでより多く報告された[22]。

別の研究者であるバーバラ・ロゴフは、「参加を通したアプロプリエーション」という概念を用いている。この概念が示しているのは、「各人が自分たち自身で参加することを通して、活動に関する自分たちの理解や責任を一人一人が作りかえていくプロセス」で

21——Elgin, *Considered Judgment*, p.ix. ここまでに、同書一〇二—一〇六頁のいくつかの箇所を分かりやすく言い換えてきた。

22——Richard C. Anderson et al., "The Snowball Phenomenon: Spread of Ways of Talking and Ways of Thinking across Groups of Children," *Cognition and Instruction*, vol. 19, no.1, (2001), p.1.

ある[23]。

23——Barbara Rogoff, "Observing Sociocultural Activity on Three Planes: Participatory Appropriation, Guided Appropriation and Apprenticeship," in J. V. Wertsch et al. (eds.), *Sociocultural Studies of Mind* (Cambridge: Cambridge University Press, 1995), pp.139-64.

第五章

暴力を減らすための探求の共同体アプローチ

The Community of Inquiry Approach to Violence Reduction

教え込みではない教育

この章で私は、平和がいかによいものであるかを称揚したり、暴力がいかに悪いものであるかを指弾したりするつもりはない。そんなことをしたら、平和を目指して暴力に反対する多くの教育上の試みがこれまで陥ってきた罠にとらえられてしまうだろう。確かに、「平和」という言葉はとても魅力的であるし、「暴力」という言葉には魅力がまったくない。しかし、平和や暴力といった価値に関する教育では、直接的な情動的反応を育成したり、平和がいかによいもので暴力がいかに悪いものかをしつこく繰り返し述べたりするだけでは不十分なのである。それよりも、何が暴力を減らし平和を発展させることと関係しているのかを子どもたちが理解し実践できるように手助けする必要がある。子どもたちが学ばなければならないのは、こうした問題を自分たち自身で考えることであり、刺激が与えられたときにただ反射的に反応することではない。

次の二つのことが言える。まず、生徒たちは、平和、自由、平等、互恵性、民主主義、人格、権利、正義といったような概念の意味について、今よりももっとよく知らなければならない。たとえそのことによって、そうした概念の意味をめぐって一見すると深刻な対立が生じる可能性があるとしてもである。次に、生徒たちは、合理的に熟慮したり、ステレオタイプを暴き出したり、偏見と対立を減らしたりするための方法について、今よりももっと練習を積み重ねていかなければならない。

以上の二つの要求は、同じ到達点に至る。すなわち、いつもの教室を探求の共同体に作りかえるということである。探求の共同体において、生徒たちはさまざまな考えを生み出したり交換したりできる。概念を明確にすることができる。仮説を展開することができる。ありうる帰結の間で比較考量をすることができる。たいていの場合には、お互いに助けあって思考することの楽しさを学びながら、みんなでいっしょに理性的に熟慮することができる。こうした教室の共同体は、さまざまな点において、裁判員たちが裁判をすすめる様子に似ている。教室の共同体は、裁判員裁判と同じく、探求、推論、概念形成のためのスキルや、議論や解決を容易にするために副次的な問題を切り離すためのスキルを磨いていくのである。たとえ、より大きな論点に決着をつけることが難しい場合であってもである。

日々の生活の中で争いを解決するためによりよい方法を用いることを学ぶつもりならば、まず最初に学ばなければならないことは、ともに問うことであり、ともに推論することであり、ともに判断を下すことである。ディベートや議論は、裁判のようないくつかの場面において有益である。それと同じように、批判的思考、創造的思考、ケア的思考のための基本的なスキルを身につけることが、生徒たちにとって非常にためになることがありうることを認識しなければならない。探求的な対話に参加するための基本的なスキルを身につけたり、どの論点についても別の側面を考慮に入れることを学ぶための基本的なスキルを身につけたりすることについても、同じことである。さらに言うと、学校の宿題に価値があったり、本や図書館が役に立ったりすることがあるのと同様に、平和を目指す活動は本質的に社会的な営みであり、共同体の中で行われる営みであることを認識しなければならない。つまり、平和を目指す活動の中には、証拠や理由をともに分析するスキルや、妥協案を作り出すスキルや、コンセンサスを得ることによって解決しうる問題についてコンセンサスを得るためのスキルを磨くことが含まれている。

生徒たちがお互いに影響しあって問題の解決へと向かう有意義な実践を学ぶことができるのは、生徒たちが、自分たちの心に直接訴えかけてきて、自分たちの心を本当にかき乱すような問題に初めて直面したときだけである。哲学という学問が大いに役に立つのは、まさにこの場面である。もちろんここで言う哲学とは、一番低学年の児童でも利用できるように、適切に再構成したものである。哲学が与えてくれるのは、じっくり考えるための素材となる考え方であり、ずっと論争を続けることができるがゆえに、尽きることのない思考の種である。

よい友人たちは友情を育み、強い共同体では共同体が大切にされる。それと同じように、平和な社会というのは、平和とはどのような意味であり、平和を維持するためにはどのような条件が整っていなければならないか、ということを理解することの価値を認識している。平和を成し遂げて維持するためにはどうしたらいいかをほとんど理解しようとしない社会が平和を享受する。こんなことはありそうにない。

小言やお説教で暴力を非難し平和を褒めそやすことがあるが、これらのほとんどは悲しくなるほどステレオタイプ的思考に陥っている。多くの場合、聞き手が平和には賛成であり暴力には反対であるということが無条件に自明視されているのだ。暴力が生じた文脈や状況については考察されないし、当該の暴力が正当化できる類のものであったか否か、ということは問われない。このため、ステレオタイプを助長する一面的な道徳的思考へと至る。「彼女は控えめな人だから、よい人に違いない」「彼女はとても従順なので、高潔な人に違いない」「彼は明るくて元気のいい奴だから、他人の権利を侵害するなんてありえない」言葉を換えて言うと、私たちは、ステレオタイプの道徳的思考を口先だけでは唱えつつ、実際の場面では、明らかに正当化できない推論や評価を含んでいる行為を大目に見るように教えられている。このような状況では、レイプが男性の特権として大目に見られることがよくあるというのも驚くには値しない。単に被害者の抗議が認められないという話ではない。被害者の抗議の声は聞こえてくることさえない。しばらくすると、被害者は抗議しても望みがないことを理解して、抗議するのをやめる。すると、被害者が抗議しないことが、加害者が黙認されたことや、被害者がそうした扱いを受けてもおかしくない人であったことの、確かな証拠として理解されてしまう。

暴力を減らすための教育と平和を作り出すための教育は、それゆえ、同じコインの二つの異なった側面である。貨幣価値を有しているのはコイン全体であって、どちらか一方の側面だけではない。よく知られている事実であるが、暴力を減らすための教育をするときに、最初に暴力について生々しく描写して、その後で暴力を非難するという戦略

訳注――ロマネスク建築やゴシック建築で、建物の入口上部にある半円形の装飾がなされた壁面。

を用いると、それがうまくいくことは滅多にない。聴衆は暴力の描写に夢中になってしまって、暴力への非難を無視するからである。同じことは、平和を唱える場面にもしばしば当てはまる。平和をあまりにも退屈な色合いで表現してしまうと、人々は平和から遠ざかりたくなってしまう。結局のところ、以上のことは、ロマネスク様式やゴシック様式の大聖堂におけるティンパヌム［訳注］の事例において生じたことと同じではなかったか。そこでは、礼拝する人たちは地獄での拷問の生々しい描写のほうを、天国での刺激のない平穏さよりも楽しむようになった。

多くの現代人が暴力に対して抱いている執拗な好奇心のせいで、マスメディアがその弱みにつけ込んで暴力をますます助長することは問題にならなくなっている。現代社会にあふれている本や映画やテレビや新聞では、あらゆる暴力事件のあらゆる側面が描き出されている。それが売れることをマスメディアの人間は知っているからである。暴力はスリルを伴った強烈な体験と結びついている。このことは、ドラッグに走る多くの人の理由と似ている。ドラッグは「ハイな」体験を生み出すからである。暴力はたいへん需要のある商品である。テレビを受け身で視聴している人が暴力の描写に満足を覚えるのは、それがもたらす体験を味わうことができるからである。テレビでの暴力は他人の経験を通して想像上で感じる体験なので、現実の出来事に関して責任を取る必要はまったくない。にもかかわらず、暴力がもたらす興奮は維持されるのである。

以上のような暴力に対する執着は何を意味しているのだろうか。一つには次のことが示唆されている。筆舌に尽くしがたいほどわびしい人生を送っている人たちが、現在耐えているものよりもずっと強烈でおもしろい味わい豊かな人生経験を渇望しているときに、暴力はそういう人たちにとってのどから手が出るほどほしい頼みの綱となる。他方で次のことも示唆されている。自分の力が疎んじられ、希望が裏切られ、エネルギーを消耗したと感じている人たちは、その人たち自身の抑圧された苦しみと怒りを吸い上げる手段として暴力に夢を見がちである。

人は自分の人生に意味を見いだそうと奮闘する。そして、自分の人生に意味を見いださなかった人たちは、人生の意味を何とかして作りだそうとする。そのような努力はよかれと思ってなされるのだが、暗礁に乗り上げる場合が多い。というのも、そのような人たちは、次の二つの間の違いを区別できていないからである。それはすなわち、暴力のイメージに取り囲まれていることから生じる俗悪なスリルと、意味に満ちていて、強烈で、建設的な人間関係にあふれている人生を送ることの興奮との間の違いである。したがって、私たちがしばしば陥るあり方というのは、本物の金と偽物の金を区別できなくなるという状態である。私たちが論じようとしている教育は、この種の実にひどい誤りを避けることに資するものでなければならない。

どのような基準に訴えることができるか

暴力を減らし平和を促進するための教育を行っていく上で、私たちはどのような基準に訴えることができるのだろうか。これは本章で展開する議論の準備段階の問いであるが、非常に重要な問いである。


―私たちは、自分たち自身の経験を引き合いに出して、そのことによって自分たちがこの問題の権威者であることを示そうとすることができる。

―私たちは、子どもの経験に訴えることができる。

―私たちは、議論とレトリックを通して子どもを説得しようとすることができる。

―私たちは、理性を使用することができる。子どもたちも私たち自身も。

―以上の事柄すべて。

私たちは、自分たち自身の経験を引き合いに出すことができる

確かに、私たちは大人として、平和は称揚されるべきで暴力は非難されるべきであることを経験から学んできたと主張することができる。もしそうなら、子どもたちは私たちの経験から学ぶことができる。しかし、私たちの経験は子どもの経験の代わりを十分に担えると単純に想定してもよいのだろうか。そして、子どもたちの見解を私たちの見解と最終的に一致させるために私たちの経験だけを用いることが、結局のところ教育の目的なのだろうか。子どもたちが自分たち自身で自主的な判断を下すことは、子どもたちに私たちの判断を単に真似させることよりも重要なのではないだろうか。

実際には、大人が「私たちの経験」と言うときには、あなたや私の経験だけを言おうとしているわけではなく、人類の経験を言おうとしているのである。それは、歴史の中

に姿を現している。しかしそのことによって、私たちは何をしようとしているのだろうか。長期的に見れば、暴力によって目的が達成された例は非暴力によって目的が達成された例よりも少ないという趣旨のことを、歴史の明確な教訓として引き出そうとしているのだろうか。人類の過去の歴史は、人類の未来に対する明確な道徳上の標準を本当に示してくれるのだろうか。そのように考えたいのであれば、フロイトの「戦争と死に関する時評」を読んでみるのも悪くない。この中でフロイトは、人々が戦時においてどのようにして活気づくのかについて述べている。戦争が始まると、人々の人生は突如としてより意味のあるものとなり、喜んで敵を苦しめることができるようになる。とはいえ、錯綜した歴史が私たちに明白で問題のないことを示してくれることはほとんどない。サンタヤーナは、過去の歴史を記憶できない者は過去の歴史を繰り返すよう運命づけられていると述べたが、それは表面上のことにすぎない。というのも、彼も他の人と同じように、次のことに気づいていたからである。すなわち、私たちがこれから遭遇するものはすべて、ある意味では、過去において生じたものに似ているだろうが、別の意味では、私たちの人生や経験はいつも先例のない新しいものなのである。歴史が子どもにとって有用でありうる唯一の場面は、子どもが注意深い推論を行うことができて、理にかなった判断を下すことができる場合である。

同じことは、子どもが大人の経験を利用する場面に関しても当てはまる。子どもが自分自身で考えることができなければ、大人は子どもの心にどんな極悪非道な考えでも思いのままに詰め込むことができるのである。子どもたちは、よりよく考えることを学ばなければならないだけでなく、自分自身で考えることと自己批判的に考えることも学ばなければならない。

私たちは、子ども自身の経験に訴えることができる

どの子どもに関しても、経験が不足していることは明らかである。もっとも、おそらく子どもたちは、経験の量の不足を質で補っているのであるが。さらに重要なことに、子どもの経験は、私たちが理解している以上に私たち自身の経験とは異なっているのかもしれない。たとえ同じだとしても、私たちは自分たち自身の子ども時代の経験をほとんど忘れてしまっているので、子どもの経験のうちの何に訴えたらよいか分からないという可能性もある。

探求の共同体の授業の中で子どもたちが自分たちの経験を整理していくことを考慮に入れるとき、これとは別の描像が現れてくる。探求の共同体の授業においては、子どもたちは共同で経験を引き合いに出して、それによってお互いの意見を裏付けていく。さらに、いじましいほど断片的な観察を、巨大な全体へと結びつけたりさえする。したがって、子どもたち自身の経験という基準は決して除外するべきではない。

私たちは、子どもを説得しようとすることができる

もちろん私たちは、議論とレトリックによって子どもを説得しようとすることができる。しかし、そのようにすべきなのであろうか。議論が理性的なものでありうるのは、

子どもが反論を組み立てることができる場合に限られる。それに加えて、議論という形式の中で大人の視点が提示されると、そのことによって子どもには、親が理性的であるとみなしている種類の反応のモデルが与えられる。小さな子どもでも、小さな議論を組み立てられる。結論が理由によって支持されているという意味において、それは議論としての最小限の条件を満たしている。しかし、大人が三段論法を用いたり演繹的推論を連続して行ったりして抗いようのない議論を展開しようとするならば、子どもは自分には歯が立たないことを理解して、怒りを秘めた沈黙へと引き下がろうとするだろう。

レトリック上の戦略に関しても話は同じである。皮肉やいやみに頼ることは、だいたいにおいて逆効果である。子どもたちが同じ武器を使って反撃できることは滅多にないからである。それに加えて、もし私たちの唯一の目標が子どもたちを説得することであり、その目標を達成するためにはどんなレトリック上の手段を使うこともいとわないというのであれば、もはやそれは教育の領域の話ではない。それはほとんど操作である。すなわち、私たちが子どもたちにしてほしいと望んでいることを子どもたちにさせ、それと同時に、それは自分たち自身がしたいと望んでいることであると子どもたちが考えるように仕向ける。このような操作というのもまた、子どもの心に対する暴力の一形態なのではないだろうか。

結論。議論に対して議論で応答できる子どもたちは、理性的でないわけではない。しかし、議論することが私たちの手元にある唯一の理性的な選択肢であるわけでもない。

私たちは、理性を使用することができる

　これまで述べてきたことの代わりとなるのが、理性的姿勢を取ることである。すなわち、事実や価値に関する意見の対立が直ちに表面に現れて、それについての熟慮や反省を行うことができる討論に、子どもを引き込むのである。換言すれば、私たちは子どもを対話に引き込むことができる。探求がどのように進んでいくことになるのかは少しも分からず、むしろ進んで探求が導くところへついていくのである。

以上の事柄すべて

　探求の共同体においては、経験が共有財産として蓄えられている。誰の経験でもいつでも利用可能であり、みんな喜んで自分自身の経験と同様にお互いの経験からも学ぼうとする。さらに、理性的姿勢を取ることも約束されている。すなわち、判断することによって鍛えられた合理性に訴えることも約束されている。お互いに対する信頼関係が醸成されていることが明らかで、善意に基づく説得の努力であることが明らかであるような場面では、説得に努めることが容認されることもありうる。

　探求の共同体では、生徒と教師は共同探求者であり、目の前の論点や問題をともにじっくり考える。そのような対話は、ともに推論するという形を取る。科学の代わりに推論を用いようとしているわけではない。むしろこれは、科学的探求を補完するための取り組みなのである。科学から得られる情報、すなわち、科学理論と科学的データと科学的方法について議論するわけではない。推論が役に立つのは、（a）論理的推論を通して知識を拡張するとき、（b）理由と議論を通して知識を防衛するとき、（c）批判的分析を通して知識を整理するときである。

「探求の共同体」の「探求」という語に注目するとき、この共同体が吟味するという役割を担っていることが強調されている。この役割があるので、探求の共同体は、概念や、証拠や、権限の及ぶ範囲や、理由や、定義や、科学的探求の実験的な側面に直接ないし補足的に関わる事柄について、じっくり検討するようになる。探求の共同体における対話では、問題を解決したり、決心したり、決定したり、結論を下したりするような実践的な結果が目指されている。これらはすべて、判断するということである。

暴力と正当化

マイケル・ウォルツァーは、その著書『正しい戦争と不正な戦争』の中で、ある状況下において戦争が正当化される可能性について検討している。しかし、ウォルツァーが検討している意味において擁護可能な暴力があるかどうかを探求することは、私の目的ではない。暴力のさまざまな側面について吟味することにも私は関わらない。ある種の暴力は道徳的でもなければ、道徳と無関係というわけでもないが、別の種類の暴力（たとえばレイプなど）はどんな場合でも不道徳である、ということを示すことにも私は関わらない。こうしたことは、折に触れて言及せざるをえないとしても、本書の範囲外の問題である。

私が心配なのは、暴力を減らし平和を目指すための教育が、暴力を好む気質を取り除くことで暴力はなくなると主張する無数の先行の取り組みの二の舞となりかねない、ということである。この不安は次の事実に基づいている。すなわち、暴力を減らし平和を目指すための教育的努力は、学校においてさえ前時代的であるとして徐々に廃止されている教育手法を当たり前のもののように使用し、そのことによって特定の価値を子どもに教え込もうとすることが多い。私が述べているのは「権威者によるお説教」アプローチである。大衆に期待されているのは、こうした諸価値をただ偉い人たちが勧めているという理由だけで受け入れることである。このアプローチは、だまされやすい人やあまり疑い深くない人にはうまくいく。疑い深い人は、どんな利益集団にも報酬の有無にかかわらずお抱えの専門家集団がいることに気づいているので、専門家の権威のみに基づいて受け入れられているような主張を怪しむのである。

しかしながら、人々の間に一致を形成するための別の方法もある。アプリオリに成り立っているように見える価値語や価値概念を正当化の根拠として引き合いに出してくる、というものである。この場合には、人々に教育するべきことは完全に何もない。ともかくも言葉をうまく使うことができて、ある語には賞賛がその意味の中に埋め込まれているが、別の語や概念にはいつも社会的非難のニュアンスが組み込まれているということに精通していれば、すでに答えは知られていることになるからである。デイヴィッド・ヒュームの言葉に耳を傾けてみよう。

> 実際明らかに、あらゆる国のあらゆる時代の著述家は、正義、人間らしさ、寛大な行為、思慮深さ、正直であることを賞賛し、その正反対の気質を非難する点で意見が一致している。……道徳における見かけ上の一致は、ある程度は言語の本性そのものから説明されるかもしれない。美徳という語は、あらゆる言語においてそれに相当する語と同様に、賞賛の意味を含んでおり、悪徳という語は非難の意味を含んでいる。したがって、一般によい意味に理解されている言葉で非難したり、あるいはその逆に、非難の意味が含まれている用語法で称賛したりすることは、きわめて明白でひどい間違いを犯すことになってしまう[1]。

以上のことから、道徳教育において必要なのは、悪徳や美徳に関する言葉遣いに生徒たちの注意を向けることだけであると思われるかもしれない。また、非難や賞賛が言葉の意味の中に組み込まれているので、生徒たちは自動的によいことと悪いことの違いを学ぶようになると思われるかもしれない。何も悩む必要はない。寛容さはいつでもよいことであり、冷酷さはいつでも悪いことなのである。どの文化においても、その文化に固有の言語で話すことと考えることを学べば、それだけで、その文化の子どもや新参者に対して、その文化におけるよさと正しさのとらえ方を教育するのに十分なのである。

このような倫理に対する規約主義的アプローチには利点もある。私たちが用いている道徳に関する語彙の中には、賞賛や非難の意味合いが隠れて含まれており、そのことを

1——デイヴィッド・ヒューム「趣味の標準について」、『ヒューム 道徳・政治・文学論集 完訳版』田中敏弘訳、名古屋大学出版会、二〇一一年、一九二―二〇八頁。ヒュームは道徳教育のすべてを言葉に埋め込まれた道徳的価値の学習に還元しているわけではないことに注意しておこう。しかし、ヒュームの次の警告は有益である。言葉は私たちを欺いて、道徳的な事柄に関する「見かけ上の一致」をもたらす。そこで、子どもたちに必要なのは、まさにその言葉が自明視しているものに気づくことなのである。

考慮に入れることが重要であることを生徒たちに伝えられるからである。その一方で、このアプローチは有害な誤解を招きかねない。私たちはこのアプローチに欺かれて、倫理的な探求を行うことは無用の産物であると考えてしまいかねないからである。もし冷酷さがいつでも悪いことならば、私たちが取り組まなければならないのは経験的な問題と論理的な問題だけである。あらゆる冷酷なふるまいが悪であるならば、私たちは、この個別のふるまいが本当に冷酷なふるまいであったのかどうかを確かめさえすればよい。それさえ分かれば、私たちはそのふるまいが悪であったと演繹できる。規約主義的アプローチの主張によれば、三段論法の小前提を明確にするという点に焦点を絞って倫理上の問題を扱えば、私たちは倫理上の問題を解決することができる。

倫理的な探求では、道徳的な談話において通常自明視されていることが何かを正確に吟味しなければならない。このことは、暴力に関わる問題だけでなく、それ以外のあらゆる問題についても当てはまる。倫理的探求を行って熟議を重ねている共同体では、次のような問いが取り上げられるかもしれない。

冷酷でありながら親切でもあるような人はありうるか。
寛容であることが正しくない状況はあるか。
好きでない人を愛せるか。
愛していない人に嫉妬できるか。
真実を語ることが不適切であるような場合はあるか。
正義と自由は原理的に両立しえないか。

あらゆる不道徳な行為は自己欺瞞に属するか。
権利が存在しないところで侵害はありうるか。
権利を実現するための手段がないところで権利はありうるか。
暴力的だが善意に満ちている人はありうるか。

以上の問いの中で重視されているのが、両立可能性、整合性、文脈であることに注意してほしい。たとえ正義はいつどんな場面でも正しいのだとしても、自由のような他の正しさによって、正義の実際上の適用範囲が制限されることはありうる。概念や推論や意味などの明確化が求められているときに、整合性はしばしば概念分析の目標になる。そしてもちろん、私たちがきわめて多くの場合に自明視している概念でさえ、ある特殊な文脈ではやっかいな問題を引き起こすことが判明するかもしれない。たとえばそれは、不作為の行為や、痛みや苦しみを与えることの回避可能性の問いや、裁判を行う権利の争いなどが扱われているような文脈である。

価値概念が固定的で安定しているわけではない理由は、価値概念と価値概念が現れる文脈についての私たちの理解が固定的で安定しているわけではないからである。このことはいくら強調してもしすぎることはない。私たちは、自由の意味を知っているとはとても言えない。仮に将来においては、自由の意味を完全に知ることができると仮定したとしてもである。同じことは、他の道徳上の概念についても当てはまる[2]。したがって、二十一世紀における平和と暴力の概念の理解が、十九世紀や二十世紀の理解と同じであるかどうかは分からない。しかし、これだけは十分はっきりしている。暴力を減らし平

2――この論点についてのよい議論は、以下の論文の中に見られる。Stuart Hampshire, "In Defense of Radicalism," *Dissent* (Spring 1956), 170-6. ハンプシャーの議論によると、自由という概念は絶えず拡張されるということを考慮に入れた上で定義されなければならない。

和を作り出すための努力をすればするほど、私たちは暴力と平和の概念をよりよく理解できるようになっていくのである。

価値とは本質的ないし内在的なものなので、教育者にとって必要なことはそうした内在的価値を生徒に向けて明らかにすることに尽きる、という考え方がある。私が力説しているのは、価値教育がこのような考え方のみに基づくようになったとき、それは見下げ果てたものに成り下がって破綻する、ということである。価値とは、価値を正当化することにほかならない。平和がすばらしく美しいもので、暴力が不快で醜いものであることには同意できても、もしそれが正当化を伴っていないのであれば、こうした性質は弱くて説得力がない。確かに昔は、たとえば勇敢であることがよいのは端的に自明だと生徒たちに教えることができた。その際に、勇敢さを無鉄砲や蛮勇のようなよく似た概念から区別させたり、勇敢さが正当化される理由を個別の事例において挙げさせたりするといった、骨の折れる概念的な作業に生徒たちを取り組ませることもなかった。しかし、そういう時代は終わった。

私が品性や気質についての考察をないがしろにしているといって反論する人もいるかもしれない。しかし、私はそうは思わない。その理由は三つある。第一に、私は道徳的品性の成長について次のように主張してきた。すなわち、道徳的品性は、道徳的行為の正当化をさまざまな状況下で一つずつ継続的に積み重ねていった結果として成長する。理性的な気質を典型的に備えている人は、行為とそれを正当化する理由とを結びつけることの重要性に早くから気づいていて、自身の将来の行為についてもそれを正当化する理由と結びつけることを期待している。第二に、道徳的品性の形成において知性的な徳が果たす役割を私たちはあまりにも軽く見すぎている、と私は論じてきた。相手の考えを尊重すること、相手とともに根気よく熟慮すること、合理性に身をゆだねること、新たな仮説を考案する際に知的な創造性を発揮すること、こうしたことすべてや、さらに多くのこの種のことによって、道徳的品性にとって欠くことのできない部分は形成される[3]。第三に、権威や、説得や、説教や、その他のさまざまな有効性の怪しいアプローチによらずとも、品性を育て上げ道徳的気質を開発するための方法はある。私が考えているのは、探求の共同体に参加することによって、その結果として品性を育て上げていくということである。この考えについてはまもなく取り上げるつもりである。

本節の要点を簡単に繰り返しておきたい。暴力を減らし平和を作り出すための教育を行う上でなくてはならないのは、言語分析と論理分析と概念分析である。これらは、平和や暴力についての教育の初期段階で典型的に現れる、言語と推論と情報の体系化について、生徒たちに注意深く考えさせるために必要なものである。もし教室の中である生徒が、別の生徒が暴力をふるっていたと主張したならば、理性的な対話を行うまたとないチャンスである。暴力行為それ自体について対話するのではなくて、暴力が生じた文脈や、暴力を支持したり反対したりするために挙げられる理由について対話する。

私たちはここまでの議論によって、ある一群の価値を疑いの余地のない自明なものとして、それを別の価値と置き換えている、と言われるかもしれない。勇敢と臆病、愛国心と愛国心のなさ、慈悲深さと敵意といったものに代えて、私たちは節度や自制や理性的姿勢を、それ自体を正当化することなく受け入れている、と。しかしそうではない。節度も、自制も、理性的姿勢も、いつなんどきであれ倫理的探求の主題となりうるもの

3――ヒュームが次のように書いているときに、彼が知性的な徳の重要性について注意を払っていることは明らかであるだろう。「もし私たちが、知性的な資質と道徳的な資質との間に区別があることにつけこんで、後者の資質だけが行為へと導くので、まがい物でない本物の徳は後者だけであると断言するとしても、思慮深さや、洞察力や、識別力や、分別といったような、知性的な徳と通常呼ばれる諸性質の多くもまた、行動に対してかなりの影響力を有することに私たちは気づくだろう。……ある人は偉大な徳を有しているが、しかしとんでもなく愚かである、などということを、これまでに皮肉でなく言った人はいただろうか」(デイヴィッド・ヒューム「若干の言葉上の議論について」、『道徳原理の研究』渡部峻明訳、晢書房、一九九三年、付録四)。

であり、その意味においては勇敢や寛容や善意の場合とまったく同じである。節度や、自制や、理性的姿勢や、それ以外の同様の徳が特別な重要性を持つのは、たまたまそれらが倫理的探求の方法とも結びついているからである。無矛盾性、綿密さ、理性的姿勢、相手への思いやり、注意深さなどを重視することが正当である理由は、探求がこのような価値に依拠して行われるという事実の内にある。これらの価値がなければ、探求を遂行することは事実上できない。

倫理的探求を行うことによって、今度は、強固な倫理的判断が生み出されるようになる。そして、強固な倫理的判断によって、暴力を減らしたり、偏見を減らしたり、それ以外の嘆かわしい行為や態度を減らしたりすることは成し遂げられるようになる。したがって、問題は、倫理的探求を学校に導入する方法を見つけることである。その目的は、すでに起こった暴力行為についての裁判を行うためではなくて、この種の行為がこれから先に起こることを予防するための考察を行うためである。倫理的探求が行われている教室は、裁判員の評議室のような重苦しいプレッシャーに包まれていてはならない。もっとゆっくりしたペースで自由に前進していくことができなければならない。早まって決定を下す必要はない。それどころか、そもそも決定を下す必要などまったくない。

認知的な作業を通して判断力を強化する

ありふれた話ではあるが、私たちは頻繁に判断を下すことによって、自分の判断力を強化することができる。しかし実際のところ、これだけではほとんど何も述べたことにはならない。判断を下す状況に依存する部分が非常に大きいからである。クロスワードパズルに取り組んでいるときも、なぞなぞに答えるときも、スーパーのレシートをチェックするときも、私たちは判断を下している。しかし、このような異議はどちらかといえば些末なことであり、巧妙である割には大した満足は得られない。

問いを出した人に答えがすでに知られている場合には、問いの答えを見つけるのに頭を使う必要はほとんどないのだろうか。もちろんそんなことはない。専門知識が問われているような場面では、たとえ答えがすでに知られているとしても、多くの問いに答えられることはすばらしいことであるはずである。

それでもやはり、子どもに対して、答えが知られている問いを問うことと、答えが知られていない問いや大論争を巻き起こした問題を問うことの間には、決定的な違いがある。問いを出した人がすでに答えを知っている場合には、子どもはたいてい、その問題を自分自身で探求しようとはせず、問いを出した人が知っていることを探り当てようとする。子どもであっても、乗り物とは何かとただ尋ねられただけで、車輪を再び発明しようとするほど愚かではないのである。

他方で、問いが有意義で、問いを出した人も答えを知らないときには、その問いをめぐって行われる教室での議論において、参加者はますます慎重に考えることを求められるだろう。暴力が禁じられるべき状況や、暴力を許容したり黙認したりすべき状況について、また、暴力が花束と栄誉を伴って歓迎されるかもしれない状況について、じっくりと考察されるだろう。見かけ上類似している行為の間の違いをはっきりさせるために、区別を設けることが求められるだろう（このことは、性暴力が疑われているような場面において必要になってくることが多い）。問題になっている事例と現行の法律の条文との間の関係についても、慎重な注意が払われるだろう。

判断力を強化することは、暴力を減らし平和を作り出すために不可欠の条件である。しかし、生徒たちが真剣に熟慮に取り組むのでなければ、判断力を強化することは難しい。物理学では、仕事は抵抗の克服であると理解されている。反省的な事柄においても、その意味は、あるいは少なくともその意味の一部は、まったく同じである。反省的な事柄においては、克服するべき抵抗は摩擦や重力ではない。そこで克服すべきなのは、偏見、自己欺瞞、相反するさまざまな情動によって揺れ動かされること、非論理性、推論における誤謬、和解や仲裁が必要な事柄について譲歩しようとしないこと、他人の意見を尊重しないことである。これらは、克服しなければならない強力な抵抗である。そして、これらを克服するために、根気と熟慮を必要とする探求、つまり認知的な作業が必要になる。

しかしながら、たいていの場合、熟慮を行う上での障害物は、表に現れずに目に見えないところに潜んでいる。より理性的になるよう行動しているとき、その過程において、私たちはふだん行く手をはばんでいる偏見や知的な悪徳のうちのいくつかを乗り越えているのだが、自分ではそのことに気がつかない。こうした障害物を取り除いたり、障害物をならしてスムーズに歩けるようにしたりするのは、実に長く骨の折れる仕事である。もっとはっきり言えば、終わることのない仕事である。こうした障害物を完全に取り除ける人は誰もいないからである。

とはいえ、平和を作り出すための教育に携わるにあたって、平和の観念と直ちに格闘する必要がないのと同じように、私たち自身がより理性的に考えるための方法を開発するにあたっても、私たちの偏見や不合理な固定観念と直ちに格闘する必要はない。少なくとも、熟慮を行う初期の段階では、自分を作りかえることを目標にする必要はない。たとえ、いつかはそのことに取り組まなければならないのだとしてもである。エドウィン・ミュアは次のように表現している。

きみはときおり、こんなことをするんじゃないか
長いこと、探し続けて
暮れなずむ狩場でも、まだ探し続けている
何の変哲もない月や週に
あの奇妙な泉が目に入る
自分が探しているものだとは思いもよらなかったものだ
それはきみ自身のことだ
ものを集めようとしていた人が、集められて、
何かを見つけようとしていた人が、見つけられて、
何でも買おうとしていた人が、高値で買われたということさ

きみは大きな手の上で誇らしげに腰を下ろして、くつろいで、
そこで長い探し物が終わったら、探すことを休み、そしてまた動き出す
きみはときおり、そんなことをするんじゃないか[4]

このような初期の段階において、存在していることさえほとんど気づかれない抵抗を克服するための強力な吟味を始めるためには、オープンエンドの問いがあれば十分であるかもしれない。たとえば、ある一人の生徒、ないしあるグループの生徒たちに、とてもよく似ているので簡単に取り違えてしまいそうな二つの物体を比較してみなさい、という課題を出してみよう。そして、それに続いて、両者の違いを細部にわたって明確に説明するという作業に取り組ませる。この作業は、ジョサイア・ロイスが解釈のプロセスと呼ぶものである[5]。ロイスは、ある単純で素朴な実例を示している。二つの細長い紙切れを用意して、一方の紙切れの両端をのりでくっつけて輪を作る。もう一方の紙切れも同じようにくっつけるのだが、その前に紙切れを半回転させておく。もちろんこれは、二番目のものをメビウスの帯にしているのである。そして、生徒たちに、両者の相違点を確認するように求めるのである。生徒たちは自分たちが観察したことを明確に述べ出すであろう。最初の帯には表面が二つあるが、二番目の帯には表面が一つしかない、とか、最初の帯には縁が二個あるが、二番目の帯には縁が一つしかない、とかいうようにである。ここまでに見てきたように、精密な区別を作り上げるためには、具体的な相違点を注意深く観察することが必要になる。そしてそのことが、別の事例においてさらに精密な区別を設ける際の基準をもたらすのである。言うまでもないが、以上の活動を

4——Edwin Muir, "The Question," in *Collected Poems* (New York: Oxford University Press, 1965).

5——Josiah Royce, *The Problem of Christianity* (Chicago: University of Chicago Press, 1968).

通して子どもたちが学ぶのは、違いはどのように形成されているのか、ということだけではない。違いのうちのいくつかはどのようにして生み出されうるのか、ということも、子どもたちはこの活動から学ぶのである。このような認知的な作業に取り組んだ後であれば、子どもたちが比較を行った結果設けた区別は、子どもたちにとってよく知られたものになるだろう。そして、子どもたちの判断力は、この範囲まで強化されるだろう。さらに、少なからぬ生徒たちは、自分たち自身が作り出したメビウスの帯の神秘に頭がこんがらがったと打ち明けてくれるだろう。

探求の共同体を通して価値と意味のための教育を行う

私たちの多くは、しばしば苦い経験を通して、平和は単に望まれているだけではなくて実際に望むだけの価値のあるものでもある、ということを学んできた。反省や探求を行う前であっても、私たちはこのことに賛成するかもしれないが、反省や探求を経た後には、私たちは実際にこのことに賛成するのである。さらに私たちは、生徒たちにも私たちのこうした確信を共有してほしいと望む。生徒たちも私たちの一部だからというのもあるが、それだけではなくて、こうした確信を自分たち自身のこととして受け入れることは生徒たちにとっても有益である、と私たちは固く信じているからでもある。それゆえ私たちは、説教することは教えることではないと自分自身に繰り返し言い聞かせて何とか自制しているが、自分たちのこのような意見によって若者を改宗させたいという強い誘惑に駆られている。

この点に関して言えば、価値教育において指導するというのはあまりよい教育手法ではない。結局のところ、価値のあるものを私たちはすでに突き止めていると私たちが確信している事例においては、生徒たちが自分たちで推論することを通して私たちの結論に至ることを私たちは望んでいるのである。

探求の共同体は共同学習と混同される傾向があるが、両者を取り違えてはならない。両者の主要な相違点は、共同学習が競争のない討論に重点を置いているのに対して、探求の共同体は、探求を共有して共同で探求を進めていくことに重点を置いている、ということである。探求において重視されているのは、探求を前進させて問題を吟味していくことであり、探求では何らかの成果をもたらそうともしている。ここでの成果とは、意見の相違に決着をつけることかもしれないし、判断そのものかもしれないし、行為の中で繰り返し判断を下すことかもしれない。いずれにしてもそれは単純なプロセスではない。

価値教育では、じっくり考えるために以下のａからｅのすべてを行うことが求められる。すなわち、

ａ　概念分析を手がかりにして、当該の価値（目下の場合は暴力や平和）の理念型を考察する。

ｂ　当該の価値の現象学的記述［訳注］を行う。

ｃ　当該の価値の理念型に近づいたり到達したりするための具体的な条件や力について

訳注――経験に即して記述し語ること。

考察する。

d　当該の価値の理念型と、それを実現するための力との間の関係について考察する。

e　先行する要因を研究するだけではなくて、当該の望ましい価値をもたらすこともできる教育環境について考察する。

これらは、探求の共同体の五つの課題である。しばらくの間、それぞれについてもう少しだけ詳しく検討してみよう。

（a）平和を目指す教育、ないし、暴力を減らすための教育において、授業を始める一つのやり方は、参加者に教科書を読ませることである。教科書には、「平和」と「暴力」という鍵になっている言葉を定義しようとする架空の探求の共同体が描かれている。私たちは、現実の教室の共同体が物語の中の共同体の影響を受けて、それに導かれていくのを見ることになるだろう。意識的であれ無意識的であれ、現実の教室の共同体は物語の中の共同体を見習おうとするのである。

一つ目の課題を完全にやり終えてからでなければ二つ目の課題に手をつけてはならない、などと考えるべきではない。五つの課題すべてを同時に進めていってもよい。とはいえ、「平和」と「暴力」という語によって理解されていることを明確にすることの有益さを生徒たちは理解している。したがって、これらの語にぴったりの定義を見つけて意味をはっきりさせることは、課題の一つである。

（b）二つ目の課題について。共同体が取り組んでいる意味の課題を具体的に解決するためには、当該の肯定的な価値や否定的な価値の現象学的記述を行わなければならない。ホッブズはこうした現象学的記述を行っている。彼は、自然状態は戦争状態であるとした上で、そこにおける人間の生活は「吐き気をもよおす、野獣のような生活で、長く生きることはできない」と生き生きと記述している。ホッブズは、今日私たちが「冷戦」と呼ぶような中間的な状態の存在を否定していて、これ以上検討することなく「戦争が起きていない時代はつねに平和である」と結論づけている。ホッブズが平和それ自体を記述することはほとんどないが、それでも彼が考えていることは十分にはっきりしている。すなわち、平和とは商業と工業が盛んな時代のことであり、人々の自由なコミュニケーションが妨げられていない時代のことである。そのような時代には、芸術と科学が盛んであり、人々は好きなところに旅をすることができ、隣人を恐れることなく暮らしている。

（c）三つ目の課題について。共同体は、望ましい価値を獲得したり否定的な価値からうまく逃れたりするのに役に立つ手段を明らかにしなければならない。たとえば、政治的独裁主義は暴力を保証する手段であると考えられているのに対して、平和を保証するための手段として民主主義が引き合いに出されることは多い。これはちょうど、タンパク質を豊富に含んだ食べ物はたいていの場合私たちに健康をもたらしてくれて、そうした食品が不足すると健康への害が引き起こされる、と私たちが考えているのと同じようなものである。

（d）以上に続けて、手段と目的の関係を考察しなければならない。タンパク質を豊富に含んだ食べ物と健康との間の手段と目的の関係が、いわゆる栄養学的関係であることははっきりしている。独裁主義と暴力との間の手段と目的の関係は、抑圧関係であると考えられるかもしれない。しかし、明らかに、暴力の手段としての役割を果たし、暴力と因果関係があるものは、独裁主義以外にもたくさんある。たとえば、しばしば引き合いに出されるように、児童虐待を受けると、被害者の子どもたちは確実に反社会的な態度を示すようになり、思春期や成人期を迎えると確実に反社会的行動を取るようになる。虐待を受けた子どもが虐待する大人になることもある。人の邪魔ばかりする大人を調べてみたら、実は子どもの頃に人から邪魔ばかりされていたことが分かったというのは、よくある話である。要するに、四つ目の課題に必要なのは、ある場面においては肯定的な価値が優勢となり、別の場面においては否定的な価値が優勢になることを説明する因果関係ないし病因論を学ぶことである。

（e）最後に五つ目の課題について。平和を作り出す行動を助長し、暴力的気質や暴力行為を抑制するための、必要不可欠な教育環境が存在する。

暴力には二つの主要な起源がある。一つは、個人の思慮を欠いた衝動であり、もう一つは、社会制度が外在的および内在的に有している攻撃性である。この二つは、欲求不満のいちばん最初のしるしとして現れることが多い。暴力を回避するために対立をうやむやにしようとするやり方は、たとえそれが当事者たちにとってはよくあるやり方だとしても、容認できるものではない。平和運動が勝利を収めるためには、対立を解決するしっかりしたやり方を作り上げていくしかない。

学校環境の中で暴力を減らす

本章の議論を通しての私の結論、すなわち、学校環境において暴力を減らし平和を促進するための手段となるのは探求の共同体である、ということについて、私はすでに多くのことを述べてきた。平和のような価値や暴力をなくすことについて、それを効果的に教えることはできないと私はここまでに力説してきた。そうしたことは実践され、具体化されて、生きられなければならないのである。とはいえ、平和の実現のためにはひたすら平和の実践を学ぶしかない、と単純に考えるわけにもいかない。平和は最終目標なのだから、私たちは平和を実現するための方法を実践しなければならない。そのような実践を「ピースメイキング」と呼ぶことはこじつけであるかもしれない。実践を成功させるためには、生徒がそれ自体に満足を覚える方法を用いなければならない。他方で同時に、その成果の一つは、平和な社会関係を作り上げることである。

探求の共同体をプロセスとしてとらえると、そこには実は二つの側面が存在している。一つは手段と目的の側面であり、そこでは平和の実現は長期的な目的である。もう一つは手段と結果の側面であり、そこでは、探求の共同体というプロセス自体に直接の価値があるのだが、それにもかかわらず、その結果ないし副産物として平和が実現する。この二つ目の側面が存在しなければ、一つ目の側面は弱く効果のないものになる恐れがある。

探求の共同体は健全な社会組織である。その参加者の一員になることに肯定的な感覚を得られるからである。探求の共同体の中で、参加者たちは理性的姿勢を十分に実感できる。探求の共同体を離れて、日々の騒乱と激動のまっただ中にいるときには、理性的姿勢を実践できることは滅多にない。それゆえ、参加者たちは、探求の共同体の中で自分たち自身の力が強まるのを好意的に認識できる。そしてそれが、参加者の自尊心を高めることにつながっていく。

探求の共同体では、あらゆる参加者の探求に対する貢献が歓迎される。したがって、すぐに返答できる人や頭の回転の速い人の貢献だけが歓迎されるわけではない。参加者がお互いに相手の意見を注意深く聞くことを学んでいくと、お互いに対する尊敬の念が強まっていくのを感じられるようになる。また、自分たちの探求が探求の共同体の手順に依存していることを参加者が理解し始めると、参加者はまさにその手順に配慮する（ケアする）ようになり、探求の手順を守りたいと感じるようになる。

この共同体の中では、どの参加者も、ある参加者の考えを別の参加者に解説することができるし、一方の意見と他方の意見を調停することもできる。どの参加者も、仮説を提案することができるし、他の参加者が提案した仮説に基づいて議論を進めていったり、仮説をより緻密に練り上げていったりすることも自由にできる。どの参加者も、主張することができるし、反例や反対論を出すこともできる。問うことも、理由や証拠を提出することも、途方にくれたと表明することも、理想のあり方を生き生きと描写することも、手をあげて対話のルールを守るように抗議することも、自由に行うことができる。

現実の探求の共同体が、小説の中の理想的な探求の共同体に刺激を受けて、それをまねしようとして始まるというのはよくある話である。さらに言うと、探求の参加者が他の参加者に刺激を受けて同じようにしようとするというのもよくある話である。もしも私が、あなたがそれまで誰も疑問を抱いていなかったことに問いを差し挟むのを見ていたら、私もそれに勇気づけられて、誰も疑問を抱いていないことに問いを抱くようになるだろう。もしも私が、あなたが厳密な推論を行えていることに気づき、その理由はあなたが矛盾の禁止のような初歩的な論理法則を熟知しているからだと理解したら、私も同じことを勉強して、同じように厳密な推論ができるようになりたいと考えるだろう。

探求の共同体は、不確実さを真摯に受け止めている。人間が作った制度は不完全であること、人間の経験の多くは部分的でしかないこと、人間の知識には限界があることをはっきりと認めている。それゆえ、探求の共同体では、分析することの必要性だけでなくて、じっくり考えることの必要性もまた十分に認められている。また、そこでは、全面的な解決がうまくいくことは滅多になく、私たちは多くの場合自分たちの根本原則には反しない妥協案を頼らなければならない、ということも承認されている。要するに、探求の共同体は、規則と先例が役に立たないところで物事に決着をつける判断の役割を受け入れているのだ。この役割は、批判と想像を組み合わせることによって果たせる。

探求の共同体という環境の中で熟慮を伴う対話を実践することで、生徒たちに暴力に代わる代案を示すことができる。生徒たちは対話の実践を通して、平和な社会が受け身の社会ではありえないことを理解できるようになる。というのも、そのような対話は平和の実現によって終わるわけではないからである。むしろ、ひとたび実現した平穏な状態の維持を確実なものにするためには、対話を続けていくことが最良の方法である。

したがって、平和が表向きの学習テーマであるかどうかにかかわらず、平和を目指す教育はどの教室でも行うことができる。探求の共同体には、可謬主義の精神が広く行き渡っている。この精神に誘われて、参加者はみなお互いに自分たちの誤りを指摘しあって、誤りを修正するための方法を探し求めるようになる。可謬主義の精神は、絶対主義や狂信によって駆り立てられる論争的な雰囲気を取り除いてくれる効果がある。そしてそのことによって、可謬主義の精神は、論争的な雰囲気がしばしば暴力を引き起こすのを未然に防ぐ。不確実さと正面から向きあって、理性的姿勢で不確実さに対処していこうと決意することは、教育とは権威によって裏付けられた絶対的知識の習得であるとかたくなに主張し続けることと天と地ほどもかけ離れている。もし理性的姿勢が今日の教室に広く行き渡っているならば、明日には、つまり今日の生徒たちが大人になって子どもを持つようになったときには、理性的姿勢は家庭にも行き渡ることになるだろう。いずれは他の組織も同じように変わっていくのかもしれないが、ことの始まりはすべて学校からに違いない。学校こそが、子どもたちが自己批判を学ぶ場であり、すなわち、自分たち自身の先入観と偏見と有害性（有害だと気づかれていない有害性）を批判することを学ぶ場なのである。学校はまた、誤りを自分たち自身で修正することを学ぶ場でもある。そこで子どもたちは、必要以上に言い張って相手に不快感を与えない方法を学ぶことができる。もちろん子どもたちは、公平さを欠いた社会的、政治的、経済的な慣習と制度を作りなおさなければ暴力はなくならない、ということも学ぶだろう。しかし、他者が私たちをどのように理解しているかを理解するという課題を放っておくわけにはいかない。これはとりわけ、他者が私たちに攻撃されてきたと考えているときにはそうである。最終的には、こうした主張に対して理性的に判断を下すことで、暴力を減らすことができるだろう。そして、こうした主張をはっきりとした言葉で最初に表現できる場は、教室なのである。

part three: orchestrating the components

III

思考のオーケストラ

第六章

情動、思考、教育

The Emotions in Thinking and in Education

情動と教育

私たちの目指す教育の大きな特徴は、情動の役割を再検討しようとすることにある。だが、その再検討にはすぐさま疑問が突きつけられる。情動を何の教育的役割も持たない単に主観的なものとみなすのか、それとも何らかの役割を担ったものとみなすのか（第三の可能性として、情動それ自体を教えるという道もある）。

哲学者たちは長らく「感情」は主観的なものだという考えに囚われ、役に立たない説明や定義を繰り返してきた。人間の情動には傾向があり、一定の状況に置かれれば生じる。ルネサンス前半期の著述家たちはこの傾向に魅了され、多くの書物を遺した。そのため、後の学者たちはその情動の記述を熱心に研究することになる。デカルトとスピノザが登場するまで、何世紀にもわたって情動についての論文が教育課程に組み込まれ、彼らが登場してからも何世紀もの間続いた。ここでは、スピノザの注意深く洗練された仕事、喜び、悲しみ、驚き、軽蔑、愛、憎しみ、好み、後悔、冷笑といった情動についての幾何学的記述を思い起こすだけで十分だろう。

ところで、情動が担う教育的役割とはどのようなものだろうか。それを考えるためには、まず情動にしばしば帰される否定的な認識論上の地位について考えなければならないだろう。情動は思考を曖昧にして歪める。デカルト以来、明晰判明であることが真理の基準として考えられてきたため、情動はしばしば誤りや偽りの原因として語られてきた。

だが最近では情動の役割に寛容な書き手が増えている。私はリクール、ソロモン、シェフラー、エルギン、ダマシオ、あるいは他のたくさんの書き手たちのことを思い浮かべている。思考に霞をかける暗雲から、思考を明瞭にし、思考を組み立てるものへ。こういった書き手たちが初めに行ったことは、人々に浸透している情動のイメージを転換させることであった。さて、思考における情動の肯定的な役割に移る前に、感覚と情動は異なるというダマシオの区別に手短に言及しておこう。(ひざの痛み、肩こりといった)感覚は生物の内的な状態の表現にすぎない。それに対して(高いところにいる恐怖、仕事への不安といった)情動とは生物と世界との生態学的な関係を表現している。そうダマシオは考えた。この感覚と情動の区別は、ビルの警備室をイメージすれば理解しやすい。バスターミナルの警備室には、おかしなことがないか見張っておくためにたくさんのモニターが置かれ、建物の廊下すべての映像が映し出されている。ビルの外の世界を映し出しているモニターもあることだろう。ここから、親切なのか冷淡なのか、安心なのか不安なのか、うたぐり深いのか素直なのかといった生物の状態は、モニターに映される映像とその理解に大きく依存していることが分かる。ダマシオは感覚を説明する際に「身体という劇場[1]」という言葉すら用いている。

さて、思考における情動の役割に話を戻そう。私はここで、キャサリン・Z・エルギンの著作[2]に言及しようと思う。エルギンは次のように主張する。(1)情動が認知的に意味を持つのは、情動に信念が含まれているときだけである。自分が危険に陥っていると信じていないとき、その危険への恐れは本物ではない。(2)情動は行動や思考の基準を与える。たとえば、親の子どもへの愛は、親の感覚、態度、行動の基準になる。(3)情動は意識が焦点を合わせる手伝いをする。たとえば普通、人は、興味によって気づくことが変化する。(4)それに加えて、情動は事物を強調し、際立たせる。情動は意識に対して事物を突出させる原因になる。だからといって、必然的に情動が事物をねじ曲げるというわけではない。情動は私たちの意識を高め、注意を向けなおさせる。さらに、情動は私たちを環境へと順応させ、感受性を与える(この意味で、情動は信念とよく似た働きをすると言える。誤った信念が誤った安心感を生む。行き過ぎた悲観主義は不当な脅迫観念を生む)。

エルギンによれば、態度こそが環境への順応、その人物の傾向と望むものを決定してしまう。命題[訳注]に対して態度をとるとき(その命題が真であろうが偽であろうが)、私たちはその命題を認めたり、拒絶したりする。また、述べてみたり、反芻してみたりもする。熟考してみるかもしれないし、主張してみるかもしれない。これらの態度は、通常、「命題的態度」と呼ばれる。以下に命題的態度の例を挙げておく。

ジョシーは、息子が病気だ、と知っていた。

1——アントニオ・R・ダマシオ『無意識の脳 自己意識の脳 身体と情動と感情の神秘』田中三彦訳、講談社、二〇〇三年、二六頁。

2——Catherine Z. Elgin, *Considered Judgment* (Princeton: Princeton University Press, 1996), pp.146-169.

訳注——命題とは、通常、平叙文によって表現される意味や内容のこと。

ヘンリーは、歯の妖精が存在する、と信じていた。
コンラッドは、自分の票が有効票になる、ことを望んでいる。

命題的態度が、命題を単に主張したり、否定したりすることを超える重要な認識論的意味を持つことは明らかである。なぜなら、命題に含まれる知識の価値を情動が巧みに決定しているからだ。上記の例では「知っていた」「信じていた」「望んでいる」が、各々の目的語を評価する意識の状態を表現している。それゆえ、命題的態度は命題を対象として持たない心的動詞よりも、複雑で重要なことを伝える役割を担っていると言える。また、意識を集中しさえすれば、情動は感覚の偏りを修正してくれる。たとえば、エルギンは次のように記している。「聞こえる音はどんな音を聞こうとするかによって変化する。赤子に意識を向けている人は、泣き声の微細な特徴を聞き分ける。赤子は両親がそんなふうに自分の泣き声を聞いていると気づいたとき、自分の泣き声を自分で聞き分けるようになる」[3]。まさにこれこそが、他者にどのように見られているかを知ることで、自己が成り立ち始める例なのだ(これはパースとミードの見解に基づいている)。

情動的思考の模範例は存在するか

情動は、焦点や基準を与え、信念に組み込まれ、事物を強調することで思考に寄与す

3――同書一五四頁。

るとエルギンは分析した。このような情動的思考の特徴は結局のところ、その形式にある。つまり、私たちは異なった様式の思考を区別しているのだ。帰納、演繹、伝導、分配といった思考法の区別は、その狙いや成果によってではなく、組み立て、形式的特徴、構造、構成といった区別によって形式的に判断される。ある意味で、情動的思考は思考の一様式であり、ケア的思考は情動的思考の一様式なのである。この意味で、すべてのケア的思考は情動的思考だと言えるが、すべての情動的思考がケア的思考であるとは言えないだろう。

しかし、ここで事態はさらに複雑になる。別の意味では、ケア的思考はすべての情動的思考の模範例と言えるからだ。これは、部分が全体を表している提喩と呼ばれる関係で、単なる言葉のあやではない。何かに配慮を向けることなしに、情動を伴って思考することなどできない。ちょうど、よいもの、悪いもの、美しいもの、醜いもの、どんなものであっても、わずかばかりでも自分にとって意味や重要性を持たないものに注意を向けることなどできないように。それゆえ、私はこの二番目の意味でケア的思考はすべての情動的思考の象徴であり、模範例であると言わねばならないだろう。

作曲が音による思考であり、小説を書くことが言葉による思考であり、絵を描くことが絵の具による思考であるように、ケア的思考は価値による思考なのである。そして、色を正しく理解することなしに画家が絵の具によって思考することができないように、価値によって思考するためには価値とは何であるのかを理解できなければならない。

私たちの考える情動の枠組みは、価値判断だけでなく分類を行う際の判断にも影響する。情動が注意に焦点を与え、そして分類方法は注意が何に向けられているのかに左右される。ディスプレイに映った映像のピントが小さなつまみによって、ぼやけたものからくっきりしたものへ操作されるように、私たちの情動は世界についての判断やその判断を正当化する方法を操作する。「批判的思考」と呼ばれるものでさえも、厳密さ、正確さ、一貫性、効率に対して人がどのように感じているのかという情動によって調律されてしまうのだ。それゆえ、認知と感情は別物であり、二項的に独立して機能すると考えるような二元論には断固として反対せねばならない。

情動を教育することはできるのか

情動は普通「勝ち目のない」状況に置かれている。思考がよい成果を出したとしても、情動のおかげだとみなされることはない。ところが、何か困ったことが生じたら、すぐさま情動のせいにされてしまう。これまであまりにも情動は罪人だとみなされてきたが、有罪だと立証されるまでは潔白だと考えてみてはどうだろうか。

　情動が教育されるべきかどうかを検討する前に、そもそも情動を教育することができるのかを考えたほうがいいだろう。その答えの一部は、私たちが情動をどのように扱うかにかかっている。情動を合理的でないものとしたいならば、そう扱うべきだ。合理的なものだと考えたいならば、合理的なものとして扱うことが助けになる。そして、教育できるものと考えたいならば、教育できるものとして扱ってみることだ。

多くの人が、情動を教えることについて悲観的な考えを持っている。「私は自分の情動を選んでなんていない。ただ生じるものだ。情動を制御するなんてできない。それに、情動を教育する方法は、その価値に比べて完成させるのがあまりにも難しいのではないかな」と、こんな具合だ。しかし、これはあまりにも荒っぽい考えだ。たとえば、人は喜びを抑えること、悲しみを抑えることができる。これらの例で制御されているのは情動そのものではないかもしれないが、情動を囲う壁の入り口が制御され、抑制されていると言える。ここで扱わねばならないのは、ある状況のもとで見られるいくつかの情動の適切性である。情動が不適切だと判断されるのは、一つにはその情動が必要とされていないからだ。つまり、情動によって生じるその人物の外見が、状況が要求し、文脈が求める外見と一致していないのである。さらに、情動が正当化できないとき、その情動は不適切だと判断される。その情動を支持する理由が十分なものではないということだ。葬式で笑うことはどちらの意味でも不適切であり、結婚式で涙を流すことはどちらの意味でも適切である。

子どもへの道徳教育は、さまざまな情動の不適切さに焦点が置かれることが多い。ミニー叔母さんの歩き方を見ておもしろがるべきではない。彼女を傷つけてもいい理由などないのに、そんなことをしたら彼女を傷つけてしまうことになるからだ。情動それ自身に焦点を当てるのではなく、情動の理由や、その適切性に焦点を当てることで、子どもの行動の情動的な側面をうまく調整することができる。

しかし、ミニー叔母さんの感受性に気を配るようにというのはあまりに個別的な正当化である。もっと誰にでも当てはまる理由を見つけるほうが、都合がよいと考える人もいるだろう。そのような理由のうちで最も妥当なのが、理性的姿勢である。行動は不快ではないのだが、マイノリティに対して強い憎悪を劇的に表し、目に余る情動の表出がその場の全員を居心地悪くさせ、幾人かを怯えさせてしまうような子どもを私たちは決してよしとしない。マイノリティに対する憎悪は合理的でなく、理性的でないのか、それともその問題は完全に個人に任せてもいいのかを判断するために、倫理の授業ではその事態そのものを吟味する必要がある。言うまでもないことだが、服や車を買うのに流行があるように情動の出し方にも流行がある。

子どもの情動教育は、しつけの最も早い段階から始まる。この時期には文化や家族がふさわしいとする情動的生活を子どもに保障するために、賞罰という武器が採用される。幼年期の間には許されると何度も教えられたことが、大人になるにつれて定着し、その結果、慣習的に大人の段階になれば求められてきた情動とはまったく異なった情動を自分が持っていると気づくことがある。

人間の経験は多層的で、複雑なので、経験を細かく調べ、自分が置かれている状況に何が必要なのかを見つけることは簡単な仕事ではない。動機と意図、要求と義務、習慣と刺激が交錯し、無数の層を形作っている。多くの子どもたちにとっての近道は、考えるべきだと思うことを考えるのとまったく同様に、感じるべき情動を感じることなのだ。子どもの情動教育は、道徳教育の一部であると同時に、道徳教育と一体なのである。

情動と言語

就職の面接で、沈黙していた志望者が発言の機会を与えられないことがよくある。沈黙が、話題になっている分野の用語や関係について話す練習の不足としてではなく、無知や愚かさの証拠だと受け取られた結果である。そういった面接の練習として、事前に友人とその専門分野の重要な概念について議論しておくと役に立つはずだ。議論しておいた概念が、尋ねられる質問と直接関係していなくても問題ない。その状況では何が問題になっているのかをよく知っているという信頼に足る外見を、将来の職業人に与えることになる。

別の意味に取られてしまうものとして心理学者たちが「二段階語」と呼ぶ言葉がある。二段階語とは、ある読み手にとっては一定の意味になるのだが、別の読み手にとっては別の意味になってしまう曖昧な言葉のことである。これは「両義語」の一例であり、子どもは両義語に対して大人とは違った理解を示すことがある。しかし、これらの言葉は、ある大人、子どもにとっては一定の意味になるのだが、別の大人、別の子どもにとっては意味が変わるような言葉とは区別しておいたほうがいいだろう。私がここで思い描くのは「ルール」という言葉である。幼児期の子どもの中には、ルールを哲学者のように概念として理解できる子たちがいる。他の子ども、他の哲学者はルールを命令と同じものだと理解し、見たこともない権威ある人によって生み出されたものだと理解するかもしれない。

要するに、子どもたちの情動を教育したいならば情動を特定できる言葉を教えることから始めねばならないということだ。また、情動と別の情動、情動と観念や概念、情動と人びと等を結びつけている関係を教えなければならない。そのために、以下のような疑問について議論することで、それを実現できるだろう。

1 内気さと従順さとの違いは何だろうか？
2 絶望と自暴自棄との違いは何だろうか？
3 愛し合っていることと恋に落ちていることとの違いは何だろうか？
4 怒れる群衆と怒っている人たちの集団との違いは何だろうか？

物語を読むときにはおおむね、私たちは登場人物たちが持ちうる情動、持ちえない情動を判断し、それと同じようにその人物たちの感覚として適切なものを判断する。文学から方法を学び、実生活で実践しているというわけだ。

子どもは情動を注意深く扱うことで、自らの生き方を入念に探る。泣くことだけが自分の望む物を与えてくれると学んだ子どもは、その結果、大きくなっても何かをねだるときにメソメソ泣くようになる。どれだけ泣いても他の子を思い通りにすることができない女の子が、何度も泣いて、それでも誰も彼女に注意を払わなければ、何を求めようが無駄なんだと無感動な人間になってしまう。別の子は不快に対して過剰に反応するようになり、微かな欲求でも激怒するようになる。それゆえ、情動に耐えるレベルが人それぞれになるのである。そして、すぐに家族から内面から湧き出る強力な情動という力にどう反応し、どう対処するべきなのかを学ぶことになる。

子どもたちが世界の文学を読めば、別の文化の子どもたちも自分と同じような不快や失望を経験していることに気づく。世界の別の地域に住んでいる子どもたちの内には、私たちが取り組むのと同じように、自分自身の問題に取り組んでいる子どもたちもいるということにもまた気づくだろう。情動にも普遍性があるという証拠を学ぶと、心安らかになる。反対に、外国の子どもたちが情動の意味を私たちとはまったく異なって理解していれば困惑してしまう。その国の文化がそのような異なった情動の意味を与えていようが、その子どもたち自身が自ら探求してまったく異なった意味を得ていようが、いずれにしても困惑してしまうだろう。

子どもは生まれたときから笑ったり、泣いたりすると考える人が多いので、どんな場合に笑い、泣き、自分の感覚を表現するのかを子どもたちは当然知っていると考えてしまう。しかし、実際にはそうではない。子どもたちは経験を通してどの状況に情動が合致するのかを学ばねばならない。どういう状況に恐怖や誇り、喜びがふさわしく、どういう状況ではふさわしくないのかを学ばねばならない。よく練られた教育課程や教育学は、ちょうど自己破壊やその他の破壊的行動を助長する情動を抑止しようとするのと同じように、情動に対するよりよい理解を生む努力をする。適切であるがときに抑圧される喜びや友情といった情動に表現を与えようとするだろう。情動の教育は抑圧的であってはならず、情動をうまく配分するものになるべきなのだ。

訳注——*Sylvia Ashton-Warner, Teacher*, (London: Virago, 1963).

情動についての言葉の区別を明瞭にするための語群

自身の著書『教師』〔訳注〕の中でシルヴィア・アシュトン・ワーナーは、彼女が教えた五歳のマオリ族の子どもたちは衝動を表現する方法、それを使えば社会が彼らの衝動を反社会的行為と解釈しないですむような表現を必要としているという仮説を立てた。そういった衝動を表現する言葉を教えるという方法で、社会からの過剰反応を避けながら子どもたちの衝動を昇華させることにした。その言葉を書いたり、話したりすることで子どもたちが感じる重荷を和らげることができるだろう、と。

その実験はひどい結果に終わった。子どもたちがその禁じられた言葉を読んで議論する機会を与えることに、教育の権威たちは否定的な見解しか持ち合わせていなかったのだ。たとえその実験によって子どもたちの行動がきわだって改善されていたにしても、教育者たちはそれらの禁じられた言葉を使うことを大目に見ることはできなかったのである。

子どもたちがそれらの言葉を道徳的非難という文脈の中ではなく、探求の文脈の中で経験することでようやく、子どもたちは自分たちの内側には、そして自分たちの間には暴力と衝動とがあり、それがただはけ口を求める闇雲な重圧であることを理解したであろう。禁じられた言葉はいくつかの心の行為の計測器として用いられ、子どもはその言葉を話すことで他人に危害を加えることなしに重圧を発散することができた。

さて、このことにいくらか関連する教育の側面を考えてみよう。私たちは生徒たちが思考力を向上させることを促したい。これはつまり、より頻繁に（創造性について考えるのと同じくらい）創造的思考を促し、（批判について考えるのと同じくらい）批判的思考を促し、（思いやりについて考えるのと同じくらい）ケア的思考を促すということなのだ。

そしてそのためには、生徒たちには関連する語彙が必要である。子どもたちはさまざまな情動を持つが、情動の語彙を十分に習得していない可能性がある。十分な語彙を習得せず、思考のための適切な下地を習得しない限り、探求の共同体が行うような情動的な生に対する反省や議論は成り立たない。子どもたちが情動を感じ始めたとき、それに間に合う少ない語彙を習得する。そして、その語彙は徐々に増えていくだろう。教科書から習得した言葉を普段の思考に用いるのと同じように、それらの語彙をメタレベルの思考に使うようになる。そういった語彙を含む探求の共同体が行う議論のおかげで、子どもたちはまもなく情動の客観的な分析に立ち入ることになるだろう。

哲学と探求の共同体の教育学によって、三分の一から二分の一くらいの生徒が思考に関わる言葉やフレーズを熱心に習得するという研究が近年発表されている。以下のキーワード群において、特にそれが顕著である。

1　考える、思考する、思想、熟考する、疑問に思う、問いかける、考え、観念、概念、分析する、探求する

2　議論する、議論、説明する、説明、根拠、正当化する、正当化、なぜなら、推論、例、複数の例、真、偽、正、不正、正しい、間違っている、関係、関連している

3　理解、理解する、理解される、体得する、知る、知識

4　見方、視点、立場、差異、特異性、区別、全体像、全体計画、概観、代替案

4――Kevin Barry, Leonard King, and Carmel Naloney, "Philosophy for Children and the Promotion of Student High Level Cognitive Talk in Small-Group Cooperative Learning," *Critical and Creative Thinking: The Australasian Journal of Philosophy for Children*, vol.9, no.1 (March 2001), pp.31-45.

その研究が至った結論は次のようなものである。「授業の始めに認知的に高いレベルの質問が生徒に生じ、授業の中で他の生徒にその質問を投げかけるように促すという流れは、小グループに移ったときに現れる」「教師の役割を十分に果たすことがとても重要であり、子どものための哲学への熱意と教師の専門的な知識が、積極的に思考する生徒に伝染していく」[4]

この研究が（あるいは同じ著者による関連する研究が）示している重要な点の一つは、教師の語彙の特徴とクラスでの対話の特徴との間に共通性が見られるということである。教師の語彙に批判的思考に特徴的な語彙が含まれていなければ、批判的思考についての批判的思考を生み出すことがより難しくなるだろう。

ケア的思考は情動的思考の典型である。さらに、ケア的思考のためには情動について考え、議論し、学ぶための語彙が必要である。それゆえ、子どもたちに情動を教えるためには、価値を表現する語彙、価値を評価するための語彙が必要とされる。

左に挙げた価値の語群が、教師が生徒に注意を促す必要のある言葉である。これらの語が価値に関わるのは、思いやりを実践する人はそれらの語について考えるからだ。また、どのように思いやりを実践するのかを表現しているからでもある。

この語群が、どのような言語にも存在する多くの価値語の一部であることをとりたてて生徒に述べる必要はない。しかし、この語群にない言葉でもそれが価値語かどうかを分かるように教える必要があるだろう。

precision
relevance logical ingenious
methodical witty consistency self-controlled
clever sensible prudent cunning
judicious scrupulous appreciative
thoughtful alert excogitating considering
reckoning pondering cognising concluding
infering judging reasoning conceiving
subsuming generalizing inducing
apprehending estimating formulating
measuring designing
predicting
批判的
standardizing
substituting expecting
understanding doubting knowing assuming
associating pretending supposing
guessing surmising conceding choosing
comparing contrasting grouping
classifying defining grading ranking
seriating exemplifying questioning relating
contradicting sagacious
shrewdness perspicacity
perceptive acumen
insightful keenness
competence capability
intending preparedness
efficieny
ingenious
witty imaginative
clever inventive wise
appreciative humorous
glowing amusing intuiting
designing composing
constructing wondering
believing guessing wishing
surmising choosing judging deciding
exemplifying questioning generating
speculating insightful discerning arranging
surprising loveliness ordering
organizing elegant graceful
attractive beauteous
charming delightful
bewitching
創造的
exquisite
fine fair pretty
glorious brilliant dazzling gleaming
splendid scintillating incandescent
radiant spirited quality
distinction feature sensitive
fascinating winning
enchanting delightful
entrancing compelling interesting
delicious actualizing consumate
animate inspire rousing
entertaining beguiling pleasing
recreating making
whimsical fabricated contrived
choice nice exquisite
solicitous
vigilant
concerned worried
loving generous
proper trusting liking
giving respecting forgiving liberating
apologetic confessing
pardoning releasing clearing adoring
admiring charming obedient
enjoying esteeming approving honoring revering venerating agreeing acquiescing
assenting compliant cooperating concuring consenting harmonizing uniting
pacifying calming appeasing soothing civilized humane
refined tender benevolent
ケア的
kind unselfish anxious
attentive heeding interesting touching solace encouraging
comforting sympathetic moral considerate devoted dedicated dutiful
cheering exciting heartening stimulating tolerant supportive permissive
regard ennobling believing faithful civility beneficial magnanimous open-handed
agreeable serious sociable enjoyable valuable worth deferential charitable
gentle merciful tender benign patient polite responsible
careful

図6.1 価値語の三語群

第七章
心の行為
Mental Acts

意識と心の行為

心の行為は生徒の思考の流れの中に直接現れる。私たちの目的の一つは生徒たちが思考に専心することにあるのだから、心の行為を吟味することは有益だろう。心の行為は、対話の中で探求を進めるという重要な役割を果たしている。また、談話の中で方法論的な役割を担う言語行為とも関係している。言語行為は心の行為から独立しているわけではなく、心の行為に何らかの仕方で対応している。というよりも、それは発話にまで至るような、ある大きなまとまりの一部分なのである。この意味で言語行為の本質は、この現在進行中の心の働きにある。また同時に、言語行為は共同的な対話で生じる他の言語行為と相互作用し、それによって個々の参加者が一つの思考に参与する分散型思考という現象を生む。心の行為と相互作用しながら生じる個々人の思考という分子なしには、この分散型思考という過程はほとんど理解しがたくなるだろう。

私たちの目的は思考の教育を理解してもらうことであり、心の働きとして理解されるべき要素、つまり心の行為について言及することは、とても役に立つはずだ。ここでの私の意図は、解釈的な説明を行うというよりも、どのように事実が現れるのかという現象に即した説明をすることだ。といっても、解釈的説明が担う役割に対して異を唱えようというわけではない。

これまで辿ってきた考察から「思考についての思考」は反省的思考の諸特徴にかなり近いことが分かる。またそれは、それらの特徴に同意する人たちのほとんどの意見が一致するものであるから、心の行為や心の状態という概念を欠くことなどできないのである。心の行為や心の状態は、心の哲学や心の存在論の探求における主題として必要とされるように、ここでも一つの単位として必要とされる。決定する、選択する、推測するといった心の行為は、ちょうど初期の科学者たちが光の単位として波を必要としたのと同じように、精神・心の機能、思考の単位として要求される。

私たちには思考についての理論が必要である。理論なしには、やっとのことで獲得した「思考についての思考」という言葉が意味を失ってしまう。心という現象についての統合的で、発達に即した教育課程が必要であり、同時に生徒たちに心と思考との実際的な関係を理解させる必要もある。

言語はある意味で心の地図だと言える。しかし、その言語の地図がどれくらい正確に心を反映しているのかを判断することは難しい。オースティンやゼーノ・ヴェンドラーといった哲学者、言語学者がこの分野、特に遂行的表現の分野と、心の状態と心の行為との区別という分野について興味深い研究を行っている。心の行為は、それが何かを達成することを意味する「達成」動詞によって表現されているかどうかで判断される。達成動詞の典型例は「決定する」である。それに対して心の状態は、「信じている」「知っている」「疑っている」「信頼している」といった心の気分、雰囲気、態度などのことである。

オースティンは、心の行為を表現する動詞の一部が遂行的表現をなしていると考えた。遂行的表現に属する言葉を発話すると、その言葉が意味する行為を実際に遂行したことになる。たとえば、牧師が「汝らを夫と妻とす」と発話すると、その二人は結婚したことになる。適切な言葉を発することだけで、ある行為を成立させるのに十分なのである。

心の行為はある種の達成状態を作り出す。それゆえ、心の行為を、定常状態を表現している動詞と対照させるだけでなく、まだある属性を持っていない事物にその属性を付与する動詞とも対照させることができる。私たちは普段、確かめたり正当化したりすることを気にしないで、お互いに属性や性質を与え合っている。つまり、周りのほとんどの人たちが「痩せている」と言っているのに、自分のことを「太っている」と考える人がいるように、私たちは証拠を無視する場合すらある。

ここで、カリスマ的性質についても、忘れずに言及しておくべきである。実際、心の行為のうちにはカリスマ的行為というものがある。それは、ある個人や組織に対して、それらが実際にある力を有しているという証拠がないにもかかわらず、それらにその力があると認めることである。たとえば、凡庸な人たちの集団をうまくおだてて、その人たちに特別な天性や運命を持っているのだと信じ込ませてしまう人がいる。そして、当の集団は、自分たちの優れた特性を認めることができるのは、才能を与えられた天才だけなのだと応じるようになる。そんなふうにして、その凡庸な集団は、その人物は自分たちの指導者になるに十分な徳を持っていると考えるようになる。このような心の活動を一般的な形で定式化すると次のようになる。xが証拠もなしにyはとてつもない力を持っていると信じているならば、yのカリスマ性がその信念を引き出している。

曖昧さは伴うが、対応する動詞を比べることによって、心の行為と心の状態とを区別することができる。ヴェンドラーはこの区別を理解するための示唆をいくつか与えている[1]。心の状態は観察できないのに対して、心の行為は観察可能なものであるとヴェンドラーは述べる。心の行為の例は「決定する」であり、心の状態の例は「信じている」や「知っている」である。心の行為は達成動詞によって表現される。心の行為は達成されることで初めて行為となるので、私がそれを所有しているという証拠を与えることはできない。反対に、心の状態は達成を表さない動詞によって表現される（あなたが私の心の状態がどうであるか知るためには証拠が必要である。私自身にとって私の心の状態を知るのに証拠は必要ない。私は直接に自分の心の状態を理解するからである。「あなたは自分が痛いことをどうやって知るのか？」などと尋ねる人はいない）。

心の行為の例としては他にも、「発見する」「学習する」「推論する」「演繹する」「推測する」「実現する」などがある。心の状態の例には、「考えている」「疑っている」「憶測している」「想像している」「思っている」「疑惑を抱いている」などがある。最後に、心の状態を表す動詞のうちでも、「思い出している」「予想している」といったように、時制を持つものがあることを指摘しておこう。

1――ここでの心的行為と心的状態の扱いのほとんどはZeno Vendler, *Res Cogitans*, Ithaca, N.Y.: Cornell University Press, 1972とJ・L・オースティン『言語と行為』坂本百大訳、大修館書店、一九七八年に基づいている。心的行為研究の先駆者はフランツ・ブレンターノである。一八七四年に刊行された彼の著作 *Psychology from an Empirical Standpoint*, Humanities Press, New York, 1973を参照。

心の行為に自覚的になる

地球に生息しているさまざまな生物や、これまでに存在していた生物について子どもたちに学んでもらおうとするとき、私たちは生徒たちにその生物の写真を見せて、何属の何という種なのかを説明し、その言葉と生物を連関させるだろう。同じように、さまざまな心の行為、心の状態を表す言葉を実際にその言葉が指し示すものを明らかにしながら教えることができるはずだ。だが、不幸にも問題はそんなに単純ではない。ヒクイドリの写真を見せて、その写真について説明することはできるが、「決定する」「比較する」「譲歩する」ことを示すのはそんなに簡単にはできない。それでは、心の行為をどんなふうに教えればいいのだろうか。

ある生徒が小説の中の「パメラはウェザビー氏こそが、自分たちが探していたスパイだと推量した」という文を教師に示したとしよう。その生徒は「推量した」という言葉の意味が知りたい。教師であるあなたは「辞書を使ってみたら」と声をかける。辞書で調べた後に、その子はこう言う。「ある種の推測のこと」。あなたはこう返事をする。「その通りだね。その他には何か書いてあるかな」。「えっとね、非難の意味になることもあるって」。「この文では辞書の通りの意味になってるかな」とあなたは尋ねる。「そうかもしれない。パメラはその人がスパイだと考えていて、そうかもしれないし、そうでないかもしれない」。「何か他に辞書から分かることはあったのかな」とあなたはさらに問いかける。「辞書には〝肯定的でも決定的でもないような、根拠に基づいた考えや意見〟と書かれています。これが役に立つのか分かりません。〝憶測〟という言葉も書かれていますが、推量という言葉の意味が分からないのと同じくらいこの言葉の意味が分からないのです」。あなたは冗談めかして「ごめんね、今日は推量の写真を持ってないからね」と言ってみてから、真剣なトーンで「〝推量〟という言葉がどんな意味なのかを明瞭にするためにどんなことができると思うのかな」と付け加える。「一つできることは、読書をしていて〝憶測〟とか〝推測〟といった言葉が出てくるたびに〝推量〟を代入してみることです。たとえば〝推測〟は同義語を探してみることで、意味に照準を合わせることができます。たとえば〝推測〟は同義語として働くけど、〝憶測〟は同義語として働かない場合があるかもしれない。それに気づけば、少し進歩することができるかもしれません。でも、それでは十分じゃないのです」。「なぜ十分じゃないのかな」とあなたは尋ねる。「だって、私は実際に私の頭の中で何が起こるのかを経験してから、これこそが〝推量〟だと言いたいのです」。「なるほど、〝推量する〟という心の行為を経験したいということですね。その心の行為のための言葉があって、その意味を知っている。でも、その心の行為を実際にどうやったらいいか分からないということですね」。「まったくその通りです。〝くしゃみ〟という言葉の意味を知っているのに、本当のくしゃみを聞いたこともないし、経験したこともないみたいなことなんです。私は直接に知りたいのです。正しい答えを知らないけど、他の根拠よりもほんの少しいいと思った根拠を選んで正しかったという経験はあります。そんなとき、私はその根拠が正しいと推量したということなのですね」。「あなたはいわば、根拠から〝推理した〟わけですね」。「そうだ！」と生徒が笑いながら大きな声を出す。「私はまるで私たちの祖先が木の実と果実を集めたみたいに、証拠を集めてそこから真理を考えたんです。推量する人は、心の収集家なんですね」。

この架空の対話によって分かるのは、言葉に知覚可能な対象が見つからないと不安になる生徒もいるということだ。それは、対象が心的であるとき（たとえば、「選ぶ」「連想する」）や対象が方法であるとき（やり方、技法、問題）に生じやすい。ここで、文学の真価が発揮されることになる。文学は問題の言葉がどのように働くのかを明らかにする文脈を用意する。ヒクイドリを見るように推量することや推理することを見ることはできないが、「推量する」「推理する」といった心の行為に意識的になることはできる。動物園に行けばヒクイドリと出会うことができる。でも、推量と出会うには自らの思考について考えてみるしかない。つまり、自分の意識に意識的になるしかないのだ。それゆえ、思考についての思考とは、私たちが行う心の働きを対象化することなのである。そうすれば、心の行為に名前をつけ、記述し、体系化し、同義語を探すといったことができるようになる。心の行為に自覚的になるには、自分なりの方法でメタ認知的な段階へと移行する必要がある。反省とは、このメタ認知的思考の流れに身を任せることなのだ。教育活動の正否のほとんどは、この思考の流れに気づく能力にかかっていると言える。

働きとしての心の行為

心の行為とは何らかの達成、あるいは働きや遂行のことである。人は少しずつ決意を固めていき、そして決定する。この意味で、心の行為は、物を制作すること、たとえばイスを作ることに似ている。イスは何もないところから生じたりしない。事前に図面を用意しておくか、作りながら図面を考える。ノコギリで切ったり、金槌で釘を打ったり、彫刻を施したりすることで、図面に合うようにイスの各部分を作っていく。人の行為や言動に対応する心の行為も存在する。それゆえ、心の行為は小さな芸術作品や音楽の一断片に似ている。ある意味で、心の行為と心との関係は、コンピューターチップとコンピューターの関係と同じだ。ただ、コンピューターチップはコンピューターの動作を作動させたり、操ったりするのに対し、心の行為はそれ自身が動作であるという違いはあるのだが。

達成動詞という基準を用いようとすると、心の行為の領域を区切る境界線はきわめて奥が深く、境界線の付近にはどっちつかずで判断するのに難しい心の活動がたくさんあることに気づくはずだ。特に興味深いのは、心の行為と心の状態の組み合わさったものだ。どんな心の状態にも達成という性質が欠けているということはない。むしろ、心の状態の中での達成という要素はとてもゆっくりと進行するので、まるで止まっているかのように見えると考えたほうがいい。これが「状態」という言葉で言いたいことだ。疑いの状態にある人は心が疑いによって完全に麻痺しているわけではなく、心が幾分かそうした状態になっているということだ。知識を持っている人は、同時に学んでいる人でもある。学ばれたことは、それを知っていると言えるようになり、知識として働くようになるまで、ゆっくりと情報の海の中に溶け込んでいく。他方、不思議だと思っている状態、理解している状態、逆上した状態にある人はちょうどストーブの上のアップルソースの鍋のように、ただただすべての計画性や決断力が泡のように生じては消えている。

決断が心の行為の最も典型的な例だとすれば、判断はそれを行う人間を最もよく表す行動の単位だと言える。また判断はその結果の有効性という点でも最も強力なのである。バクラーは言っている。判断は判断を下す人の縮図であり、その人物そのものを表現している。それはその人物の世界に関する評価でもあることは実に正しい。

かなりの運動を伴う仕事やスポーツをしている人たちは自分の行為に深く没入して、自分の身体を自分の身体と考えていないことがよくある。自分の身体を自明のものだと考える。仕事道具、スポーツ器具を当然のものと考えるように、自分の身体と考えていないことがよくある。身体を手段として扱うことから目的として扱うことへ意識が変わるのは、身体がどこか少しおかしいと感じるときだけであり、そのときには手当てをしたり、治療をしたりする。その後には、身体や道具をほとんど意識しない状態に戻り、これまで行っていた仕事やスポーツへと戻っていく。これは身体的な運動をしている人の話であるのだが、ここで心を働かせている人にとって、以上のことがどれほど当てはまるものなのかを考えてみよう。脳や神経系が損傷していようがいまいが、私たちにとって、自分の心の作用が生じているときにそれをイメージすることなどほとんどできない。さらに重要なのは、私たちにとって、心の中の働いている部分、つまり、そうした心の働きが生じているとされる心の一範囲を意識することもまたありそうもないということだ。だからといって、心とはデカルトが述べるような真の実体であるとか、思考や感覚が俳優として登場してくる劇場であるとか、神だけが心の居場所を知っているとか言うべきではないだろう。

子どもたちが読み書き、考えることを教えられる教室という場所は、致命傷を負った患者を治療する集中治療室とどこかが似ている。そういった教室は教育的な雰囲気とは言えない。教室は考えるための場所なのだから、私たちがやらねばならないのは、思考を促し、よりよく思考できるような環境を作ることだ。そのために、飛行機の操縦を学ぶ人が自分を空中に留めておく周囲の大気に自覚的にならなければならないように、子どもたちは必要な手助けを与えてくれる認知的な環境に自覚的にならねばならない。パイロット見習いと飛行機、飛行機を支える空気の関係は生態学的なものである。そして、考える生徒と教室の環境、探求の共同体、本が読まれ議論されること、探求を手助けする教師、考える手順と目的との関係もまた生態学的なのである。

初めて紙飛行機を作り、空気の力で教室の端まで飛行機を飛ばせるのだと分かると子どもたちは興奮する。同じように、子どもは、選択を迫られ、意思決定の過程で思考の力が役に立つのを発見すると興奮するはずだ。ここで、思考の流れは、子どもたちが考慮に入れねばならない一つの事実になる。というのも、思考は判断を導き、判断は推論の流れの中でこそ生じるからだ。

他の心の行為と比べると、決断は重要な達成動詞であり、しかも大変に複雑な心による制作であり、心の発言であり、心の行為である。心の行為のスペクトラムのその対極に位置するのは、「気づく」といったより単純な動詞である。心の行為の典型例を示す必要があるときには、「決断する」という動詞を示してきた。なぜなら、決断するときには心が微かに動くことが分かるからだ。しかし決断も、他のほとんどの心の行為と同じように、見た目以上に複雑である。覚える、演繹する、理解するときに何が起こるのか、私たちにはほとんど分からない。原子のようにそれ以上分割することのできない決断など存在しないのと同じように、原子のような心の行為は存在しない。新しい心の行為を創造せずに、心の行為を分割することなどできない。そう、心の行為についての新しい気づきを生み出すことなく、心の行為を抑えることができないのと同じようにである。

命題的態度

人間の経験は物質的な基盤以上のものから構成されているように思われる。というのも、経験には、意図、欲望、情動、確信、態度、その他数え切れないほどの曖昧な、物理的でない個人の性質が含まれているからだ。そして、これらの性質こそが経験にその独自性と信頼性を与えている。

結局のところ、言明だけでは不十分であり、言明と発言者との関係が問われる。言明に対して人はどのような態度をとるのだろうか。ある人が「信じている」と言う。なるほど、いいだろう。その人は信じている。しかも、天使が存在すると信じているとしよう。その場合「天使が存在する」は命題で「その人は信じている」は命題に対して、その人物が引き受ける態度だということになる。このように考えることが、人物と命題を別々に考察しようとするよりも、その人物についての遥かに有望な理解を生むことを約束してくれるだろう。

態度は確信に埋め込まれている。エルギンも言うように「情動の認知的地位はその情動に含まれる信念（に由来する）」[2]のである。小説家はテーブルの周りに集まって話して

2――同書一四六頁。

いる人たちを描くことができる。それぞれの人物が話すことを物語ることも、もし望むのなら、彼らが考えていることも物語ることができるだろう。絵画の表面に鮮やかな描写を付け足していくように新しい記述を付け足すことで、物語は細かい記述で満ちていく。しかしそれだけでは終わらない。小説家は登場人物が何を欲し、望み、後悔し、軽蔑し、意図し、気づき、感じるのかを、また信念、知識に対してどんな態度を示しているのかを描くことができる。この最後のものが命題的態度である。もちろん、ある人物の態度が信念の内容とまったくかみ合っていないこともあるのだが。

読むことを学び始めた人が習得せねばならないことの一つが意味の文脈であり、批判的に考える人は文脈を指摘するのが得意だ。読むことを学び始めた子どもは、強調がとてつもなく重要であることもまた学ぶだろう。傍点がふられた言葉を読むときには少しだけ声の調子を強くする、目立たない程度に眉を上げる、動作を少しだけ変えてみるといったことはすべて、読まれた内容の解釈に影響を与える。同じように、言葉が書かれた時代の状況がまったく変わってしまい、今日ではその主張の真理性が劇的に変化していることもある。

カタツムリが殻を背負って生きているように、きわめて重要な文脈の中に置かれた発言もある。そのため、私たちは文脈というフィルターによって発言を理解するのである。いわゆる命題的態度について考えてみると、確かに命題に対してある人物が態度をとっていることが分かる。次のような例を考えてみよう。

ジョージはジョンが病気だと知っていた。

ハリーはジョンが病気だと思っていた。
メアリーはジョンが病気だと考えていた。
トニーはジョンが病気であることに驚愕した。
エドはジョンが病気だと信じていた。
メラニーはジョンが病気だと認めていた。
フランクはジョンが病気だと確信していた。
リリアンはジョンが病気であることを悔いた。
ポリーはジョンが病気であることを疑っていた。
マックスはジョンが病気だと推測した。

これらの動詞はすべて言明「ジョンが病気である」への態度、つまり心の状態を表現している。それと同時に、ジョンの病気という事実が理解された心的な文脈を読み手に伝えるという機能を果たしている。ジョンの病気が態度、感覚、判断、心の状態等の活動に取り囲まれているのは明らかだ。そのことは、人々が意図、癇癪、自信、希望を表現していることからも分かるだろう。談話における動詞のさまざまな機能についてオースティンは丁寧に説明を行った。彼の分類は実に興味深いものだ。判断を行う動詞（等級をつける、査定する、見積もる、無罪とする）は判定宣告型、権力を行使する動詞（任命する、免職する、命令する、無効にする）は権限行使型、人に何かを余儀なくさせる動詞（約束する、引き受ける、契約する、提案する）は行為拘束型、態度をとるための動詞（陳謝する、感謝する、共感する、怒る）は態度表明型、根拠、論証、コミュニケーションを明確にするための動詞（肯定する、否定

3――J・L・オースティン、前掲書、二四八―二七六頁。

する、言及する、報告する）は言明解説型として分類される[3]。オースティンが談話における動詞の働きを明確にしたことは、動詞に対応する心の行為と心の状態を理解するのに役立つ。私たちの持つ最も細かい感覚、意図、疑い、欲望のいくつかに名前を与えることができるからだ。それは、私たちの精神生活を支えている感情と認知を知る役に立つ。そうした語彙をオースティンは作り出したのである。

オースティンは自分の行ったことを「言語分析」ではなく「言語的現象学」と呼ぶことを好んだ。だが、どちらの用語もオースティンの仕事にはふさわしくない。おそらく、この二つの用語は「言語的現象学から言語的分析へ」という発展に関わっていると考えるのが最もふさわしいだろう。この発展と過程を見逃すならば、私たちは心の活動を動的なものではなく静的なものだとみなすことになるだろう。発展的な特徴を見逃してしまうと、頭上のプロジェクターから映し出されている映像がプロジェクターの存在を見えにくくするように心の構造が見えにくくなってしまうだろう。変化や成長という要素を見逃さないために、このオースティンの解説を有効活用する必要がある。思考の教育は心の行為や心の状態に役立つような環境でなされねばならない。これこそが命題的態度の真価なのだ。つまり、命題的態度はどんな文もその言明自体とそれに対する態度という二つの側面を教えてくれるという価値がある。命題が受け取られる際の態度を抜きにして命題のみを考えることは、まるで地球の表面から観察しているという事実を抜きにして月の表面について語るようなものだ。

認識論的移行――心の行為と状態は思考のスキルへと発展する

私たちはこれまで心の行為と状態について語ってきた。だが、それでは状態とは何なのか。それは何らかの条件のことか。あるいは存在のあり方なのか。それとも環境のことなのか。そして、特に心の状態とはいったい何なのか。それは気分のようなものか。意識のある種の側面のことか。どのようなものであれ心の状況のことなのか。「心の状態」という用語は広く使われているのだが、本来はまず同質的に広がった心理的状態のことであるが、個々人の生活に認知的な影響を与えるとされている。心の状態とは驚き、後悔、慈しみ、嫌悪や、憂鬱、熱狂、肯定、否定、疑心、信心、回想、予想のことである。ここで目につくのは、よく言われるようにこれらの状態の同質性である。その同質性においては状態の詳細な特徴付けを欠いているが、その範囲に入るものすべてを覆い、人間の状態の深いところにまで染み入るのである。疑いの状態にある人は全面的にそのような状態にある。心が否定の状態にある人は、いわばその否定に満たされているというのだ。

しかし、心の状態は本当にそれ自身では何の内容も持たないようなものなのだろうか。単にその状態にあるかないかという二者択一の構えなのだろうか。心の状態には心的な風景があることが見落とされてはいないだろうか。失望の状態にある人に対して、私たちはその人物が気の滅入る音、景色、想像といったものに取り囲まれているのだろうと考える。その人物は、実際には格言や金言にすぎないような「真理」を繰り返し自分自身に言い続けながら、その「真理」を手に入れようと躍起になっているかもしれない。

そして、これらのこともすべて心の風景の一部なのである。

別の例に移ろう。バスケットボールをするとき、何らかの動作を行う。動作それ自身も存在するが、その動作を行うためのスキルも存在する。ダンスにおいても、何らかの動作が必要になる。ソッテ、ピルエット、プリエといった名前がついた動作もあれば、その動作のためのスキルもある。それに加えて、バレエにはさまざまな姿勢がある。思考にも、このような動作に似たところがないだろうか。

思考にも、(1)概念を持つという動作が存在する。(2)哲学者が「心の行為」と呼ぶ動作の実行がある。そして(3)動作をうまく行うためのスキルが存在する。バレエの姿勢に対応するのが「心の状態」だと言えるだろう。

心の行為や状態は思考の流れを構成している。思考は多かれ少なかれ、このような心の行為と状態をオーケストラのようにスキルを用いて統合することで成立する。考えたことはすぐに流れ去ってしまう。それゆえ思考には一度考えたことを覚えておくことも含まれる。また(自分の出番を待つ踊り子がそでから舞台をのぞき見るように)思考の流れの次の段階を予想することもまた、思考と呼べるだろう。

だからといって、どんな心の行為も思考のスキルになると言うつもりなどない。また、スキルをたくさん習得した人は自動的に心の行為を統合する方法を知るようになるとか、心の行為を緊密に結びつけていて、必要になれば適切に実行する方法を知るようになると言うつもりはない。おそらく思考のスキルを育む最もいい方法は教室で探求の共同体を作り、生徒たちが興味を持つ刺激的な問題について議論することだ。そうすれば、生徒それぞれが自分のスキルを改良できるだけでなく、目の前で行われている議論や探求に対して適切な機会と場所でスキルを活用できるようになるだろう。

たとえば、意思決定が思考のスキルだとするならば決断こそがその中心にある心の行為だということになる。しかし、決断は単独で働くのではなく、決断だけではスキルとは言えない。決断は他の心の行為のうちで、たとえば区別することに依存している。いくつかのものを区別してから決断しないといけないからだ。区別はといえば差異の認識に依存している。差異がほとんど分からない場合には、さらに細かな識別に頼ることになる。決断に力を貸す心の（あるいは知覚の）働きがいくつか存在し、そこから分かるのは心の行為は明確に区別されているわけではないということである。そこに、巣の中の蜂の複雑な行動と同じくらいの複雑さを見ることもできるだろう。蜂の巣と言ってもとてつもなく大きい巣を想像するならば、思考は心の行為や状態によって構成されていると述べる人のことをよりよく理解できるだろう。現代の心の哲学で盛んに議論されているいくつかの心の出来事についてはここでは言及しないでおく[4]。

心の発達から哲学対話へ

最後のあたりで述べたように、思考は心の行為が思考のスキルへと発展することで成立する。また、その統合はさらなる心の移行へと発展することになる。この意味で、棋士、体操選手、バレエの踊り子が行う独特な動きについて話すことが役立つのと同じよ

4――Helen Steward, *The Ontology of Mind: Events, Processes and States*, Oxford: The Clarendon Press, 1997. D・デイヴィッドソン『行為と出来事』服部裕幸、柴田正良訳、勁草書房、一九九〇年。この二つの著作を参照。

うに、哲学者の心の動きの特徴について話すことが役に立つだろう。まるで、踊り子が「グリセード」し、「アントルシャ」し、「ピルエット」し、「プリエ」をすることで動くのと同じように、哲学者が議論を提出し、定義を要求し、妥当でない推論を正し、隠された前提を特定し、区別を主張するとき、哲学者の能力によって構成されている動きを行っているのだ。もちろん、これらは単なる技法であって、この技法の総体は方法というよりも技術だと言えるかもしれない。とはいうものの、すばらしい踊り子は踊り子の動きをよく行うのであり、すばらしい哲学者は哲学者の動きをよく行うのである。子どもたちの推論をよりよいものにするには、哲学者のほうを向いて哲学者の動きを学ぶことが自然だろう。そして、それを子どもたちに伝え、教室での対話において子どもたちに実践させることだ[5]。

どの動きも単純ではなく、複雑である。踊り子の動きの場合でも、その動きが数え切れないほどの小さな動きから成立しているということを認めざるをえない。指を曲げる、あごを向ける、かかとをいくらか上げる、といったどの動きも認識論的な複雑さを持っている。といっても、観客にお馴染みのもっと複雑な動きに比べたら単純な動きに違いないけれども。哲学者の振る舞いも同じように比較的単純ないくつかの動きによって成立している。そして、その動きを私たちは心の行為と呼んできたのだ。仮定する、意図する、心に描く、想起する、連想するといったことこそが思考の特徴を示している。これらの原子的な動きがさらに発展し、分子のように組織され、思考のスキルが成立する。たとえば、演繹する、分類する、類比を行う、定義する、一般化する、例示するといったものへ。これらの個々のスキルが哲学的であるわけでも、スキルを構成している心の

5——この文章はドイツで出版された“On Children's Philosophical Style”からのものである。*in Zeitschrift für Didaktik der Philosophie* (January, 1984), 3-11. 英語版は in *Metaphilosophy* 15, pp.318-330 (1984).

いくつかの心の行為は思考のスキルへと発展する

心の行為	**推論スキル**
質問する →	問題を特定したり、議論を始めるために質問する
慎重に一般化する →	ステレオタイプに見られるような過度な一般化を避ける
抗議する →	主張が証拠に支えられているのかを尋ねる
説明する →	仮説を説明する
見分ける →	文脈の差異を理解する
協同する →	他の人の意見を発展させる
受け入れる →	合理的な批判を受け入れる
聞く →	「事例の別の側面」について積極的に聞く
尊敬する →	他人を認め、権利を認める
比較する →	適切な類推を行う
明確にする →	間違って定義された概念を明らかにする
区別する →	関係し合っているものの区別と関係を明らかにする
正当化する →	納得できる理由によって意見に根拠を与える
例示する →	例と反例を与える
前提を探る →	隠された前提を明らかにする
推論する →	適切な推論を作る、含意を発見する
判断する →	中立的な価値に基づいた判断を行う

図7.1 認識の移行（I）

思考の
いくつかの要素
(探求を通して)
変化しうる
思考の
より洗練された要素
思考の動き
心の行為
心の行為
思考のスキル
心の状態
命題的態度
意見
判断
観念
概念
主張
論証
考察
基準
評価
価値
知識
理解
未定義語
定義語
連言命題
因果的結合
信念
確信
推測
概算

図7.2　認識の移行(II)

行為が哲学的であるわけでもない。これらのスキルが反省的な探求の中で適切に用いられるときに哲学が生じるのだ。それゆえ、哲学的な技法として用いられるスキルは教えることができる。しかし、小学校であろうが、大学院であろうが、哲学という方法をそもそも教えることができるのかどうかは別の問題だ。どんな方法であっても、行いうる最大限は生徒たちが哲学的に振る舞いたくなるような状況を作ってしまうことだろう。

よく統制された哲学的な議論を聞くのは、あまり知られていないが、すばらしい管弦楽を聞くことに似ている。動作はあまりにも複雑で、予期できない、そして驚嘆すべきであるのと同時に、動作が起こっている出来事と溶けあっているので、とてつもない困難さを伴わねば動作だけを取り出すことができない。よい哲学は巧妙な技法だけに分割できるわけではないが、スキルを必要としない日常会話と比べてみると良質な哲学的対話にはスキルが必要である。以下の実際の子どもとの対話の例から考察してみよう。

（a）

先生「もしすべてのくぼみが穴だとしたら、すべての穴がくぼみであることは正しいでしょうか」

ある子ども「すべてのくぼみが穴だなんて正しくない。穴は完全に突き抜けていないといけないんだ」

別の子ども「すべての穴がくぼみだということも正しくないよ。ボタン穴はくぼみじゃないんだから」[6]

6——*Thinking*, vol.3, no.2, p.44に報告されている小学校六年生の教室での哲学対話。

訳注――ある判断から、主語を述語に、述語を主語として、新しい判断を導き出す推理。「ある女性は読書家だ」から「ある読書家は女性である」を導いたり、「すべてのイヌは動物である」から「いくつかの動物はイヌである」を導いたりする推論。

これは、換位［訳注］と呼ばれる直接推理を全員で探求していたときの対話である。（a）には評価できない点がいくつかある。

1 話し合いの全体を通して、何が真理で何が真理でないかに関心があることが明確に示されている。換位が真なる命題にしか有効でないという事実によって、生徒は哲学的な関心を真理という観念へと向けた。

2 先生は質問することで、生徒を直接推理という課題へと向かわせた。

3 初めの生徒は後件の真偽を問われたのに、その仕掛けを無視して、代わりに前件の真偽の問題へと進んでいる。それゆえ、知的に独立して考えていると言える。

4 前件は「すべてのくぼみは穴である」だ。初めの生徒は矛盾（穴でないくぼみがいくつかある）の力を借りることでこの前件を否定することができた。その代わりに、基本的にはどんなくぼみも穴ではないと述べることで（含意することで）反対のことを主張した。繰り返すならば、これは勇気ある行動だと言える。

5 このような動きの中で、初めの生徒は自分の立場の根拠を述べ始めた。この（穴は完全に突き抜けてないといけないという）根拠はまた、基準としても機能する。この点から考えると、初めの生徒が定義を述べることができたことは明らかだ。

6 二人目の生徒の返答は幾通りかに再構築できる。以下はそのうちの一つである。

もしすべての穴がくぼみだとすれば、ボタン穴は穴ではないだろう。

しかし、私たちはボタン穴が穴であることを知っている。

それゆえ、すべての穴がくぼみであることは真ではありえない。

小学生が仮言的三段論法のたぐいがすでにできるはずだなどと言うと、奇妙に聞こえるかもしれない。しかし、実際はまったく不思議なことではない。子どもたちは、言語を習得し始めるそのときから、同時にその言語の知的使用に必要な文法や論理を獲得し始める。たとえば、言葉を話し始めた小さな子どもが「今夜雪がふったら、明日には柵のそばに雪が積もっているはずだね」と言うとしよう。次の日にその子が窓の外を眺めて、こう囁く。「雪が積もってないなぁ。だから、昨日は雪がふらなかったんだ！」誰かが、後件の否定から前件の否定が導かれるなんてことを、特に教えたわけではないだろう。言語を学ぶすべての人は最小限の理由付けのスキルを獲得するのだが、すべての人がそのスキルをうまく使いこなせるわけではない。それゆえ、先生たちは省略三段論法［訳注］といった理由付けの見本を教えることで生徒たちを鍛えないといけないと考える。先生が「私にはどの手も見えない」と小前提を述べ、生徒たちが（「答えが分かるなら、手を上げる」という）大前提と（「誰もその答えを知らない」という）結論を述べるといったような授業はよくある。

7　（a）で述べられていることをもっと簡単に言えないだろうか。単純なものほど好ましいからだ。

8　どちらの生徒も否定できたことに満足している。結論を性急に得ようとはしなかった。彼らは確かだと思うことに正確であろうとし、残りの問題を未解決のままにして、後の探求で議論できるようにとっておくことを好んでいるように見える。

訳注——結論を導くために述べなければならない前提を述べない、略式の三段論法のこと。たとえば、「ソクラテスは人間なので死ぬ」は、「人間はみんな死ぬ」という大前提を省略している。

9　先生からの質問の前提に異議を唱えるために、初めの生徒は与えられた探求の方法を再評価する心構えを見せている。

さらにもう一つ、例を挙げておく。今回の例にも論理的なスキルに加えて、類比を用いた理由付けも含まれている。

（b）

先生　「反対にすると偽になってしまう〝すべて〟のついた文の例を出せる人はいますか」

エリス　「〝すべての人間は生き物だ〟という文は真です。でも、その文を反対にした文の〝すべての生き物は人間だ〟は偽です！」

ユージーン　「でも死んでる人たちはどうなるの。すべての人間が生き物じゃない。だって死んでる人もいるんだから。最初の文は真じゃないんだ！」

サンディ　「死んじゃったら、もう人間じゃないよ」

何人かの生徒　「その通りだ！　その通りだ！」

スティーブ　「人間は心臓、魂、身体を持ってる。心臓は自転車の空気入れみたいなものなんだ。空気入れがタイヤに空気を送りこむみたいに、心臓は血液を人間に送ってる。つまり、心臓は人間に命を送っているってことで……」

リサ　「わかったよ！　まさにその通りだ！　タイヤから空気が抜けたとしても、それはまだタイヤだ。そうでしょ。空気が抜けたら、もう生き物じゃなくって死んだタイヤなんだ」

（子どもたちが笑う）

リサ 「だから、命が人間から抜けちゃっても、まだ人間ってことだ！」

何人かの生徒が、死んでいることとへこんだタイヤであることはまったく違うことだと主張し始める

ユージーン 「でもね、スティーブ。空気が抜けたタイヤはいつでも空気を入れて元通りにすることができるよ」

スティーブ 「そうだけど、タイヤに穴が開いてるときはどうだろう」[7]

この意見交換にはほとんど古代ギリシャのドーリア式建築のような単純さと直線性がある。しかし、それと同時にあっと言わせるような動きの素早さがある。またこれによって、子どもたちが哲学的探求の共同体に参加すれば、少人数の大人や一人で考える大人たちよりも大きな進歩を見せるのだという考え方に確信を持つことができる。

（b）に登場する子どもたちが互いに話し合い、聞き合っていることは明らかだ。子どもたちは読む前に、推論している。しかし、書くことについてはどうだろうか。子どもたちが書こうとするとき、難しいが克服すべきなのは、まさにその瞬間に主題に好奇心を持ち、自分の考えに熱中しているかどうかということなのだ。ここで子どもたちが書くものは、端的な思考の連なりである。つづり方や句読点にあまり注意を払わないで書いた、高度に圧縮され、短く、少し混乱はしているものの息をもつかせないような思考の集成なのである。教育において哲学に適切な役割を与えるために教員養成課程をある

7――五年生の教室での哲学対話、同6。

べき姿に完全に整備するには、おそらくとてもとても長い時間がかかるだろう。子どもたちの知性にとって難しいがやりがいのある課題を与えられるような教育課程を作るのにも、おそらく同じくらい長い時間がかかるだろう。

拡大鏡を通してどのように哲学が思考を改善するのかを細かく眺めてみる

学校でよりよく考える手助けをする方法の一つが、「子どものための哲学 Philosophy for Children（P４C）」である。子どものための哲学の教育課程として、子どものための小説と教員のための解説書が用意されている。小説は年齢別になっていて、子どもたちの疑問を刺激する狙いがある。初めは小説に登場する架空の人物による議論のお手本が示され、その後何を学んだかを話し合って、小説を内面化し、その内容を利用することによって、教室で実際に子どもたちが議論を続ける。

この読み物の代表例が『ハリー・ストットルマイヤーの発見』〔訳注〕である。『ハリー』の狙いの一つは、読み手に認知的、感情的に親密な環境を与え、内省の最初のひらめきを育むことである。ゆくゆくはあらゆる議論にその火が燃えうつるようになる。P４Cの読み物は探求を育む環境なのである。なぜなら、その読み物には、問題のある概念、誤った定義をたくさん含んだ概念、吟味が不可欠な概念が詰まっているからだ。さらには、心の行為、推論スキル、命題的態度、議論を始めるための質問、確認のための質問、判

訳注――Matthew Lipman, *Harry Stottlemeier's Discovery*, (Upper Montclair, NJ: Institute for the Advancement of Philosophy for Children, 1974).

断といったたくさんの知的手段をも示してくれる。これらの読み物は、登山者用の酸素マスクが呼吸を手助けするように、考えることを手助けする。そして、思考の流れは、概念やスキルが試される探求の共同体に支えられた対話へと続いていく。

ある生物種が生育するためには、環境が提供する生態学的な手助けが必要だ。そういった環境による手助けと、教科書と探求の共同体が思考を育むために提供する手助けの間には類似性を見ることもできるだろう。言い方を変えれば、思考も生物と同じように生育するための環境が必要なのである。

教科書によって得られる生態学的な手助けをするために『ハリー』の第一章の四ページの概念のリスト、認知的なスキル、心の行為、心の状態を図7・3に示しておいた。図7・4と7・5では『ハリー』の最初のページの心の活動が書き込まれたものを示した。心の状態のいくつかのものは、感情や認知の単なる報告にすぎない（「ジェームズは疑っていた」「エリノアは怯えていた」）が、命題的態度の要素になるものもある（「ジェームズは競争に勝てないのではないかと疑っていた」「エリノアは父親が帰ってくることに怯えていた」）。命題的態度は単なる記述を超えて、私たちに主人公のとる態度と意識の状態についての洞察を与える。

類似の効果は探求の共同体によっても与えられる。探求の共同体は推論や探求のスキルの模範、概念の模範を与える（ここでの概念とは吟味されたものであり、スキルとは内面化されたもののことである）。教室での議論が集中したものになってくるにつれて、参加者が探求を共有しているという事実はもっと明確になってくる。各生徒が自ら考えているのかを観察するよりも、分散型思考の存在に注目しておいたほうがいいだろう。分散型思考においては、個々の参加者は、適切な瞬間に異なった観点からその状況が必要としている発言をするのである。それによって、探求の共同体は、共有されている探求に物を見る観点という文脈を与えるのであり、反省的均衡を形成するための認識の文脈を与えるのである。

反省的活動への刺激が生じるのは、思考を育むような生き生きとした環境を与えるときだけであると主張したいわけではない。探求がうまくいくことが求められているのは言うまでもないが、それはさまざまな手段によって達成される最終目的である。人間の顔は物理的対象であるが、表情の動きや部分の配列によって人間の精神をはっきりと伝える。顔の表現は感情を喚起するものである。本には思考を示す言葉が書かれ、その書かれた思考が読み手の心の活動を喚起する。この思考が探求の始まりになりうるのであり、この思考は情動によって強調され、慎重な議論によって強力にされていく。

図7・4と7・5の書き込みは、発言の論理の最も重要な側面のいくつかを伝えるためのものだ。教員の方々に議論の見本を作ってほしいと頼まれた際に作成した。分かりにくいところを伝えるために有効だ。

ハリー・ストットルマイヤーの発見
第1章

概念

- 太陽系＝太陽＋太陽の周りを回る惑星
- すべての惑星（という分類）は太陽の周りを回る
- 彗星は惑星ではない
- すべての惑星は太陽の周りを回るが、惑星だけが太陽の周りを回るわけではない
- 文
- 逆にできない文
- 真
- 互いに排他的な真と偽
- 発見
- 不思議で満ちていること
- 類
- ワシの分類とライオンの分類との区別
- 働いている
- ルール
- 欠陥
- 失敗
- 差がある
- 会話
- 意味する（含意するに近い）

心の行為と状態

- 空想する
- 聞く
- 注意する
- ユーモア
- 忍耐
- 困惑
- 分かろうとする
- 考えがある
- 心が引きつけられる
- 大喜びする
- 反省する
- 好意を持つ
- 怯えている
- 当惑する
- 我慢できなくなる
- 不思議に思う
- 憤慨する
- ふと気がつく
- 楽にしている
- 真剣になっている
- 感謝している
- お礼を言いたい
- 邪魔をしたくない

思考のスキル

- 判断する（主語に述語をつける）
- 分類する（すべての____の成員は、____の分類は）
- 区別する
- 排他と包含を区別する
- 逆にできない「すべての」がつく文の理解
- 「試してみる」（例示する）
- 「思いつく」（発明か、想起かによって）
- ある分類と別の分類を区別する（「すべての____は____ではない」）
- 「ない」のつく文を変形する（逆にしても真のままであるように）
- 「分かる」（発見か、発明か、探求かによって）
- 区別を確証するために証拠を出す（「私の文はあなたの文とは違う。なぜなら……」）
- 「ない」のつく文の変形の例を出す
- 例外を説明するためにルールを広げる
- 聞く
- 「すべて」のつく文の変形不可能性を理解する

隠された推論スキル

- 反例を与える（彗星は「太陽の周りを回るすべてのものは惑星である」という主張に対する反例である）
- 非対称的な関係を扱う（反対にしたり、裏にしたりして、真のままなのかを見る）
- 演繹的に推論する（リサはどんなときに一つの文を別の文から推論すれば妥当なのかを発見した）
- 対称的な関係を扱う
- この章ではハリーのルールの例外になる文を発見すること

図7.3

	ブラッドレイ先生はユーモアのセンスが	認識の／情動の状態
	そんなにあるわけじゃない。でも、とてつもな	
認識の／情動の状態	く我慢強い。ハリーは時間が迫っているこ	命題的態度
言語行為	とに気づいていた。言うべきことが分かる	探求のスキル
	のに十分すぎる時間が過ぎようとしていた。	
	「すべての惑星は太陽の周りを回る」。彼	
言語行為	はブラッドレイ先生が言ったことを思い出し	心の状態
	ていた。そして、それにはしっぽがあって、そ	
	れがどんな物体であろうと、太陽の周りを	
概念化のスキル	回ってる。その物体も惑星なんだろうか?	
探求のスキル	試してみる価値はありそうだ。「惑星……で	
心の状態	すか?」ハリーは疑わしそうに尋ねてみた。	言語行為
	クラス全体から笑われるなんて思っても	
心の状態／性向	みなかった。ハリーが注意を払ってさえいれ	反事実的条件法、心の状態
	ば、ブラッドレイ先生が話している物体はハ	探求のスキル
	レー彗星で、惑星のように太陽の周りを回	
分類のスキル	るが、惑星とはまったく別物だと聞いてい	コミュニケーションのスキル
	たはずだったのだ。	
	まさにそのとき、幸運にもチャイムが鳴	
	り、その日の授業の終わりを告げた。ハリー	
	は家への途を辿りながら、ブラッドレイ先生	
言語行為	に当てられて、答えることができなかったこ	性向
心の状態	とに嫌な気分になっていた。	
知識に関わる心の状態	同時に、彼は困惑していた。どこで間	自問自答
探求のスキル	違ったんだろう?　答えを導くために何度も	心の行為
	やりなおしてみた。「すべての惑星は太陽	分類のスキル
	の周りを回る」。	

図7.5

ハリー・ストットルマイヤーの発見／心の活動の書き込み

	第1章　　**1ページ**	
反事実的条件法	その日ハリーが理科の時間に眠りさえし	
	なければ、たぶんこんなことにはならなかっ	
	ただろう。といっても、本当は眠りこんでい	
著者による訂正	たわけではなかった。ただ、心がどこかへさ	心の行為
	まよい出てしまっていただけなのだ。ブラッド	
概念化のスキル	レイ先生は太陽系について話していた。先	言語行為
	生の話が、どのようにすべての惑星が太陽	
分類のスキル	の周りを回っているのかに及んだときに、ハ	
心の行為、コミュニケーションのスキル	リーは話を聞くのを止めてしまった。なぜな	探求のスキル
	ら、まさにその瞬間に彼の心の中に巨大で、	
	燃えさかる太陽とすべての小さい惑星が太	
想像的な思考、概念化のスキル	陽の周りを回転している絵が現れたからだ。	心の行為
	突然、ハリーはブラッドレイ先生が自分を	
心の状態	まっすぐに見ていることに気づいた。ハリー	命題的態度
心の行為	は意識をはっきりさせて、質問の言葉に注	探求のスキル
探求のスキル、命題的態度	意を向けようとした。「長いしっぽがあって、	
	77年に一周のペースで太陽の周りを回っ	概念化のスキル
	ているものはなんですか?」	
	ハリーはブラッドレイ先生の期待に応	心の状態
命題的態度	える何の答えもないことに気づいた。長い	心の状態
	しっぽだって?　しばらくの間、ハリーは「天	
	狼星」と言おうかという考えと戯れていた。	心の行為
	(百科事典にシリウスという星が「天狼星」	
	と呼ばれることもあると書いてあるのを読ん	探求のスキル
	だことがあったのだ)。しかし、ハリーは心配	情動の状態
	だった。ブラッドレイ先生はその答えを興味	情動の状態
心の行為	深いと思ってくれないかもしれないのだから。	

図7.4

第八章

思考のスキル

Thinking Skills

思考のスキルを教える

「思考のスキル」は、さまざまな状況に使える言葉である[1]。きわめて特殊な能力を指す場合もあれば、きわめて一般的な能力を指す場合もある。物事のわずかな類似性について、論理的推論ができる能力もあれば気のきいた直観的認識ができる能力もある。全体を部分に分解する能力もあれば、脈絡のない言葉や物事をうまく組み合わせて全体にまとめあげる能力もある。ある状況がどうしてこうなったかを説明する能力もあれば、これからどうなりそうかを述べる能力もある。統一性や類似性を認識する能力もあれば、非類似性や特殊性を指摘できる能力もある。説得力のある理由と妥当な論証により信念を正当化する能力もあれば、アイデアを生み出し概念を発展させる能力もある。代替案を見つける能力もあれば、体系的だが仮想的な空間を作り出す能力もある。問題を解決する能力もあれば、問題を回避しその発生を未然に防ぐ能力もある。何かを評価する能

1——以下の文献を参照。M. Lipman, "Thinking Skills Fostered by Philosophy for Children," in Judith W. Segal, Susan F. Chipman and Robert Glaser, *Thinking and Learning Skills, vol. 1, Relating Instruction to Research* (Hillsdale, N.J.: Lawrence Erlbaum Associates, 1985), pp.83-7, 97-9.

力もあれば、それを見直す能力もある。……こうしたリストは際限がない。なぜなら、このリストは人間の知的能力の一覧表にほかならないからである。人間の知的活動が多様である限り、それは思考のスキルの多様な組み合わせを伴う。それをどのような順序にするか、どう同時に生じさせるか、そしてどのように統合するかは、さまざまである。

このようにずらりと並んだスキルを育てるカリキュラムを構築する夢は、きっと現実離れしたものと思われるに違いない。私たちは、このようなスキルのうちほんの一部でも、どのスキルを選ぶかに影響を与えたいと考えている。これまでそれは現実的な話ではなかった。だが、教育は行き詰まりつつあり、思考のスキルの向上は歓迎されるものとなった。それは、教育のすばらしさを新たな段階へ引き上げると考えられている。

したがって、共同性が認知能力に健全で肯定的な影響を実際に与えるのであれば、教室を共同体へ変えるという目標を持って、思考のスキルを教えようとするのがよさそうである。しかし、それはどんな種類の共同体だろうか。経験が共有される共同体であることは言うまでもないが、それ以上に、探求の方法に共通の約束事が必要かもしれない。その方法とはどのようなものだろうか。きっとそれは、個々人が思考の際に間違えやすい箇所が分かるような合理的手順を集めたもののはずである。簡単に言えば、それは体系的な自己修正の方法なのである。そして、その教室が探求の共同体へと変わっているなら、そこでは人格が尊重されないことに反感が出るだろう。というのも、共同体は各人の経験を役立てるものであり、共同体があるからこそ、すべての人が、個々人の経験から得られる意味を利用できるからである。

さて、そのような目標を子どもに説明することは、まったくもって無駄なことのように思われる。たとえ子どもがその概略を理解できたとしても、それがどう自分たちに関係するかを理解するまではとても望めないだろう。子どもにはその理想がちらりとしか見えていないが、その理想がふさわしいのはまさに子どものような、まだ経験の浅い年若い人間である。そのような理想に向けて、どうにかして子どもを励ます必要がある。ここで私たちは、子どもに想像力を働かせてもらい、物語の魔法に頼ることにしよう。それにより、教室での探求のメリットを説明して子どもをうんざりさせる代わりに、教室での探求の共同体がどんなものかを、物語の形式で示すことができるからである。その共同体を構成するのはごく普通の元気な子どもであるが、彼らは子どもにとってきわめて重要な問題、たとえば真理、友情、アイデンティティ、正義、善、自由について考えている。物語上の若者もまた、考えることについて考えたり、健全な推論とそうでない推論を区別する基準について考えたりすることに、かなりの時間を割いている。

ふたたびＰ４Ｃという教育アプローチを例に取ろう。物語が展開するにつれて、登場人物がまさに思考のスキルを使う場面が出てくる。教室の元気な子どもには、同一視のプロセスを通じて、思考のスキルを同じように使えるようになってもらいたい。だが「同一視」という言葉はひょっとすると、生じていることを適切に伝えていないかもしれない。というのも実際のところ、教室の生徒は自分たちのヒーローやヒロインの知的プロセスを再現する傾向があるからである。それは、ロマンチックな小説を読む際に、ヒーローやヒロインの感情プロセスを再現し、生き直すのと同じである。これは単に、読者それぞれの私的な記憶の中で生じるだけではない。より重要なのは、小説の各エピソードの役割を演じたり、台本の読み合わせをしたりしていく教室の中で、それが生じるということである。子どもはすぐに、登場人物がそれぞれの思考の形式を持っていることに気づく。それは、自分たちにもそれぞれの気質が備わっているのと同じである。早くから失敗を恐れず知識を得ようとする子もいれば、大胆さに乏しい子もいる。物事を分析したがる子もいれば、経験から学ぼうとする子もいるだろうし、実験好きもいれば、思索好きもいる。思考の形式の多様さは、単に物語の目的のために提供されるわけではない。子どもは、能率だけでない自分らしい形式のもとで、自分のことを表現したり、考えたりできるように促されなければならない。実際、十分に考え抜いたことでなければ、その考えを十分に表現することは難しいし、きめ細かく丁寧に考えていなければ、そのようには表現できないものである。ある形式の表現をとろうとしても、書く際に使う思考を、書くことそのものから切り離す厳密な方法があるわけではないのである。

思考のスキルが活発に働くことは、教室での話し合いに限られるわけではない。しかし教室での話し合いでは、その訓練や強化がはっきり現れる。読書が好きな子もいれば、書くのが好きな子もいるが、たいていの子はおしゃべりが大好きである。問題は、話したいという強い衝動の力を、認知のスキルに転換することである。自動車の伝達系統が、エンジンがもともと持っている力を、統制の取れたタイヤの動きに変換するのと同じことである。単なるおしゃべりは、会話や議論、対話に変換されねばならない。このことが意味するのは、他の人が言っていることにうまく反応するだけでなく、他の人の言っていることに耳を傾けるようになることである。そして、議論が進むにつれて生じるさまざまな思考の筋道を追っていけるようになることでもある。それぞれの発言の背後にある前提をつかみ、推論を引き出し、一貫性があるか検証し、自分の前提については自

探求の共同体における思考の向上のための訓練および他の要素

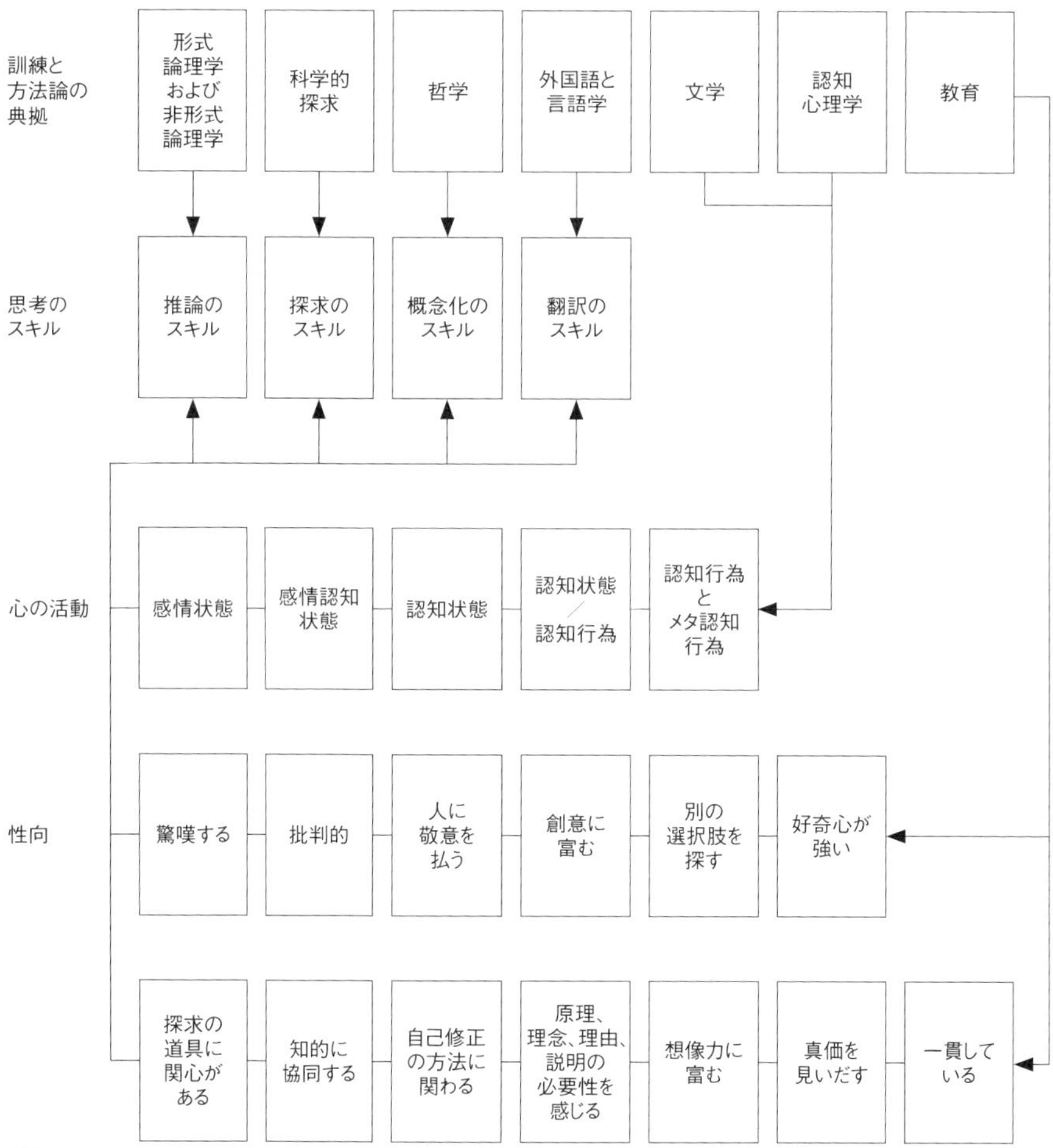

図8.1

由に選びとることで、自主的に考えることができるようになる。会話のどんな瞬間でも、各参加者は無数の心の行為に関わっている。他人と協調しようとする人もいれば、他人にきわめて無関心な人もいるし、話を収束させようとする人もいれば、拡散する方向へ向かう人もいる。対話を規律正しいものにするのは、論理学の方法に課せられた仕事である。このためには、参加者が論理的な推論の基準として論理規則を使えることが必要である。論理的な推論の基準とは、実質的には、質のよい思考と質の悪い思考を区別する基準のことである。

しかし、論理学にできることは、対話に形式的な特徴を与えることだけである。子どもは何かしゃべる価値のあることを見つけなければ、くだらないことをぺちゃくちゃおしゃべりするか、黙りこくってやる気をなくしてしまうだろう。子どもに対しては、自分の感覚や意見をただ報告しあうだけでなく、互いがどんなことを考えているのかを学び、それについて議論するためにはどうすればよいのかを示す必要がある。子どもの多くは、考えというものは非常に大事だと思っている。なぜならそれは非常に個人的な持ち物であって、それによってきっちりと自分が特定されるものだからである。

子どもが自分自身の考えについて、あるいは自分の考えだと思っているものについて議論することが大好きだとしても、驚くようなことではない。もともとの資料では非常におもしろそうに見えたのに、それを言い直したものになると平坦でおもしろみが感じられなくなるような考えに二次資料で出会うことはよくある。他人の考えを教わることは、自分の考えを持ち、それについて考えることの代わりになるものではない。しかも、真理や友情、正義に関する自分の考えは自分のものであるというはっきりした感じがある一方で、ピラミッドや反宗教改革運動についての考えは自分とは独立した現実で、時間的にも空間的にも自分からは遠いおぼろげな現実である。要するに、誰かによって再現された考えよりも、自分に直接現れている考えのほうが、私たちにとって好ましいのである。子どもたちが哲学や詩に熱烈な反応を示すのはそのためである。哲学や詩についての考えは自分らしい形式で直接触れられるものであり、自分がじかに手に入れた知識や実際の経験を超えて物事を模写することではないからである。

思考のスキルを教授するどんなプログラムも、そのプログラムが発見を促すことと発明を促すことを両立させない限り、確固としたものだとは言えない。子どもは自分の力の内部に何があるのかを発見したいのと同時に、自分の力の外部に何があるのかも発見したがっている。子どもは、ゲームの規則が強制的であることに気づいて思い悩むことはない。また、自然法則について、それを侮ると自己責任が問われるような強制的な特徴があることに気づいても、苦しむことはない。しかし子どもは同時に、自由に着手、発明できることが何かも知りたがっている。創造性を磨くことや、少なくとも自由に考える練習ができる場所はどこなのかが知りたいのである。「その事実を理解しているということ以上に、すばらしい事実は世界中にない」とは、小説の中で教師の一人がハリー・ストットルマイヤーに述べたことだが、これによりハリーは、これは子どもたちみんなに知ってもらう必要のある大切なことだと考えるようになる。

次節の一覧は、思考のスキルを網羅しようとはしていない。代表的な項目を挙げ、それぞれのスキルごとに、関係する使用例を述べたものである。

探求の共同体において促進され発展するスキルや性向

要素1　**一般的な探求のスキル**　1から6の項目は、対話型の探求に参加している生徒に特有のものである。

要素2　**寛容さ**　7から9の項目は、共同体における、思いやりのある協調的なふるまいについてである。

要素3　**推論のスキル**　項目10から17。これらのスキルは、「一般的な探求のスキル」よりももっと密接に論理的推論と関係している（どの項目群も、「分析」を示す項目と「総合」を示す項目の両方を備えている）。

スキルと性向

1　質問をする

生徒は、質問にしばしば悪影響を及ぼす欠点について、よく理解していなければならない。質問をすることは、探求のプロセスにおいて必須のことである。生徒は質問をすることで、言われていることや読んでいるものの意味が理解できるようになる。それに加えて、背後にある問

例

よくない質問の例

a　あいまい　「動物はどこから来たのか」

b　誘導的　「カンニングはやめましたか」

c　矛盾　「もし乗客もろとも船が沈んだら、生存者はどうなるだろう」

題を指摘することもあるかもしれない。しかしながら、すべての質問がよい質問というわけではない。

2 十把一絡げの議論（ステレオタイプ化）を避ける

十把一絡げの議論とは、ある集団の一部に当てはまることを、その集団全体に当てはめることである。

3 主張の根拠を尋ねる

事実に基づく主張をする者は、事実に基づく根拠による裏付けの準備がなければならない。または少なくとも、そのような根拠をどう見いだすかを知っていなければならない。

4 説明仮説を展開する

根拠はあるが十分な説明が欠けていることがよくある。あるいは、根拠が断片的だったり、一貫性がなかったりす

d 無意味 「スパナとズパナの違いってなんだろう」

e 間違った前提 「シカゴはテキサス州の大都市ですよね？」

「昨日銀行強盗をした男の身長はおよそ二メートルだった。ここから分かるのは、背の高い人物は信用できないということだ」

「この薬は飲んでも安全であると考えている。なぜなら十年間にわたり試験が行われてきたからである。その効果はいまだに続いており、深刻な副作用はまったくなかった。この研究には、幅広い条件のもとに何千人もの被験者が参加している」

「ここは環境が悪い。住民は夜、ドアにカギをかけている。もしあなたがドアにカギをかけなければ、早晩あなたの

る。仮説があることでそれは首尾一貫したものとなり、生じたことも当然のことと見えるようになる。

5 状況の違いに気づく

ごくわずかな文脈の違いで、強力な帰納的議論が無効になることがある。熟達した探求者ならば、一般化を難しくするささいな状況の違いに対して、常に注意を怠ることはない。

6 人の考えをもとにする

自分の考えだけをもとに進めるのではなく、人の考えも同様に、考えの強化や応用の助けとする。

7 筋の通った批判を受け入れる

寛容な人は、自分の意見に「防衛的」にならないようにする。そういう人は自分の意見のために議論するが、同時

ところに強盗が入るだろう。少なくともあなたは普通そう予想するだろう」

「どういう状況ならば、次の文が真になるだろうか」

a 水で火が消えない。
b 家が空中を漂っている。

「どういう状況ならば、次の文が偽になるだろうか」

a 月に生物はいない。
b アメリカの首都はニューヨークである。

教師　「私のいる教室の前からは、あなたたちみんなの顔が見えるわ」

ジョニー　「反対に言えば、僕たちの座っている教室の後ろからは、後頭部しか見えないよ」

マリー　「父は煙草が癌の原因になるって読んで、煙草をやめようとしてるのよ」

に建設的な批判の価値を分かっている。

8　「物事の他の側面」を聞くのを歓迎する

寛容さは、ここでは公平さである。別の考えを進んで考慮に入れる。

9　人格を尊重する

探求の共同体では、人格を尊重する。厳しい批判は、その人の人格に対してではなく、議論に対して行うようにする。

10　適切なアナロジーを使う

アナロジーによって、単一の特徴同士の類似点だけでなく、特徴が属するシステム同士の類似点が示される。生

トム　「なぜお父さんはそういうことを書いた本を読むのをやめないんだろう」

マリー　「読むのをやめても癌のリスクが変わるわけじゃないでしょ。読むことで起こるリスクは減るかもしれないけど」

「フランはあんなふうに男子を押したらだめだわ」

「教室の入り口をふさいでる奴が悪いんだろ。フランの視点で考えろよ」

「ジェレミーが言いたいのは、ＤＤＴは蚊を殺せるけど、人間にも害があるということだね」

「ジェレミーの言ってることなんて信用できないよ。知っての通り、ジェレミーは何でも怖がるんだから」

「人間のつま先は、指と同じように動くね」

「もう少し具体的に言えるかしら」

徒が関係というものを識別できるようになると、アナロジーに含まれるのが二つの関係間の類似性の関係であると分かるようになる。

11　はっきりしない概念を明らかにしようとする

生徒は、何を答えればよいのか明らかな問題に対しては、やりがいやおもしろみを感じない。むしろ、明確にしたり分析したりする必要のある、はっきりしない、問題のある概念で始めたがる。

12　区別や関係づけを適切に行う

探求にあたり、区別を行うためには、世界の側にその区別に対応する相違点がなければならない。したがって、「相違のないところに区別はない」。また同様に、「類似のないところに関係はない」とも言えるだろう。

「もちろん。指と手の関係は、つま先と足の関係と同じということさ」

「そうかもしれないわね。でも、手でつかむみたいには足でつかめないし、足で歩くようには手で歩けないわ」

「この絵を〝ユニーク〟だとするのは、世界にはこういうものが他に存在しないと考えることだ。これは非常に珍しい」

「いや、これを〝ユニーク〟だと考えるのは、個性が非常に際立っていて、これと多少似たような絵が他にたくさんあっても、これについては違っていると考えることだ」

「〝医者〟と〝内科医〟は別だ。内科医は医者にできないことができるからだ」

「医者にできなくて内科医ができることなんてないよ。その二つは完全に同義語だ」

「でも、神経内科医と精神科医は関係あるのでは」

「それはどちらも専門医だね」

13　説得力のある理由をつけて意見を裏づけする

意見に対して答えるときは、その意見をもっともらしくするような主張を展開する責任を負う。それは少なくとも、強固で適切な理由を見つけ出すということである。

14　例や反例を挙げる

例を挙げるとは、一般規則や原理、概念についての具体的な例を挙げることである。反例を挙げるとは、誰かが述べた主張を論破するような例を挙げることである。

15　背後にある前提を明らかにしようとする

述べられた主張が、（他の人からも、ことによると主張をした本人からも）隠れた前提に基づいていることはよくある。

16　適切な推論を行う

可能であれば、妥当性の条件を破らない推論を行うべきである。

「パーシーは、まじめな市民として私の知る中で最良の見本だ。彼の意見やふるまいは、他のみんなを代表するものだ」

「親はいつでも子どもを守るものだ」
「親に捨てられた子どもはどうなのだろう」

「ジェフは配管工で保守党員だ。彼はランカスター出身に違いない」
「その推論が可能なのは、保守党員の配管工はすべてランカスター出身であるという前提があるときだけだ」

「今日が水曜日なら、そのときのみ、明日は木曜日である、というのは正しいか」
「正しい」

17 バランスのとれた価値判断を行う

バランスのとれた価値判断のためには、異なる種類の基準間でつり合いを取ることが必要である。

「明日は金曜日であるというのは正しいか」
「正しい」
「それなら、今日は水曜日ではありえない」

「中国と日本でどちらが大国か判断するのに、人口のような量的基準を使いますか。それとも、文化的業績のような質的基準を使いますか」
「なぜ両方の基準を使ってはいけないのでしょうか」

思考のスキル同士を協調させることは、きわめて重要なことである。したがって、生徒の学業成績が上がるような形での向上がなくても、個々のスキルの腕前が向上することはある。

個々の思考のスキルを身につけたとしても、それぞれを協調した仕方で使えるようになったわけではない。では、そのように使えるようになるためには何が必要なのだろうか。その答えは、認知に関する性向を子どもが獲得する場面にあるように思われる。この性向は、それ自体はスキルではなく、スキルを使うためのレディネスに相当する。そのレディネスは、協調した、次第に強固なものになっていく仕方でスキルを用いるための準備状態のことである。もちろん、生徒に望ましいと長く考えられてきた性向や、議論されている性向と重なる性向も数多くある。その例として、信頼、協調性、進んで人の話を聞くこと、注意深さ、人に対する敬意が挙げられる。これらは、円滑に機能する心地のいい教室には間違いなくおなじみの特徴である。しかし、教室が探求の共同体に変わるならば、新しい性向がクラスに生じる。その性向とは、性質上、認知に関係するものであり、こんなものが含まれる。探求の方法が自己修正的であること。探求の手順に配慮があること。人の考え方に思いやりを持つこと。人に対してと同様に、自分自身にも進んで批判精神を向けること。これはすなわち、仲間に対してと同様に、自分自身を評価するということでもある。このような認知の性質を生徒が身につけるならば、そうした性質すべてを「探求の共同体」という言葉で要約できるかもしれない。そしてそれらの性向は、生徒の持つスキルを効果的に結集するための刺激となる。矛盾なく一つにまとまった仕方で知的資源を使うつもりのある生徒は、そもそもそういう習慣をすでに身につけている。そのような習慣や性向を身につけることが思考のスキルの学習プログラムの役目であって、スキルだけを身につけるわけではないのである。

子どもに、思慮深い大人に育ってほしいなら、反省する力のある子どもになるように後押しをしなければならない。手段と目的の間の一連の流れの中には、手続きに関する習慣が明らかに含まれている。つまり、明日の結果には、その結果がどうあれ、今日の手続きや実践の跡が残っているものである。したがって、もし思考のスキルが教えられるものならば、探求の共同体が進行していく中で教えるべきである。それにより参加者それぞれは、探求の共同体が持つ方法に対する細心の注意を、自分のものにしていくことができる。そして、このようなことが行われれば、参加者は反省する力を持った理性的な個人になるのである。

スキルと意味

言語能力を身につけるのに最も大きな動機になるのは、それによって意味が表現でき、意味が分かるようになる力が得られることだろう[2]。子どもは、食べ物をペッと吐き出したり犬をなでたりすることができても満足せず、「まずい」だとか「かわいいわんちゃん」などと言えるようになりたがる。そしてまた、空をただ観察するだけでは十分ではなく、空が青いと言えるようになりたいと思っている。ごはんがまずいこと、犬のかわいらしさ、空の青さが叙述できるということは、要するに論理的判断ができるということであり、十分に大きなことが達成できている。けれども子どもは、「その犬は汚い」というような大人の言語表現で、大人が何を意味しているのか知りたいのである。そのための手がかりは、普通は大人の顔の表情である。私たちの持つ動物的な好奇心の強さは、すぐさま意味に向けての強い欲望に変わる。すなわち、一対一のコミュニケーションを通して、相手の言いたいことを理解し、こちらの言いたいことを表現したくなる。相手の言いたいことについての理解は、読む力をつけることでさらなるはずみがつくし、自分の言いたいことの表現は、書く力をつけることで高められる。

文章のスキルは伝統的には国語科の教師によって重要視されてきたが、それが「思考

2――この節は、私が以前書いた論文をもとにしている。"The Seeds of Reason," Ronald T. Hyman (ed.), *Thinking Processes in the Classroom: Prospects and Programs* (Trenton: New Jersey Association for Supervision and Curriculum Development, 1985), pp.1-15.

のスキル」でない、というわけではない（これは冗長な言い方だが、思考はすべてのスキルに含まれており、思考を含まないスキルなど存在しないということである）。しかし、文章のスキルには、読解の過程で推論と探求のスキルが果たすような、意味獲得の働きがない。推論の作業に間違いがあると、書き手であれ読み手であれ、文の意味はすぐに分からなくなる。一方、てにをはの間違いや文字の書き損じなら、必ずしもそうなることはない。

意味こそが最も大きな動機付けの役割を果たすという主張は、とにかく子どもが文章を読めるように、あるいはもっとうまく読めるようになってもらうためには、子どもにとって理解が最大の誘因になるのだと強調してきた人々にとっては、何も驚くようなことではないだろう。ただし、意味が最大の動機付けなのだということで注目させたいのは、意味獲得に直接そして間接に含まれている基本的活動である。この点を説明しながら、いくつかの誤りについて検討してみよう。

誤り

1　ジョージは「35÷7＝4」と言った。

2　ルースは「私たちをデパトに行きます」というメモを残した。

解説

ジョージの誤りには、計算の規則と手順に関する違反が含まれている。

ルースは、てにをはの使い方と単語のつづり方の規則に違反している。だが、ミスしていても、伝えたい意味は何とか伝わっている。

3 ゲーリーは「宝石はありふれた石だと定義される」と述べた。

4 サリーは「すべての探偵は犯罪に興味を持っている。そして、すべての犯罪者は犯罪に興味を持っている。したがって、すべての探偵は犯罪者である」と言った。

5 「フランス語のchatは、英語ではくだけた会話のことだよ」とトムは言った。

6 読解力の試験における問題を次に挙げる。「〝私たちに警報をならす近年の統計の一つは、火事が急速に増えていることである〟という文の言いたいことは、

「宝石」の定義に関するゲーリーの誤りは、正確に言えば、宝石は貴重か貴重でないかで言えば貴重なものであると、正しく分類できなかったことにある。その結果、定義として用いる語（「ありふれた石」）は、定義される語（「宝石」）と同じ意味になっていない。ゲーリーは同義でないことが分かっていないため、伝えようとする意味を伝え損ねている。

サリーの三段論法において前提が真であるとしても、この三段論法は形式的に妥当でないため、前提は正しくても結論はその正しさを保存できていない。

トムは、フランス語の猫という単語を、英単語のchatとして翻訳している。英単語と同義だと考えているために、フランス語の意味が保存されていない。

この引用が表しているのは、もとの文をもっと日常的な言い回しに（日本語から日本語への言い換えであるが）翻訳する際に、間違った理解がなされたということである。結果

誤った警報がもたらす犠牲と危険は大きいということであって、以前よりも今の方が火事が増えているということではない」。

として同義ではなくなったため、意味の正しさが保存されていない。

これらの例を使って、二つの区別をつけることができる。一つは、意味に違反する誤りと、意味に違反しない誤りの間の区別である。二つ目の区別は、真理を保存する働きと、意味を保存する働きの間の区別である。

二つ目の区別に関して、ゲーリー、サリー、トムの例を考えてみよう。サリーの三段論法は前提の真理を保存することに失敗した。ゲーリーの定義は、定義される語の意味の保存に失敗した。そしてトムは、フランス語の単語と同義の英単語を選び損ねたために、フランス語の単語の意味を保存することに失敗した。

さて、これらの区別のもとで、読解力の試験に関する6の問題の誤りについてもう一度考えてみたい。ここでの誤りは意味に違反する誤りであるが、真理の問題とは無関係である。なぜなら、偽の文を理解して正しく翻訳することは、真の文を理解して正しく翻訳することと同様に、私たちに求められることだからである。このことからどんなことが分かるだろうか。

厳密に言えば、真理保存のプロセスは推論であり、意味保存のプロセスは翻訳である。読解の際の理解力は、ある言語から別の言語にではなく、一つの言語のある領域から別の領域への翻訳におけるスキルを前提としている。それは、形式的な散文の一節を読んで、口語ではどんな意味なのかを問うときのようなものである。しかし、翻訳されたその一節が真であるかどうかは問題ではないが、翻訳を行う際の働きは推論を伴うものだと考えられ、それゆえに真理保存的なのである。

　もちろん読解力については、広い意味も狭い意味もある。広い意味では作者と読者の共同制作を意味し、そこでは作者が述べる内容を超えた共同作品が生み出される。ここではあえて、読む行為によって引き起こされるこうしたきわめて正当な意味の感覚をわきに置いて、読解力試験の作成者が関わるような狭い意味の読解力のほうに限定しようと思う。読解力試験の作成者は一見したところ、次のことしか考慮に入れていない。(1)読者は、その一節が述べる内容を理解しているかどうか。(2)読者は、その一節が含意することを推論するかどうか。(3)読者は、その一節の背後にある基本的前提を理解しているかどうか。これら三つの考慮はどれも、その性質上何よりもまず論理的なスキルを前提にしている。(1)ある一節が述べる内容を理解できたと言えるのは、その一節と同等の意味を持つ他の一節を、読者が同一とみなすことができたときである。この意味で、理解するとは、同義という形式で同一性を認識することなのである。(2)ある一節が含意するものを正しく推論することは、それが形式的で三段論法になっているか、それとも非形式的で言葉上のものかに関係なく、論理的な手続きであることは明らかである(言葉上というのは、「ジョンはメアリーをトランプでひどくやっつけた」ことは「ジョンはメアリーをトランプでやっつけた」ことを含意する、という意味である)。(3)基本的前提を理解するとは、ある表明文が妥当な論証の結論である場合に、その前提が何かを問うことである。やはりここでも、論理的な手続きが関わっている。

　もちろんここでの問題は、意味の同一性ではなく、意味の類似性を示すことができるかどうかである。「子どものための哲学」の授業で質問された四年生の子どもを例に挙げよう。その子は地球上で唯一の人間になったらどんな感じかを聞かれ、「空の上でたった一つの星になってしまったみたい」と答えた。その子が言いたかったのは、誰もいない世界で独りぼっちの人間と、何もない空に一つだけの星との間に印象的な類似性があることだった。人間と世界の関係が、星と空の関係に似ているところがあると気づいたのである。言いかえると、その子は、二つの部分―全体関係の間に類似の関係があることを発見したのだ。そしてこれはまさに、アナロジーによる推論を構成する要素である。つまり、類似の関係を他の関係の中に見いだすということである。この子どもの返答は、その子が質問の意味を理解したということの見事な証拠なのである。

したがって読解力とは、演繹的推論の形式的スキルと、アナロジーによる推論としての形式的スキルにかかっていると言うことができる。こうした基本的な推論スキルを強化するほうが、構文上の誤りや、語彙の少なさ、つづりの書けなさ、文体鑑賞力のなさに注目するより、読解力の効果的な改善につながるだろう。というのは、読者が意味を理解できるようになるのは直接的には推論のスキルによるからであり、意味を理解することこそが、読者に読むことを続けさせる非常に効果的な刺激となるからである。国語教師は思考することについて教えていると主張するし、実際そうである。しかし、教師が力説するスキルを検討してみると（教師が分類したスキルについてだが）、明らかにその強調点は意味を含まないスキルにあり、意味を含み、意味に関係するスキルは強調されていないのである。

これは、国語教師にだけ当てはまるものではない。小学校のどの教科においても、教

3——John U. Michaelis, *Social Studies for Children*, (Englewood Cliffs, N.J.: Prentice-Hall, 1985), pp. 233-63.

4——John U. Michaelis and Larry B. Hannah, *A Comprehensive Framework of Objectives* (Reading, Mass.: Addison-Wesley, 1977).

育のための指導書は思考のスキルに言及しており、教師によって思考のスキルの育成を促そうと全力を尽くしている。なぜなら、思考のスキルは、理科であれ算数であれ社会であれ、その教科の習得と関連しているからである。教育における代表的な取り組み方を考えてみよう。ここではジョン・U・ミカエリスの書いた『子どものための社会科』第八版を例に取る[3]。ミカエリスは教育の文脈で認知処理の発達に関心を寄せた立派な教育者であり、『目標の包括的枠組』の共著者である[4]。彼は社会科の枠組みの中で思考のスキルを明白に擁護している。彼は思考における四つのモードを提示する。すなわち、批判的思考、創造的思考、意思決定、問題解決および探求。これら四つの取り組み方は、他の思考のスキルから派生した知識基盤と重なり合うところがある。他の思考のスキルとは、記憶、解釈、比較、データの収集、分類である。

　ミカエリスは、知識基盤を補うためには概念を発達させなければならないと言う。ミカエリスが概念の例として挙げたのは、連言、選言、関係である。概念形成の戦略は、定義すること、例でないものから例を区別すること、列挙・分類・ラベル貼りをすること、そして「問題解決あるいは探求」をすることである。彼は強調すべきスキルとして、一般化、推論、予測、仮説形成、情報の分析と総合、評価を挙げる。どのスキルについても、教師がそのスキルの育成のために問うべき質問の種類についていくつかのヒントが書いてあり、それからその本は別の重要なテーマへ移ってしまう。この本から判断するに、これらのスキルが使えるようになり、教科につなげていくためには、簡単な復習や練習だけで十分であるかのようである。

　ミカエリスの書いた教科書のような新しい教科書のほぼすべてには、思考のスキルに関する必修の章がある。だが実のところ小学校の教師は、中学や高校の教師と同様、そのような章について読んだり、上記のさまざまなスキルについて分類をすることはない。実際、多くの教師は言われてもやらず、むしろ無駄な努力で自分の授業計画から気が散らないようにしなければと言う。始業式の日に生徒が身につけてこなければならなかったスキルを高める努力は、多くの教師にとって無駄なものなのである。正確に答えるように求められたときのために、きちんとした新しい推論の定義を知っておくことは、教師にとっていくぶん役に立つかもしれない。だが、推論が必要なときにうまくできない生徒に、ミカエリスの本に書いてあるようなヒントがたとえ間接的であれ推論を上達させる訓練になるのだ、と考える教師がいるなら、そんな教師は途方もなく単純であるに違いない。そして、そのような教師を教育現場に用意する教育者は、桁外れに考えが甘いと言わざるを得ない。そのような教育者は、生徒に思考させることに失敗している教育の過程が、生徒によりよく思考させられるなどと信じているからである。

四つの思考のスキル

教育の目的のために最も関連するスキル領域は、探求のプロセス、推論のプロセス、情報の組織化、翻訳である。かなり小さい子どもでも、これらすべてのスキルを初歩的な形で持っていると思われる。したがって教育は、認知のスキルを獲得するというよりも、スキルの強化と改善の問題なのである。言いかえると、子どもは自然に言語を獲得するのと同様、認知のスキルを獲得する資質をもともと持っており、教育はそのプロセスを強化するために必要なのである。

探求のスキル

「探求」とは自己修正的な実践である。単なる習慣や、紋切り型のふるまい、慣習に基づいているだけの行動は、探求とは呼ばない。それはただの実践である。しかし、それに続いて自己修正的な実践が生じ、もとの実践に加わったとしたら、結果としてそれは探求となる。私はこの探求の定義が広すぎるとは考えていない。なぜならその定義の及ぶ範囲は、幼児の探索行動から科学者の探索行動にまでわたっているからである。手探りで進もうとする幼児は、ボールが行ってしまった場所について、ひょっとしてソファの下かもしれないと推測しながら、他の案を考え、仮説を組み立て、試すことに没頭している。幼児は、「知的」であると徐々に認められていくような行動形式に携わっているのである。

探求のスキルは、他のさまざまな認知のスキルと同様、あらゆる年齢層にわたっているものである。子どもからお年寄りまで、そのことで違いがあるとすれば、それは種類というよりも程度にある。子どもは今経験していることを、何よりもまず探求のスキルを通じて、これまでの生活ですでに起きたことや、今後起こると思うことと結びつけようとする。子どもは、原因と結果や、手段と目的、手段と結果について区別するのと同様に、それらを説明したり、予測したり、何なのかを明らかにしたりしようとする。そしてまた、諸問題を明らかにし、無数の熟達したスキルを測定・評価し、発展させようとする。その無数のスキルは、探求のプロセスに関わる実践を支えているものもある。

推論のスキル

知識は経験から生じる。だが、知識を広げる一つの方法は、経験を重ねることに頼らず、推論を行うことによるものである。私たちは、すでに持っている知識から、事実をさらに発見することが可能である。論理的に妥当な論証においては、それが正しい前提で始まるならば、その前提「から成立する」、同様に正しい結論が導かれる。私たちの知識は世界に関する経験に基づいているが、その知識を広げ、正しさを証明するのは、推論によってである。

論理学の利点の一つは、純粋に教育的であるところだと言ってもよい。最近知った相対主義を自慢したくてたまらない生徒に対して、一つの物事に当てはまることがすべての物事に当てはまるわけではないこと、ある物事を他の物事から推測できるとはかぎらないこと、そして相対主義が必ずしも客観性を排除しないことを、論理学はとびきり上等な仕方で思い出させてくれる。論理学が見事にやってのけているのは、合理性は可能だとか、論理的な正しさや妥当性のようなものが存在するとか、この論証よりあの論証のほうが優れているとかいったことを、疑り深い生徒に論証してみせることなのである。

プラトンの時代では、推論とは生き生きとした斬新なものであり、推論は驚きをもたらした。私たちはこのことを説明するために、ソクラテスやプラトンにとって論理学がそれほど新しいものであったからに違いないと言ってきた。しかし、それは理由の一部にすぎなかった。当時、推論の持つ活力は、対話の本質に非常に深く結びついていたのである。一人で考えるときは、誰かと会話しながらよりも、すでに自分が知っている前提から推論が引き出される。結果として、そこで出された結論にはまったく意外性がない。だが、対話するときにしばしばそうであるように、すべての前提を誰もが知っているわけではないとき、推論のプロセスはより活力にあふれたものとなり、かなり意外な結論が出てくることもあり得るのである。

情報を組織化するスキル

認知効率のためには、受け取った情報を意味のあるクラスターまたはユニットに組織化することができなければならない。このような概念クラスターは、関係同士のネットワークである。関係の一つ一つは意味の単位となっているために、一つのネットワークやクラスターの代わりとなるネットワークやクラスターのそれぞれは、意味的に関連し合っている。情報クラスターには、文、概念、スキーマという、三つの基本的タイプが存在する。そしてさらに、組織化する過程というものがある。組織化の過程は、全体の一要素というだけでなく、知っていることを明確に述べる包括的な方法でもある。ここでその念頭に置いているのは、語りと記述である。語ること、記述することは、非常に包括的なスキルである。語りと記述が連続して生じると考えるか、同時に生じると考えるかは別として、そのスキルによって、経験全体に目を配り、経験をその構成要素へと分解することができる。

文——文は、個々の単語の集まりというよりも、意味にとっての基本的文脈である。文は、言ってみれば文中のどんな二つの単語の関係よりも大きなユニットであるが、段落や論証のようなさらに大きなユニットに比べると、基礎的である。個々の単語はたしかに世界における事物を指示しているが、他の単語とともに組織化され、その言語の文脈で全体として理解されたときのみ、意味をなす[5]。

推論を扱う際は、何よりもまず文同士の関係に専念するものである。したがって、その言語を学習する者にとって、個々の文がいかに大きな役割を果たしているかは忘れられがちになる。一つの文の中で起きていることは、文同士において起きていることと同じくらい興味深い。たとえば、作家の中には、組み立てる文ごとに異なることを言う人もいる。その結果、作家が言いたいことの全体については、作家が提示した順で各文を理解することによってのみ理解されることになる。また別の作家は、警句を用いて書くことで、個々の文が作品全体の意味を暗示する。ニーチェの文はこれに近い。個々の文がほとんどばらばらの内容を持つ文を書く作家もいるが、その場合作品全体は、一貫した形式で結びついた小さなユニット同士でできているモザイクのようなものである。すぐに思い出すのは、ヘミングウェイにおける文の反復と形容詞の選択である。たとえばこんな文がある。「雌のカモシカはみんななりが大きく灰色で、横腹にしまがあり、お

5——私は、意味の最も基礎的なユニットは関係であると考えている。この意味で、単語は世界の事物と意味論的関係、つまり指示関係を持っているので、単語はそのような関係という意味に関わっている。（そのような関係、つまり意味が、この場合単語と指示される事物との関連性の中にあると言いにくいのは明らかである。むしろこの関係は単語と指示される事物の全体に及び、その結果、単語と指示される事物を意味の中に含むことになる。言いかえると、関連性は相互作用があるもの、単語は相互交流があるものと私は考えている。次の文献を参照。John Dewey and Arthur F. Bentley, "A Trial Group of Names," in *Knowing and the Known* [Boston: Beacon, 1949], pp.287-312.）だが、私はこのことと次の前提の間に矛盾があるとは思っていない。それは、文というものが（言語に関する関係ではあるが、単なる指示関係ではない複雑な入れ子構造を含むため）意味の基礎的ユニットであるととらえやすいという前提である。たとえば、次の文献を参照。Michael Dummett, "Meaning and Understanding," in *The Interpretation of Frege's Philosophy* (Cambridge, Mass.: Harvard University Press, 1981), pp.74-82.

かしいほど小さな頭に大きな耳がついていた。恐怖におびえ、大きな腹を波うたせて木立の中を駆け去っていく足どりは、なめらかですばらしい速さだった」[6]。

文は読み書きの基礎となる構成要素であり、多くの種類があると考えられる。たとえば、質問文、感嘆文、命令文、表明文である。伝統的な論理学にとっては、表明文、すなわち言明文が関心の中心であり、言明文は判断を表すと言われている。簡単な論理的判断の例を挙げておこう。「すべてのねずみはげっ歯類である」[7]。

概念――類似点をもとに物事をクラスターに分けるということは、それについての概念を持っているということである。ロム・ハレによれば、概念とは思考の乗り物、つまり思考を運ぶものであるという[8]。概念分析には、曖昧さを取り除き明確にすることが必要とされる。図8・2は、それについてカッツとフォーダーの挙げた例である。別の例（図8・3）では、生徒に的のような図が提示される。同心円の二つの領域は一対の反義語で特徴づけられており、「あいまいな領域」で仕切られている。生徒は単語のリストを渡され、三つの領域の中にできる限り適切に単語を割り当てる。内側の区域の同義語により、その区域に意味が集中する。一方、単語それぞれが持つ独自の意味は、その単語を同義語と比べることで判明する。この方法はJ・L・オースティンが示唆したものである[9]。

スキーマ――作品中の存在物それぞれを個別に取り上げようとするより、概念に働きかけるほうが、間違いなく効率がよい。だが、概念形成や概念分析は大変骨の折れる作業である。教科書の作者がたやすく用いている概念を理解しようとして、教科書の指定ペー

6――『アフリカの緑の丘』（『ヘミングウェイ全集　第三巻』所収）川本皓嗣訳、三笠書房、一九七四年、四二五頁。

7――ジョン・デューイは対照的に、「すべての特称命題は関係的である」と論じ、種についての関係に関する命題もまた、言葉上はそうではないが、論理学上、関係的であるとしている。次の文献を参照。ジョン・デューイ『行動の論理学――探求の理論』河村望訳、人間の科学新社、二〇一三年、三〇六–三〇八頁。

8――"The Formal Analysis of Concepts," in H. J. Klausmeier and C. W. Harris (eds.), *Analysis of Concept Learning* (New York: Academic Press, 1966), p.3.

9――『オースティン哲学論文集』坂本百大監訳、勁草書房、一九九一年、三三六–三三九頁。

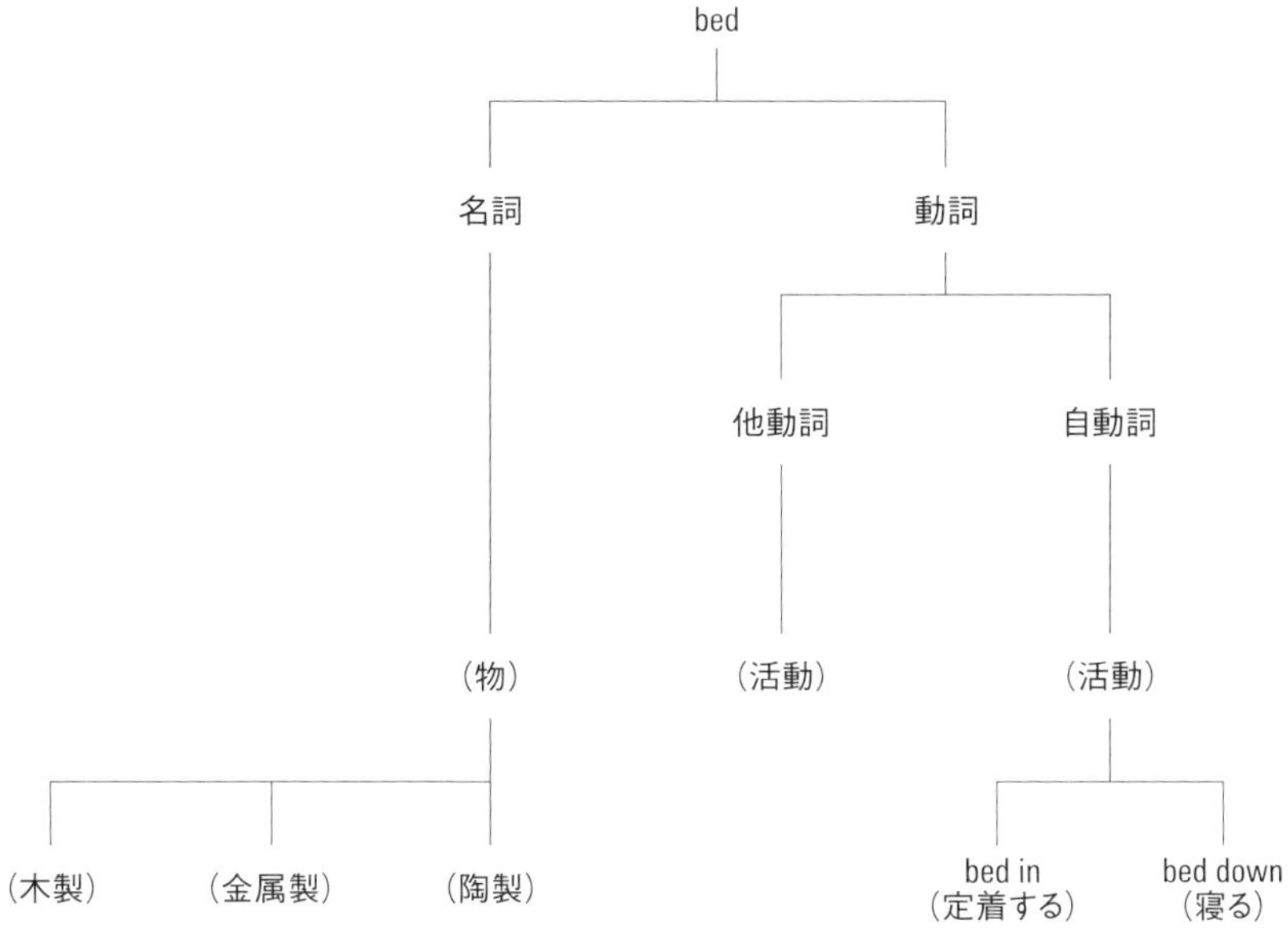

図8.2（Jerrold J. Katz and Jerry Fodor, "The Structure of a Semantic Theory," in Katz and Fodor［eds.］, *The Structure of Language*［Englewood Cliffs, N. J.: Prentice-Hall, 1964］, p.485.）

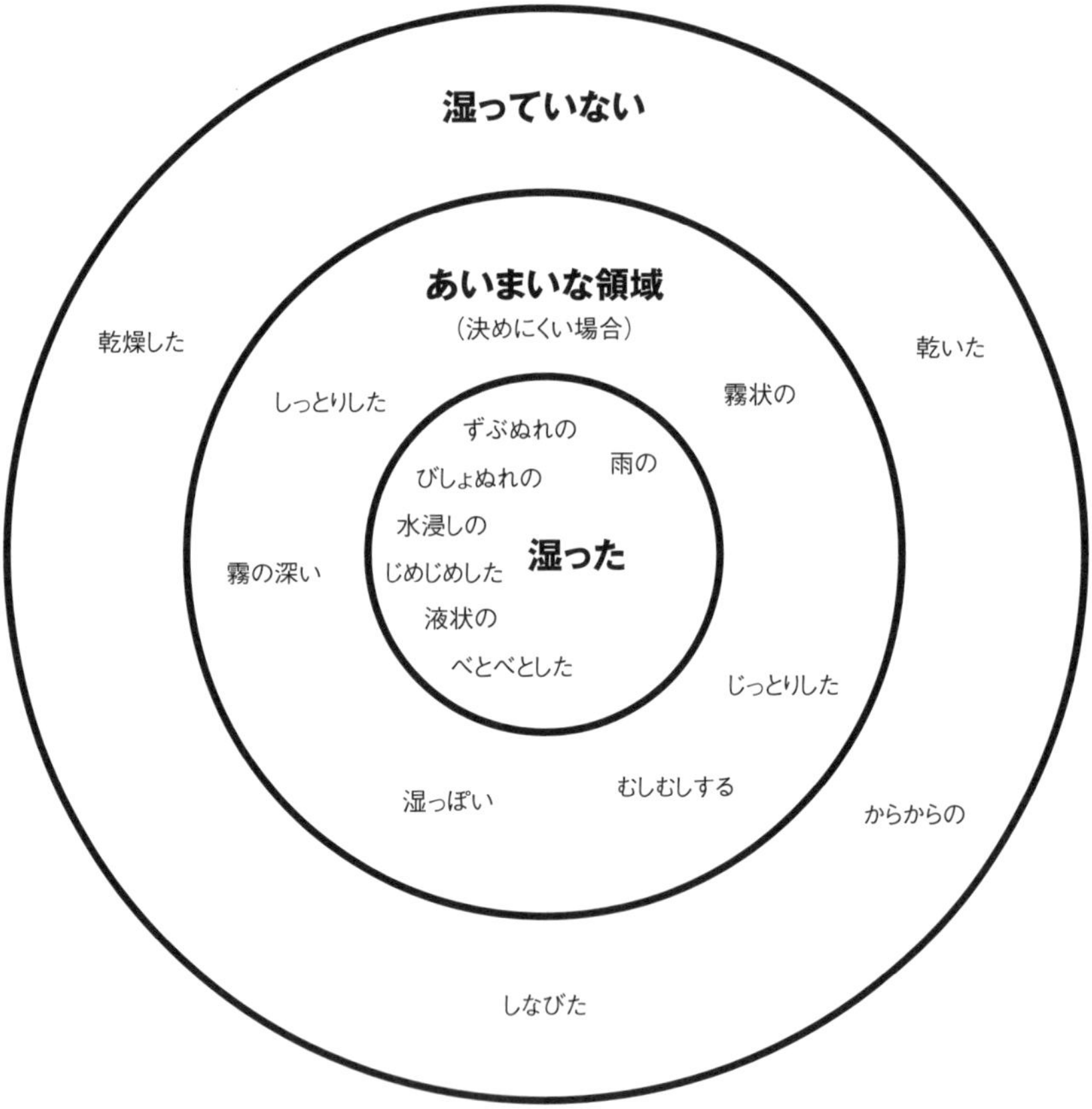

図8.3（Matthew Lipman and Ann Margaret Sharp, *Wondering at the World*［Lanham, Md.: University Press of America, 1986］, pp.74-5.）

ジを開いたままエネルギーがそがれてしまう生徒は多い。

これに対して、エネルギーを奪うのではなく、与えてくれるような組織化のシステムがある。その一つの例は、スキーマである。スキーマの例としては物語が挙げられる。物語という組織化は、解説のような組織化に比べると、探求していくことで展開するという傾向がある。物語による組織化が展開すると、そこに勢いがついて、読者はエネルギーを与えられる。それを可能にしているのは単なる情報の配列ではない。それは、部分同士、そして部分と全体間の組織的な関係によって可能になる。これは、専門の教科書に見られる複雑に入り組んだ部分―全体関係とは対照的である。さらに物語の形式は、認知的要素だけでなく、感情的な要素も進んで取りこむ。そしてこのことにより、読者の興味はいっそうふくらみ、集中も高まる。

スキーマは静的というより動的なものである。スキーマは積極的に何かを求めていく。つまり、何かを完成させたり、安定に向かわせるようなことをしきりに要求する。制作中の芸術作品には、こうした要求特性が現れる。生物もまた、自身にとって異質に感じるものを拒否し、同質に感じて許容できるものを受け入れるとき、この要求特性が現れる。だが、スキーマ（たとえば物語など）が組み入れるものであれば、どんなものでもそのスキーマ全体に影響し、変化が生じるはずである[10]。

スキーマが知覚に用いられるとき、知覚対象は構造化される傾向がある。たとえば、出生後の世界の経験はぼやけた知覚で始まるが、そこには三次元の空間構造が付与される。そのおかげで、芸術家による三次元の空間表現が見る者に理解可能になるのである。しかしながら、私たちはスキーマを不当に世界に押しつけることもたびたびある。たと

10――生物の持つスキーマの性質の理解には、次の文献を参照。*Image and Appearance of the Human Body* (London: Routledge and Kegan Paul, 1935).

まとめ

探求とは、自己修正的な実践である。その実践においては、問題にどう取り組むか考え出す目的で、問題の対象を調べる。そうした探求の結果として判断がなされる。

推論とは、探求を通して見つかったものを整理する過程である。その過程には、考え出されたものを組織化し、その一方で真理を保存する妥当な方法が必要である。

概念形成には、関係的なクラスターへと情報を組織化し、理解したり判断したりする際にそのクラスターを迅速に使えるように、クラスターを分析して明確化することが必要である。概念による思考には、法則、基準、論証、説明などを練り上げるために、概念と概念を互いに関係づけることが含まれる。

翻訳は、何らかの言語や象徴体系、感覚様相から、別の言語や象徴体系、感覚様相へと意味を引き継ぎ、なおかつ意味を損なわずに保持する必要がある。翻訳された意味は、その意味が置かれた新たな文脈において十分に分かりやすいものでなければ、解釈が必要となる。したがって、推論は真理保存的であり、翻訳は意味保存的である。

えば、ある社会集団のうちほんのわずかのメンバーにしか当てはまらない特徴を、社会集団全体の特徴だとするようなときである。これは偏見の例であるが、直接対話や教育だけでは、そうした問題を正すのは難しい。なぜなら、根本的な再構成に抗おうとするスキーマの力は非常に強いからである[11]。

記述と語り――記述と語りは、単に情報を組織化するのではなく、経験を組織化し、表現する方法である。ただし記述と語りは、経験の情報内容を組織化できるが、それと同時に伝達様式でもある。

作家の思考はひらりと飛んでいくときもあれば、とまり木に止まるときもある。私たちの思考は何かについて詳しく述べることに支えられており、それによって記述が可能になる。そのように詳しく述べることは、一種のとまり木である。また、観察から観察へ、考えから考えへ、また、前提から結論へと動くように、思考が飛びまわることもある。作家が書いたものを読む際、読者の思考はその作家の思考が飛んだり止まったりする様を再現する傾向がある。もし作家の思考が何かを吟味し記述するために立ち止まれば、読者はその記述に心を奪われる。作家の思考の翼に勢いがついてくると、読者も同じような状態になるだろう。息もつけないほど一心に物語を追っていると、読者の思考は物語の展開とぴったり合うものである。

11――人種に関するステレオタイプの一因となるスキーマの役割については、次の文献を参照。M. Rothbart, M. Evans, and S. Fulero, "Recall for Confirming Events: Memory Processes and the Maintenance of Social Stereotypes," *Journal of Experimental Social Psychology* 15 (1979), 343-55.

翻訳のスキル

普通は翻訳というと、ある言語で言っていることを、意味を保ったまま、別の言語で言う過程のことだと考える。ここで言う「言語」とは、スペイン語や中国語のような自然言語のことである。しかし翻訳とは、自然言語から自然言語へ意味を伝達することに限られるわけではない。翻訳は異なる表現様式間で生じる場合もある。たとえば作曲家が音詩を使って楽式に文学的意味を与えようとしたり、画家が自分の作品に、芸術家特有の内容にぴったり合う題をつけたりするような場合である。間違いなく、すべての翻訳に解釈の要素が含まれる。したがって、翻訳が行われる際は、意味の保存は必ずしも最優先されない。だが、翻訳のスキルにより、言語間で一種の往復ができるようになるという事実に変わりはない。そしてこのことは、どんな言語の内部でも意味が見いだされるということと同じくらい、重要なことかもしれない。

形式論理学を学ぶ意義の一つは、日常言語を標準化するための規則を学ぶ必要があることである。日常言語の標準化により、複雑な日常言語を単純な論理言語へ変えることが可能になる。これによって意味は少なからず損なわれるものの、自然言語には推論や因果的表現などに関わる作業を可能にする隠れた筋肉組織があることや、自然言語を原始的だが強力な論理言語に翻訳することができることを、生徒に示すことになる。したがって、論理的標準化の規則があることで翻訳の理論的枠組みが構成される上、生徒が教科ごとに思考のスキルを使いまわせるようにするモデルも作られる。

さまざまな共同体で構成された多元的な世界では、他の共同体と一部が重なる共同体もあれば、他の共同体の中にぴったり収まる共同体もある。また、どの共同体も何らかの責任を負っており、その土地に限定される共同体もあれば、場所に限られない共同体もある。そのような世界では、正確には何がどう翻訳され、何がどう変換されたかについて明確に述べることがいっそう重要になる。自分の関わっている売買の価値や意味についてよく分かっていなければ、分配に関する倫理や政略も持ちえない。

ここでは「交換」や「分配」のような経済学用語を使う必要がある。なぜなら、思考は生産の一形式であり、このことは特許権、著作権、許諾の問題をはるかに超えて広がる問題を伴うからである。思考が生産の一形式ならば、共同体で対話されたことは、共同体で最終的に判断されたこととみなされる。そして、そこでの価値が公的であるか、共有されているかはさておき、何らかの価値に対して、私たちにそれを持つ資格があるかどうかを判断するには、常に新たに評価をすることが必要である。だからこそ、学校で思考のスキルを磨くべきなのである。

思考がある種の生産であるとすると、翻訳はある種の交換であると理解できる。作曲家が音詩を書くときのように詩を音楽へと翻訳するとき、あるいは身振り手振りを日常言語へと翻訳するとき、意味は交換されたり保存されたりする。まさに推論が変化を通じて真理を保存する思考の形式であるのとちょうど同じように、翻訳は変化を通じて意味を保存する形式なのである。

推論を教えることはそれだけの価値があるか

数年前、推論は教えることができるのかどうかと、巨大な試験機関が筆者側に確認をしてきたことがあった。これはその機関の都合によるものだった。その機関が作成した試験の一部には推論が含まれていたのだが、もし推論が教えられないということであれば、生徒が試験でよい点が取れるように学校側が推論を教えて生徒を訓練する心配はしなくてよくなるということなのだろう。

スキルとスキルの統合

特定の仕事がそれと認められるまでには、何世代もの働き手が経験を重ねている。働き手はその仕事を行う中で、自分たちのスキルを示す。まずその仕事がどんなものか特定され、次に、熟練していることもあれば未熟なこともあるが、その仕事を働き手が行うのである。たとえば、振付師はダンサーによって行われる動きをデザインし、ダンサーはその動きを、程度の差はあれ熟練した動きで行う。同様に、運動選手はその試合やスポーツの規則に従って何らかの行動をするよう期待されている。野球では、入門書にはバットのスイングについて詳しく書かれており、打者はそれを実行する。非常に熟練した打者なら、誰も捕球できないような場所にボールを打つ。スキルのない選手は、絶対

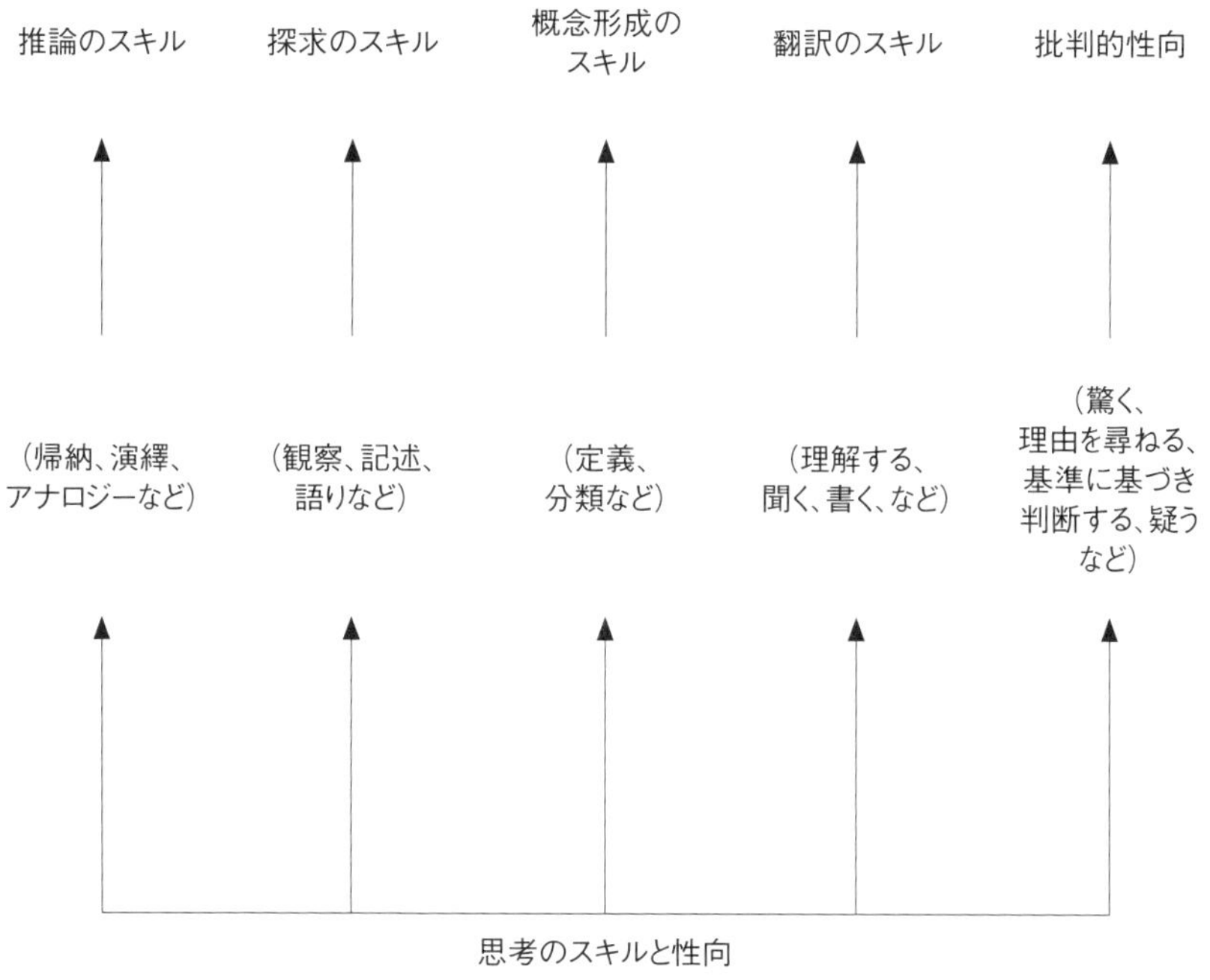

図8.4　思考のスキルと性向

にその打球を捕ることはできない。

　こうしたことは思考する者にも言えるように思われる。思考者ができる動きは多様であるし、実際にする動きにもさまざまなものがある。選挙戦に負けた政治家は、敗北を認める決断をする前に、うまく敗北を認めるとはどのようなことかを知っている。そして、心の中で敗北を認める前に、うまく敗北を認める決断をする。それゆえ一般的に、選挙戦の敗北が生じてすぐに、敗北を口にするのである。ルーシーが、自分でも内心かなり驚きつつ、自分からヘンリーに「私と結婚しませんか」と問いかけるとしても、そのプロポーズの形式は、実際にヘンリーにその問いかけを行う前に生じている。そのような動きがあるからこそ、そのやりとりが成立するのである。

　同様の状況が思考のスキルの場合でも通用することは明らかである。思考のスキルは、熟練した動きになるように前もって策定された動きなのである。そのスキルは、どれだけ優れた仕方で行うことができるか、その程度が問題となる。例として、断言という心の行為を、理解と比べてみよう。断言することはゼロ・サム的な行為である。つまり、程度問題としてそれを扱うことは難しい。それは、なされるか、なされないかのどちらかである。しかし理解することは、非常に時間がかかる出来事かもしれないが、それが実に劇的な状況下で生じる場合もある。なぜなら、「直観的」ということで「最小の証拠で正しい結論にたどりつくことができること」を意味するなら、たとえ証拠が乏しくとも、その証拠が実際含意するものを驚くべき速さで理解するという意味で、直観的と言える人もいるからである。

　ここまで述べてきたことから明らかなことは、思考のスキルは実にさまざまであって、それぞれのスキルにはさまざまな働き方があり、その優秀さの程度もさまざまである。運動選手のスキルは、おおよそのところ探求に関する研究者のスキルに匹敵する。それにもかかわらず、スキルの獲得に関しては、思考のスキルを含めて、共通の特徴が際立っている。たとえば、熟練した人は普通、習慣を獲得するようにスキルを獲得する。スキルと習慣は両方とも、ある仕方で行動する性向に関わるからである。その行動の仕方に第一に関係するのは、ある働きに特定された優秀さである。第二には、働きにある程度の共通性があることである。だが、習慣には意識的に獲得されないものもあるが、他方で、スキルは意識的に獲得されることがしばしばである。スキルを身につけることは、たゆまない自己修正を通じて自分自身に技量を教え込むことである。これは、日曜ゴルファーがすべきことであり、タイガー・ウッズのような名人が普段からしていることである。したがって、批判的思考者の特徴を定義するとしたら、自己修正はその最大の特徴の一つであるが、スキルの獲得においてもまた、重要な役割を果たしている。

思考のスキルは心の行為から発展するものであると以前に述べた。このことが示唆しているのは、もし心の行為という大きな苗床が欠けていると、スキルが成長し花開くことはそれだけいっそう難しくなるということである。そのため、概念化することは重要な心の行為を行うことであり、概念化は主要な認知のスキルである。思考のスキルがさまざまな考えの入り交じった子どもの頃の経験から生じる場合は、それはもっと容易に形成される。

けれども、思考のスキルを使っているのとまさに同じ瞬間に、自分がそれを使っていると特定することが、自分の意識上でできなければならないわけではない。思考のスキルは「第二の自然」を形成する程度まで、練習などによって完成されるべきである。また、プロのピアニストの手の筋肉のように、それについて意識する必要なく思考のスキルを使えるようになるべきである。というのは、もしスキルについて意識すると、気が散ってしまうだろうからである。

探求のスキルや推論のスキルといった一連のスキルをただ獲得するだけでは、できることがそんなに増えるわけではない。いつ、どこで、どのようにそのスキルを使うかについて知る必要がある。もし自動車整備士がひとそろいの道具を購入したなら、それをどう使うかはすでに知っていると考えられる。だが普通の人は、整備士や外科医、オーケストラの指揮者が持っているスキルを適切に統合する術を身につけていない。それゆえ、スキルが介入する最善のタイミングが分からないのである。おそらく、価値観や語彙と並んで小さな子どもが親や兄弟から学ぶのが、タイミングと文脈の感覚なのかもしれない。熟練した作家がぴったりの言葉を求めて頭をひねるときの関心の中心は、個々の文をただ間違いなく表現するための言葉ではなく、これまで構築してきた文脈全体に従っているかどうかだろう。

したがって、熟練した思考には、思考の文脈だけでなく、その文脈の質についても鋭い理解が伴う。たとえば、インテリアコーディネーターが部屋に椅子を加えたいと思っているとき、すでにそこにある家具だけでなく、そこにあるものの配列の質についても考慮に入れなければならない。

しかし今や、単なる批判的思考というパラダイムを超えたところに私たちはたどりつきつつある。そして、創造的であるとみなされるに違いない思考や、ケアと呼ばれそうな思考にも関わり始めている。思考の様式をこのように三つに分ける前に言っておかなければならないことは多い。だが、創造的思考とケア的思考が、質に関係のない考察ではなく、質についての考察から影響を受けていると認めるならば、私たちはその問題を十分に明晰にとらえていると言えるのではないだろうか。

さらに次のことも付け加えるべきだろう。小学校や中学校といったどの教育段階も、ある意味では互いに同等である。だが一方で教育は、もっとも幼い頃の意識の揺れ動きから、非常に洗練された判断のできる状態へと、上を目指して進むものとみなされなければならない。

基本スキルから小学校の教科へ

読む、書く、話す、聞くは究極の基本スキルであり、小学校で教えられる教科領域においていわば学業上の支配力を持っている。それらのスキルは、情報の流通経路であり、その情報を理解する手段の流通経路でもある。それらは認知の中心なのである。

しかし、読む、書く、話す、聞くは、計算と同様、信じがたいほど洗練された重要スキルである。それらのスキルには、高度に多様化した、莫大な数のスキルと心の行為が統合されている。推論（reasoning）はこれら重要スキルの一つではない。すなわち、第四のRではない〔訳注〕。その代わり推論は、基本スキルの土台となるものである。それは、基

訳注——読む（reading）、書く（writing）、計算（arithmetic）は小学校教育における基本要素で、「三つのR」と言われている。

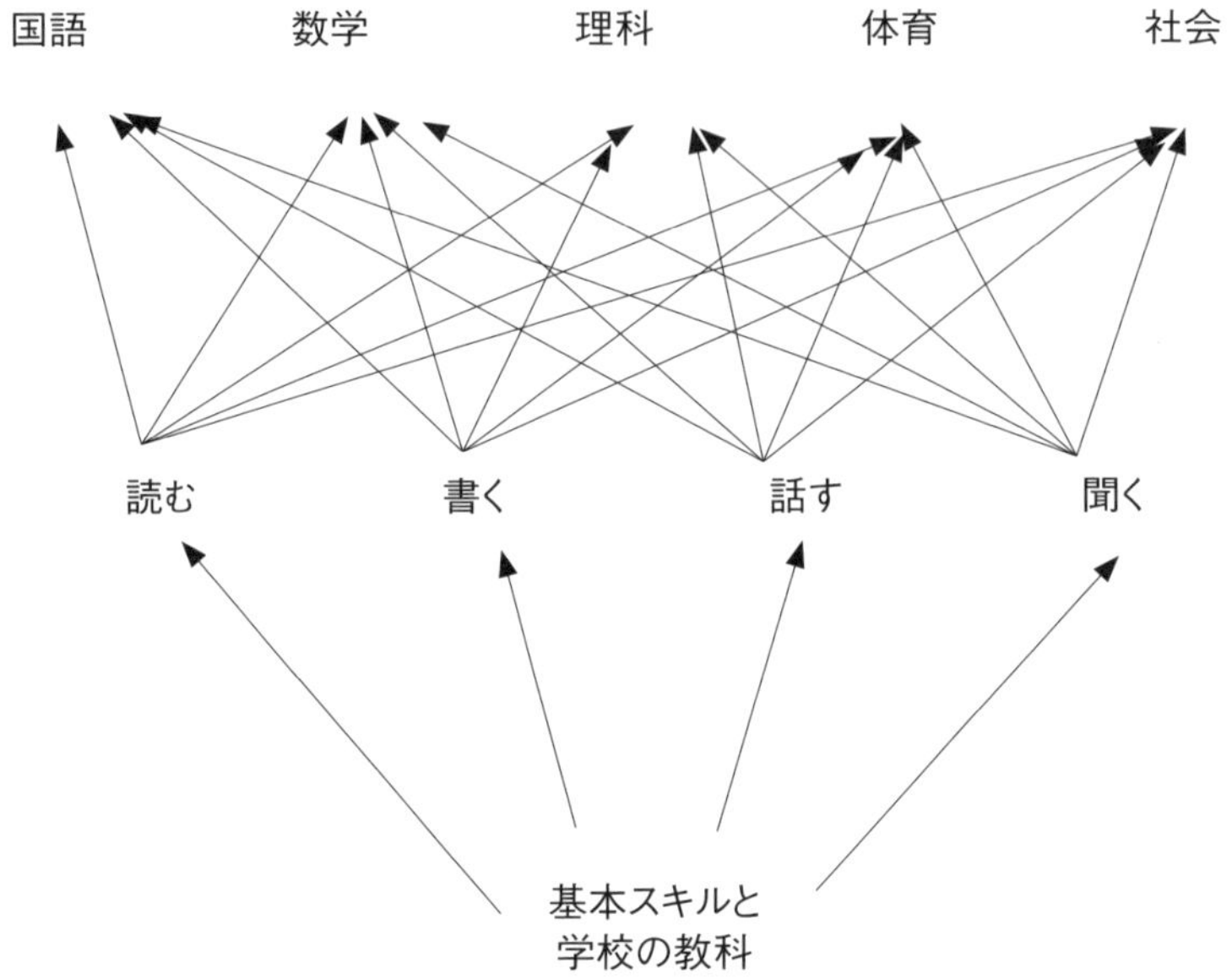
国語
数学
理科
体育
社会
読む
書く
話す
聞く
基本スキルと
学校の教科

図8.5

本スキルが発展するための土台である。

生徒たちの読む、書く、話す、聞くスキルをより批判的なものにできれば、それら基本スキルが新たな強みとなり、勉強しなければならない個々の教科領域にその強みを活かせるだろう。それができなければ、学校での勉強は血管が詰まる病気のようになって、深刻な結果を招くことになるかもしれない。

上記四つの基本スキルは、すべて「探求」のスキルとしても知られていることに注意しなければならない。「探求」という言葉は無造作に使われているが、そもそも探求とは何だろうか。また、どの程度の重要性を持っているのだろうか。ある研究者の定義によると、探求とは「あらかじめ決まった答えを持たない問題について、生徒が関連する質問を尋ねあう単一のプロセス」であり、「生徒が発見するものは、探求の有力な手がかりである。……議論の役割について、教師はたいていの場合（探求または発見の）連続から得られる教訓的な結果と結びつけてしまうが、それは誤りである。議論は、探求または発見のプロセスから自然と出てくる結果である」[12]。このように「探求」という言葉を用いることが受け入れられない文脈もあるかもしれないが、教育においては大きな価値を持つ可能性がある。探求の利点は、議論と発見を、認知と教育に結びつけることである。このように、教育内容と教育の過程を協調させる形で関連させる定義がもっと必要である。私たちは探求を生じさせるスキルに正面から取り組む必要があり、そうしたスキルをないことにしてはいけない。対話や議論のない探求や、推論や概念形成、コミュニケーションスキルを欠いた探求は、『ハムレット』を上演するのに出演者がいないようなものだろう。

12——Frank X Sutman, "We Need a Better Understanding of Inquiry in Instruction," *Harvard Education Letter* (September-October, 2000), p.8.

スキルの限界

哲学者は常にスキルの話に懐疑的であった。そして、知性を持って何かを制作すること、発言すること、何かをなすことは、スキルのレパートリーに還元されるものではないと主張してきた。私たちは何をなすべきか分かっていれば、熟達したスキル、あるいは未熟なスキルのどちらかで、それを行うかもしれない。だが、何をなすべきかは、どのように分かるのか。これはスキルの問題ではなく、アリストテレスが言うように、理解力の問題である。理解力とは「人が疑問を感じ、熟慮する可能性のある物事に関わる」[13]ことである。そして、判断を下すこと、すなわち特定の状況下で適切な決断ができるのは、理解力のおかげである。判断力があることは、「適正さに関して正しい眼識があること」であり、適正さとは「法がその普遍性のゆえに不十分である場面で、法を是正するもの」[14]である。したがってアリストテレスによると、規則と事態のすりあわせや、目的に向けた適切な手段の選択を左右するのは、スキルではなく判断力なのである。

カントにとってアリストテレスは、支配するものと従うものの区別が十分できているとは言い難かった。理性が利己的にふるまう際、理性は「仮言命法」に従ってスキルを用いる。そのため、望む目的が決まると、その目的を達成するための適切な手段が特定され、望んだ結果が得られるようにスキルが身につけられる。だが、こうしたことはすべて偶然的であるとカントは論じる。他の何よりも重要な目的もあると私が認識しなければならないことはないし、何をどのように選択しようと、私は思うままにふるまうことができる。定言命法は、私たちが「善意志」あるいは徳性を働かせるときにのみ発動し、

13——アリストテレス『ニコマコス倫理学』朴一功訳、京都大学学術出版会、二〇〇二年、二八二頁。

14——同書二四七頁。

その立場ならしなければならないとあらゆる人に思われる行動を選択する。カントによれば、道徳的基準はただ一つしか存在しない。道徳法則によってなされた行為だけが、善なのである[15]。仮言命法に従う場合は、カントが言うには、たとえ義務が要求するように行為をするとしても、義務による要求が原因でその行為がなされるわけではない。その場合、私たちの行為は道徳的価値を持たない。熟練したスキルを伴う行為は、ちょうどこの種のようなものである。そのような行為は偶然的で利己的である限り、道徳的価値を欠いている。

スキルそれ自体というわけではないが、現代においてスキルの話を非難するのは、W・A・ハートの論文「スキルに反対する」である[16]。ハートは、何もかもがスキルの問題になってしまう教育における特殊用語にうんざりしている。たとえば言語のスキル、社交のスキル、道徳のスキル、社会性のスキル、愛と思いやりに関するスキル、リーダーシップのスキル、宗教的なスキル、想像することのスキル。またはひょっとすると、革新性に対処するためのスキルや、謙虚さのスキルなどというものさえあるかもしれない。ハートは読むことを例にとる。読むとは、単に左から右へ読む規則を機械的に習得したり、見聞きした単語を解読したりすることではない。読むことにはスキルが含まれるが、それ自体はスキルではないのである。重要性を理解し評価することはスキルではない。なぜなら、「その一節を正しく〝読んだ〟かどうかは議論の余地がある」からである。ハートが言うには、上手に読めるようになるには、「読むことに何かを持ち込むことができる必要がある。しかし、持ち込まなければならないのはスキルではない。それはあなた自身である」。

15――カント『道徳形而上学原論』篠田英雄訳、岩波書店、一九七六年。

16――ハートの論文の初出は次の通りである。*Oxford Review of Education* 4:2 (1978), 205-16. この論文は次の文献に再掲されている。*Thinking: The Journal of Philosophy for Children* 5:1 (n.d.), 35-44.

似たような状況は、話すことの習得についても当てはまるとハートは言う。そして、ウィトゲンシュタインを引き合いに出す。話せるようになることは、スキルを獲得することではなく、言いたいことを持てるようになることである。少なくともこれは、ラッシュ・リーズによるウィトゲンシュタインの解釈である[17]。しかしハートは、私たちが会話にただ参加するだけでは満足しない。私たちは、自分自身の視点を持たねばならない。私たちは自分自身を持ち込み、他の誰でもない自分自身になる必要がある。話すことの習得は、スキルを重ねて可能になる問題ではなく、私たちが何者かに関わる問題なのである。このことが頭に入っていれば、スキルは皮相的なものだと分かる。スキルは、それを使う人間とは少し距離がある。しかし、考える、読む、愛するといったことは、人間性から距離があるどころか、ハートに言わせれば人間性そのものなのである。D・H・ローレンスのような偉大な作家が物語ることは、表面的でも小手先でもない。偉大な作家は言わねばならないことの検討に集中しており、言葉はそれが出てくるのに任せるのである（この基準からすると、ハートはフローベールのことを偉大な作家だと考えるだろう）。

　ハートの議論には、はっきりとカント的な響きがある。しかし私には、スキルを人間性の外側にある周辺領域へと追いやろうとする二元論は受け入れがたいものがある。それはちょうど、カントが科学技術と道徳を分離するのが受け入れがたいのと似ている。そうした分離が生み出すのは「価値問題とは独立した」科学や科学技術という神話である。もしここでの問題を解決するのではなくいっそう難しくしようと思うなら、道徳性をもっぱら人格の問題とみなし、方法論や手続き、制度は道徳性とはまったく関係ないものだとしてみるとよいだろう。

17——Rush Rhees, *Discussions of Wittgenstein* (London: Routledge and Kegan Paul, 1970), pp.81-3, 89.

だが、ハートの批判は聞き流されるべきものではない。読む方法に熟達していることと、理解、鑑賞、解釈、評価の際に生じていることとの間には違いがあるとハートが主張するのももっともである。前者にはスキルとして熟練していることが含まれており、その基準は前もって分かる。しかし後者の場合、基準ははっきりしていない。そのためハートは、一つの文章が何を言っているのかは「議論に委ねられている」と言うのである。

ウィトゲンシュタインに関するハートの論評はまた、学校が制定すべき優先順位に関して前節の終わりで述べたことを支持すると思われる。すなわち、最初に人間らしい環境、つまり探求の共同体が設定されなければならない。次に、共同体の機能とは、どう判断するか慎重に話し合い、何らかの判断にたどりつく（または判断を保留する）ことであることが示されねばならない。第三に、学校は、スキルを磨き、生徒にそのやり方を教える環境を設けるべきである。子どもが第一言語を難なく身につけるのは、家庭の中に生まれるからである。家庭には、言語の学習を引き出す生活形式がある。学校が仮に子どもを探求の共同体という生活形式にまずどっぷりつからせるならば、子どもは学校が教える必要のあることをもっと容易に身につけるだろう。探求の共同体によって子どもは刺激を受け、人として返事をするようになるだろう。そのため若い読者は、批判的判断の形成を任される前に何年間も機械的な読み方をさせられるよりも、まさにその最初から、読むものを評価したり自分の解釈について論じたりすることを教えられるべきである。

付け加えて言いたいことだが、ハートが引き合いに出しているウィトゲンシュタインは二つに分けられる。一つは、私たちがなすべき判断の形式に関係し影響を与えるのは生活形式であって基準ではないと言うウィトゲンシュタイン。もう一つのウィトゲンシュタイン（『確実性の問題』）は、規則に従う行動に比較してスキルが相対的にどのような価値を持つかという問題について考え、スキルの側を厳しく批判する。この重要な選択肢において、義務が要求するように行為することと、義務の要求が原因で行為することをカントがどのように区別しているかについて、私たちはどう考えることができるだろうか。カントにとっては、道徳法則に意識的に従うときのみ徳がある。私たちの行為が単に規則に支配された行動にたまたま一致するのであれば、徳はない。しかし、思うにカントの選択肢はあまりに厳しいものである。スキルはここに第三の選択肢を示す。そこでは規則がそれを実践する者によって完全に内面化されており、分解されてスキルそれ自体になっている。ある意味で、スキルはカントの区別を超越している。なぜならスキルは、規則が要求するように、そして規則の要求が原因で、という、その両方の仕方で行為するふるまいを示すからである。

　これにより今度は、技術的なものと人間的なものを厳格に二分するハートの方法を却下することができる。スキルはそのどちらか一方に与する必要はない。したがって、スキルを用いてソナタを弾くバイオリニストは、人間的なものに関連していないわけではない。楽譜の存在そのものは、それが人間の所産であることと、人間によって演奏されることを前提としている。創造的な過程が持つ人間性を人間から切り離すことができないのと同様、創り出されたものの持つ人間性を人間から切り離すことはできないのである。

part four: education for the improvement of thinking

Ⅳ

思考をよりよいものにしていくための教育

第九章

思考の相互的側面

The Transactive Dimensions of Thinking

多元的思考アプローチ

学校の中で思考をよりよいものにしていく。そのために、育成されるべき最も重要な思考の側面は、批判的側面、創造的側面、ケア的側面である。批判的思考の模範となるのは、専門的で熟達したよき裁判官だ。創造的思考の模範は芸術家である。ケア的思考の場合は、慎重な親や思いやりのある環境プランナー、よく考え気遣いができる教師といった人々が模範となる。

この三つのうちのどれについても、それを教えるための方法論には探求の共同体が必要とされるように思われる。また、探求の共同体における認識論は反省的均衡ということになるだろう。反省的均衡は、可謬主義の意味で理解しなければならない。つまり、教室が探求の共同体になっているときには、知識の絶対的な基盤、いわば知識の岩盤を見つけることが目指されているわけではないということである。そうではなくて、均衡を保つことを目的に、知識のどの部分に対しても、それが誤っているなら常に作り直し、改良し、改訂を行うのである。知識は絶対的真理という観念に基づいているわけではない。それゆえ、誤りを自分たち自身で修正することはいつも必ず探求の過程の一部でなければならないのである。探求の過程がケア的側面を含んでいる以上、探求の過程は均衡を保ち維持することに関心を払っている。そして、探求の過程が創造的側面を含んでいる限り、探求の過程はこの均衡を維持するための新たな解決策や方法を探すことにも関心を払っている。

もちろん共同体の間で違いはある。反省的で熟慮的な探求の共同体、つまり、批判的思考を育成するのに最も適した共同体では、一般に正確さや無矛盾性といった価値が強調される。芸術家のアトリエは創造的な探求の共同体の最良の例だ。そこでは技術的な能力と大胆な想像力がともに重視される。そして、ケア的な探求の共同体では、価値を正しく評価する力が養われるが、そこでは、価値を正しく評価できるようになるための最もよい方法は何か、価値あることの重要性がすべての人に明らかになるためにはどのように生きるべきなのか、といったことを学べる可能性が大いにある。

何かをしているとき私たちの両手は互いに対話をしている。それぞれがするべきことをしている。一方はつかみ、もう一方は作ったり切ったりする。これらの行動の違いはすぐに観察できるし文字で表すこともできるが、説明をするとなると、そう簡単にできるわけではない。多元的思考も同様である。私たちは「分析的」思考と「直観的」思考を区別することができる（他の語の組み合わせでも同じように区別できるだろう）。しかし、それらがどのように働いているかを説明することはもっと困難であろうし、ここでの目的にとってその説明を試みることは特段有益なことでもないだろう。今は次のように言うだけで十分であろう。思考の中には基準に従っているものがあり、また、その思考が置かれている文脈全体にいきわたっている価値に左右されるものもある。思考の中には線路を走る列車のようにスムーズに決まりきった仕方で動くものもあれば、羽ばたく鳥のように自由に飛び回るものもある。つまり、ある種類の思考は直線的で解説的であり、別の種類の思考は創造的で発展性に富んでいるのである。ある思考はコンピューターで計算しているだけのように見えるし、別のものは推測をし、仮説を立て、想像力に富んでいるように見える。思考の中には、煙草の箱の中のように、考えたことを機械的にぎゅうぎゅうに詰め込んで寄せ集めただけのものもある。ときに考えたことは互いに有機的に関係付けられている。その各々は全体が分業する中で相互に特別な役割を果たしながらも、完璧な描像に近づくために協同している。定量的な思考、解説的な思考、物語的な思考もある。このリストはさらに長々と続く。しかし、思考というものが心のふるまいのさまざまな形式と浸透しあい相互に関わり合っているということが分かれば十分だろう。私たちはこうした心のふるまいのさまざまな形式を、理性的姿勢、創造性、ケアとして自由に概念化することができる。この心のふるまいの形式のそれぞれが探求の形式であり、それらの相互浸透の結果は単なる加算ではなく、相乗効果を持つのである。

教育とは教師から生徒に、世界に関する情報をただ伝えるものだ。そんなふうに考えている間は、その情報がどのようなプロセスを経て伝わってきたものか、別の言葉を使えば、それがどのように考えられたかは、取るに足らない問題であると思われていただろう。しかし、ひとたび認知プロセスに関する考察が優先されるべきだと考えられるようになり、それが教育上の関わりにとって最も重要なものだとみなされるようになると、以前に重視されていたものは古臭くなっていて完全に新しいものに取り替える必要がある、ということが明らかになる。たとえば、知識を獲得することはいまだに価値ある目標かもしれない。しかし、その知識が使われるべき判断を練磨することのほうがはるかに価値がある。また、知識の使用とは理論的な理解の中核をなすものだという解釈はいまだに可能かもしれない。しかし、教育の成功にとっては、問題状況にそうした知識を実践的に当てはめることのほうがもっと大切だということが、明らかになってきたのである。

コンピューターの登場によって生じたことと、それが現代社会に与えたインパクトを前にして、私たちは立ちすくんでしまっている。それがあまりにもショッキングであるために、この技術的な変化が社会の中で静かに進行しつつある、より一般的な革命的変化の徴候の一つにすぎないということを、私たちは見落としてしまっている。私たちが人間のふるまいを変えたいと願っている場合でも、その変化は人間のふるまいに対して適用される法律や政策の結果として生じるのでなければならない。さらに言うと、その変化は人間のふるまいを判断する際の基準の変化の結果として生じるのでなければならないのである。人間の脳が手先の器用さや手に代わる道具や機械からどれほど影響されているかなら、いくらでも語ることができる。また、コンピューターが可能にした脳の能力の拡張によって人間の脳が現在どのような影響をこうむっているかについても説明することができる。それでもなお、思考を人間の活動の制御センターとして理解しているという事実に変わりはない。したがって、よかれあしかれ、革命を作り出すのは、これまで人々自身に向けられてきたものが、人々の思考に向けられるようになった、ということなのである。

この最後の文言から、人間をデカルト的機械、つまり、自らの知性に操縦されるロボットとして扱うべきだと結論したくなる、そんな誘惑は大きいだろう。このことは、私が「思考」で意味していることがデカルトのそれと同じ意味であったのなら真実かもしれない。しかしそうではない。デカルトが思考とみなしていたのは、数学的思考と論理的思考である。身体とその諸属性、すなわち、知覚すること、感情のあり方、価値づけること、創造すること、想像すること、行為することなどは、完全に心と無関係のものとみなされていた。これとは対照的に、思考が著しく改善されて、私が多元的思考として理解しているようなものになると、そのような思考は、認知的なものと感情的なものの間で、知覚的なものと概念的なものの間で、物理的なものと心的なものの間で、規則に則ったものとそうではないものの間で、それぞれ釣り合いを取ることを目指すようになるのである。

過去にはこれらの区別が三つの部分に分かれているとされてきた。心は欲求や感覚、あるいは、知覚や情念と対比させられ、いわば常に知性が優位に立ってきたのであった。心は君主であり、他のものは大臣や平民であった。大臣や平民は傲慢な望みを持ち、理性という君主に抑圧される運命にある。より多元論的なアプローチや民主的なアプローチを提案すると、それでは無政府状態になってしまうといって直ちに糾弾される。こういったことが過去にはあったのである。このような考えのもとで古代ストア派は形成されていたし、シェイクスピアのようなルネサンス期の作家たちを評価する基準も作られ

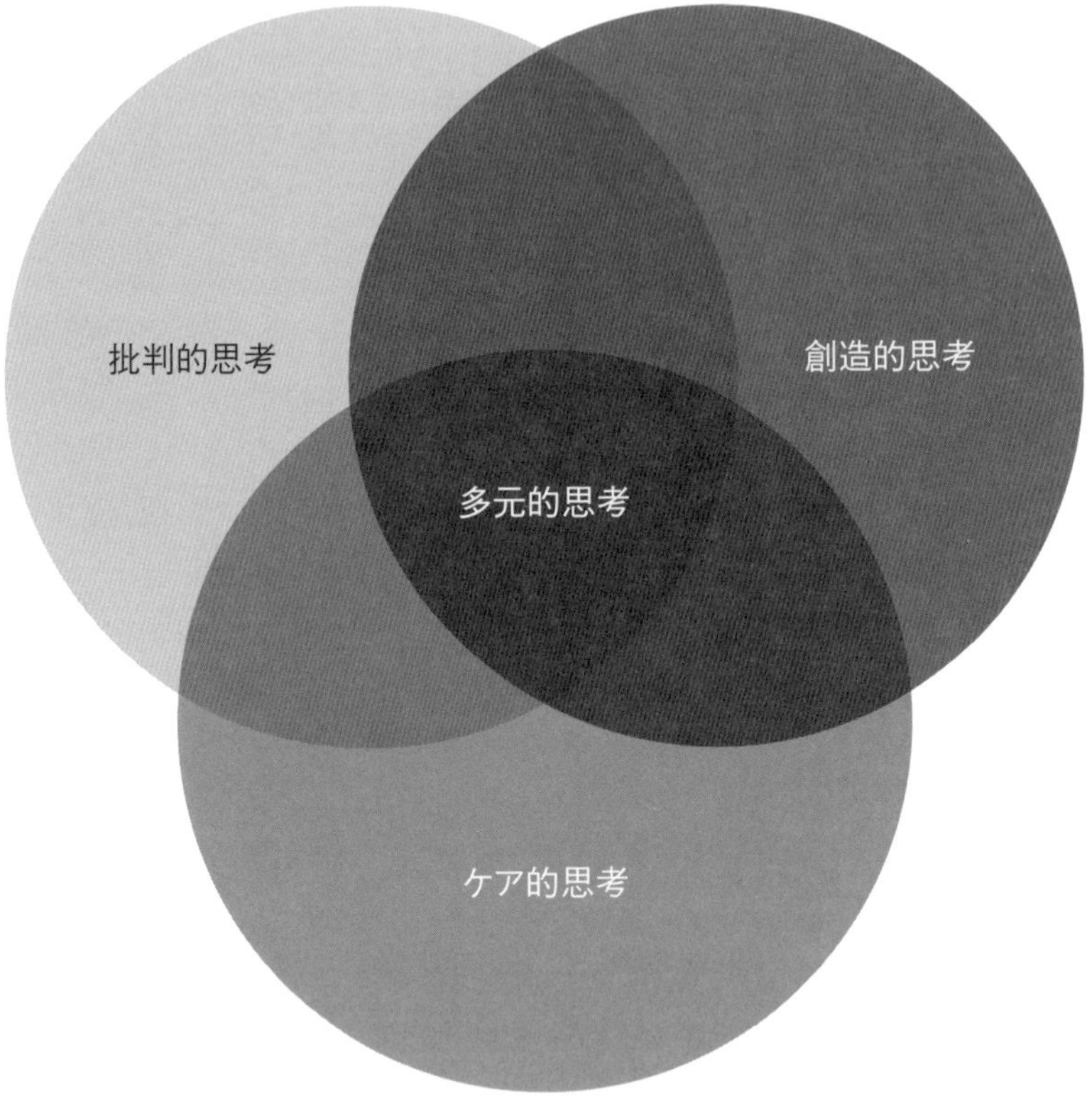

図9.1

たのである。

それに比べて、今多元的思考に不可欠なものとして提案されている三つの基準は、完全なる平等主義に基づいているか、少なくとも平等主義に基づくべきものである。ある一つの思考がこの三つの基準すべてを満たさないのだとしたら、その思考が優れたものだと考えることはできない。これらの基準が適用される思考の三つの側面が、思考の批判的側面、創造的側面、ケア的側面である。本書が直面している問題は、第一に、この三つの特徴を思考の三つのあり方として記述するということだ。すなわち、批判的思考、創造的思考、ケア的思考と記述することに意見の一致が見られないのである。批判的思考の場合には、反対者を比較的無視しやすい。創造的思考に関しては、十分説き伏せて、嫌々ながらであれ、この言葉を受け入れさせることができよう。はるかに厄介な反論はケア的思考に関係している。なぜなら、ケアするというのは、多様な意味で使われる言葉であるが、普通は認知的なものではなく感情的なものに分類されると考えられているからである。

本書が直面している第二の問題は、思考の三つの側面を等しく重要なものとして扱うという提案に関係している。この提案は、思考を階層的に分類するというアプローチとは著しく異なっている。階層分類を行うアプローチの下では、純粋に理論的なものは実践的なものや応用的なものよりも高く位置づけられることになる。また、一般的なものや抽象的なものはどのようなものであれ、個別的にしか現れないものよりも上位に位置づけられることになる。

さて、ここで、私が今論じた主張を認めることは、教育上、どのような意義を持つのだろうか。そう問うてもよいであろう。批判的思考、創造的思考、ケア的思考を教育のすべてのレベルで奨励されるべき多元的思考の実例として同等に扱うのだとすれば、それはどのような意味を持つのだろうか。それは何か違いをもたらすのだろうか。どのようにしたらその違いを教えることができるのだろうか。

多元的思考を教えるに当たって気をつけなければならないのは、批判的思考が思考全体とイコールであるという印象を生徒たちに与えないようにすることだ。同じように、思考に関する三つの異なったあり方が相互に連続的に関わっておらず個々に独立したものだという印象を与えないようにしなければならない。それをするために、教師にとって役に立つのは、授業中に次のことを生徒たちと探求することである。それは、みんなで議論したテキストのエピソードの中にどのような創造的思考の実例を見つけることができるか、といったことや、このエピソードはどのような種類のケアを表現しているか、といったことである。教師はこの探求が生徒たちに深い理解をもたらすことに気づくであろう。生徒たちは次のように推論できなければならない。Aが繰り返し説明を求めているということは、Aが理解に関してケアを求めていることを表している。Bがいつもすぐに人の言いなりになるということは、Bが人に受けいれられたいという欲求を持っていることを表している。Cが正確さと一貫性を主張するのは、Cが探求の方法に関心を持っていることを示している。他人の話に割って入るDの習慣は、共同体内の他者に対する尊敬の欠如を表している。教師の仕事は、そこで話されていることを生徒たちがより深いレベルで理解して、表面的なレベルでは隠れて見えないことを発見できるように促してあげることである。医者の書く処方箋は、そっけなくてちんぷんかんぷんなものかもしれないが、その中には病人を治したいという医者の情熱的な思いが隠れているかもしれない。雲をテーマにした詩には、雲に関する情報はほとんどないかもしれないが、言葉に対する強烈な愛がさらけ出されているかもしれない。私たちがどのくらい尊重しているのか、どのくらい評価しているのか、どのくらい楽しんでいるのか、どのくらい愛しているのか、といったことは、私たちのふるまい、私たちの発言、私たちの創作、すなわち、何であれ私たちが作るもの、言うこと、することのうちに示されている。しかし、私たちのふるまい、発言、創作がすべてこの意味でケアの一種であるということは、かすかに暗示されているだけである（言うことを暗示的に表現する動詞は無数に存在するが、私たちはそうした動詞を使わない。それよりも私たちは、「彼が言った」「彼女が言った」といういつも使っている表現を繰り返し使うことのほうを好む。これとは逆に、ある種のケアの行為を暗示的に表現する言葉が無数に存在する状況では、私たちはそうした暗示的な言葉のほうを一般的な言葉よりも好んで使う）。創造的思考とケア的思考を教えるにあたって教師が強く警戒しなければならないのは、議論の素材として使っている文章の中の情動が高まっている箇所や、私たちの経験の中に必ず含まれているケアがあふれ出ている箇所を見逃さないようにすることである。

それぞれの生徒から思考に関する批判的側面、創造的側面、ケア的側面の間の均衡を引き出す。このことに学校が積極的に関わることは、教育の本質に劇的な変化をもたらすことになるだろうと思われる。創造的側面とケア的側面を犠牲にして批判的側面を追い求める現在の教育学上のテクニックは追放されるべきであろう。教室は創造的思考とケア的思考を促進する探求の共同体でなければならない。教室は一人きりで知的作業という製造活動を行う工場ではありえない。クラスのメンバーは学んだ科目やお互いについて考えたり、尊敬したり、感謝したりするのであって、それに対して、完全に無関心であったり本気で反感を抱いたりしていることはありえない。以上のことを認めるなら、私たちが今よりも知らなければならないことはたくさんある。それはつまり、今日の教育の特徴である思考の画一化を変革し、あるべき教育の特徴である感情、価値、意味の解放と再構築へと向かうための方法についてである。しかし、近年事態はよい方向に向かっているという感覚があり、教育が職業訓練的メンタリティを乗り越えて私たちが述べてきた道をじりじりと前に進んでいるという印象がある。つまり、教育とは何層にも間仕切りで区切られた整理棚を整理することに尽きるとするメンタリティから、私たちは脱却しつつあるのである。私が本書を上梓したのは、このような事態の前進に貢献するためである。発明と発見という人間の最も偉大な精神を正当に評価できる教育を作りあげる。そのために必要不可欠な概念と基準を詳しく論述することで、そのような貢献を行おうと考えている。

思考力を発達させる権利

子どもたちは体育教育を受ける権利がある。すなわち、自分の身体を成長させ発達させる権利がある。このことは世界中で受け入れられている。また、子どもたちはリテラシー能力を伸ばす権利もあると考えられている。なぜなら、私たちは読み書きを通して、自分たちの社会や、文化や、文明と結びつくことができるのであり、さらには、他の社会や、文化や、文明とも同じように結びつくことができるからである。

子どもたちが自分たちの思考力を発達させる権利を持っていることは、以上のことと比べると明確ではない。ここで思考力の発達と呼んでいるものは、子どもたちがある教育レベルから次の教育レベルへと進んでいく際に生じることとは別のことである。何人かの人たちの言葉や行動から判断する限り、子どもたちを考える権利を持つ者としてとらえるべきだということも明確ではない。つまり、最低限の読み書きスキルを身につける権利だけではなく、それを超えた水準のものを身につける権利、すなわち、理性的姿勢、思慮深さ、想像力の豊かさ、物事の真価を見抜く力を身につける権利を子どもたちが有しているということは、明確ではないのである。私たちはむしろ、関連性や無矛盾性といった少数の最低限度のリテラシーの水準で手を打って、子どもたちの思考力をもっとずっと高い水準まで高めるように要求することはしない。しかし、子どもたちは、より高い水準に至るまで思考力を発達させる権利を現に有している。なぜなら、子どもたちは、自らの潜在能力を現代の共同体生活が要求するものとより密接に結びつけるために、そのような水準の思考力を必要としているからである。

筋肉組織を鍛えなければ、その人は徐々に衰弱し、社会的に求められている自助を行うことができなくなる。身体を鍛える権利を私たちが持っているのと同じように、私たちは道徳性を鍛える権利がある。そのような鍛錬を行うことによって、私たちは道徳上の自己批判、自己修正、自己管理を行うことができるようになるのである。同様に、私たちは創造性や情動を鍛える権利がある。そのような鍛錬を行うことによって、私たち

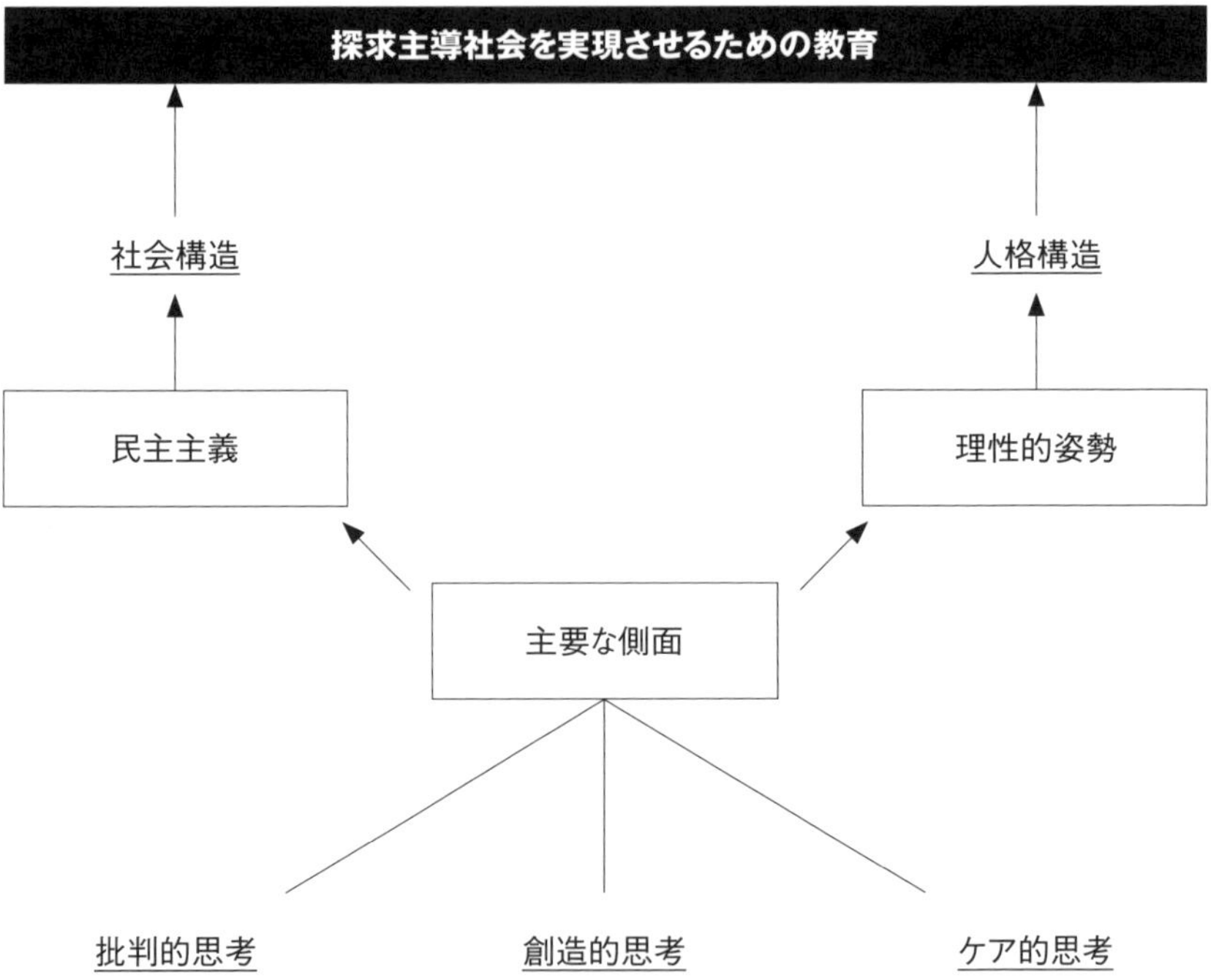
探求主導社会を実現させるための教育
社会構造
人格構造
民主主義
理性的姿勢
主要な側面
批判的思考
創造的思考
ケア的思考

図9.2

1――主要な側面という概念の簡単な説明については、本書二五一―二五二頁を参照。

は確実かつ臨機応変に考えることができるようになるのであり、気力と活力に満ちた状態で人生の試練に向きあうことができるようになるのである。

探求主導社会において思考をよりよいものにしていくための教育では、批判的思考、創造的思考、ケア的思考の三つの思考によって、その教育の過程の主要な側面が明らかになる。探求主導社会では、最も重要な二つの統制的観念を尊重しなければならない。それはすなわち、民主主義と理性的姿勢である。この二つは私たちの教育の過程にとって欠くことのできない構成要素である。「主要な側面」という表現で言おうとしているのは、部分をすべて足しあわせたものという意味での教育の過程の全体のことではなくて、教育の過程を組み立てていく際に私たちが訴える方針や原理や手順のネットワークのことである[1]。この意味で、民主主義は社会の構造を発展させていくための統制的観念である。一方、理性的姿勢は、市民一人一人の人格の構造を発達させていくための統制的観念であり、個別の社会的手続きに関する特質の構造を発展させていくための統制的観念なのである。

第十章

批判的思考の教育

Education for Critical Thinking

批判的思考——それは何でありうるか

古代から引き継がれた知性的な徳の中には特別なものがある。知識と知恵だ。知識が必要とされるのは、合理的に決断することが求められる場合、たとえば、原因と結果の関係や手段と目的の関係が関わっている場合だ。一方、知恵が必要とされるのは、合理性だけで決定することはできずに、思慮分別に基づいた総合的な判断に頼る必要がある場合だ。

安定した伝統的社会では、知識は世代を超えて受け継がれる真理の備蓄品のようにとらえられてきた。知識は永遠真理の集まりであり、変化しない世界に永続的に当てはめることができる。そんなふうに考えられてきた。しかし、変化の時代にあっては伝統的な知識を適用することはできず、それらはもはや時代遅れのものになってしまった。その代わりに強調されたのが、知的な柔軟性と臨機応変さであった。ストア派の哲学者は言う。よいことであれ悪いことであれ、これから起こるかもしれない事柄に対する準備をする中で、知恵は培われる、と。

　私たちはもはや古代人がしたような区別をすることはできない。近代実験科学によって、過去に積み上げられた知識の山をもはや畏敬の念を持って見ることはできない。知恵という考え方は以前より遠くに離れていったように思える。

　一方で、私たちが受け入れる覚悟をしていることもある。それは、過去の経験が未来に対して常に信頼できる導き手であるわけではなく、そのために、確率的な判断を下さなければならないということである。しかし、確率的判断をする際、私たちはたしかに結論への飛躍や大雑把な一般化を犯しがちだ。それは先入観と偏見を顕わにする。私たちが論理的に理解したことがいつでも正しいわけではない。なぜなら、論理は日常言語や私たちを取り巻く世界に完全に一致するものではないからだ。私たちに求められているのは、理性や経験が判断を下す上で役に立たない事柄についても、それでも理性的な判断を下すことなのである。すでに述べたように、昨今、ある深いギャップが注目されている。それは、学校が私たちに与えてくれる思考と日常生活で下さねばならない決定との間のギャップである。そして、すでに持っている知識を批判することなく持ち続けることがいかに危険であるかが認識されるようになってきた。その結果、最近の教育界には批判的思考を重視する動きがある。

　経験科学が四世紀前から始まったものではないように、「批判的思考」として知られているものはまったく新しいものというわけではない。思考を質と量の両面でよいものにしようとする努力は、知識の質と量の改善を目指す努力と同様、おそらく人類史と同じ長さを持っている。

努力は続いていたものの、両方の探求が例外的に進歩した時期がある。十七世紀、理論的で実験的な科学が急速に発展したことはよく知られている。一方同じ時期、思考の質と量を鍛えるための決定的な取り組みがあったことはあまり知られていない。実は新しい科学の優秀な解説者たちはほぼそれぞれの陣営にその足跡を残している。ガリレオの『天文対話』は科学の方法についての解説書であると同時に思考の方法についてのそれでもあったし、デカルトの『精神指導の規則』、また、スピノザの『知性改善論』も同様であった。ベーコンが行った仕事が重要であるのは言うまでもないことだろう。ここで一つの疑惑が持ち上がる。それは、その時代の主だった思想家は両面作戦を使っていたのではないかという疑問である。というのも、未来は科学的探求の進歩に左右されるのであって、推論や概念形成、判断の進歩には左右されないということを、彼らが完全に信じていた訳ではなかったからである。

エラスムスのように科学の将来性を読み誤り、その代わりに私たちの思考の欠点、つまり、偏見、ステレオタイプ、推論における誤り、言葉の曖昧な使用、感情に訴えて思考することなどを取り除こうとする人々が多くいたことも否定できない。このような思想家によれば必要なことは新しい科学の実験的な方法ではなく、悪い思考にとらわれることに対抗し自分を守るために行う、心の管理方法ないし心の健康法であった[1]。

科学的探求の推進者たちは自らの陣営に分裂があったという事実を認めないわけにはいかなかった。ただ、それは反目ではなく強調点の違いであった。追い求めて獲得した知識は純粋な知識であると考える人々がいた一方で、自分の探求は応用できる知識にの

1――一六六二年にオリジナルが出版され、"Port Royal Logic"の名で知られる、アントワール・アルノー(Antoine Arnauld)の *The Art of Thinking* を参照。ここ三世紀にわたって相当の数の哲学者が彼の著作を使って論理学の教育を受けており、このことを信じる多くの理由が存在する。

2——チャールズ・S・パース「われわれの観念を明晰にする方法」、『世界思想教養全集一四 プラグマティズム』(一九—五一頁)、桑原武夫訳、河出書房新社。

み向けられているということを逡巡なく認める人々もいた。知識が実践的に応用されることは自らの手を汚すことだと見下し、自らを純粋科学の代表であると考える者もいた。しかし、医師、建築家、エンジニア、法学者等の専門職の人々の中には自らの専門家としての地位は、自分の知識が完全であることに基づいているのではなく、その知識を適切に使用することができる能力、すなわち、自らの判断力を基盤としているということに気づいていた者もいた。

学者が自らの確信の正当化可能性を重視するならば、専門家は自らの行為の正当化可能性に重点を置いている。たしかに両者ともに自らの主張なり行為なりを根拠づけるために、基準、証拠、帰納的推論や演繹的推論という確立された手法に訴えていた。しかし、専門家は自らの知識を応用した副産物もまた引き合いに出すことができ、その副産物は彼らのアプローチに独特の魅力を与えていた。チャールズ・パースの一八七八年のプラグマティズムの原理の定義を思い出すことでこの点を簡単に理解することができる。いわく、観念の意味とはその観念が導く実践的な帰結によって見いだされるべきである[2]。パースは硬さの概念を例に説明している。彼が言うには、硬さの概念の意味は「傷つけテスト」によって特定されなければならない。ダイアモンドがガラスよりも硬いのは、ダイアモンドはガラスに傷をつけるが、ガラスはダイアモンドに傷をつけることができないときである。そして、これはどの観念に関しても言える。いわく、観念が無意味に抽象化することを防ぐために、その実践上の意味を明らかにする方法を考えよ。

教室で使われる教材は無意味で時代遅れだと生徒が主張する。その生徒に共感する教育者は、プラグマティズムの原理が学校の中で特別な意義を持ちうることに気づき、がぜん元気になる。自分たちで考えたことを生徒たちの生活世界に当てはめやすいようにできたなら、彼らはもっとよく考えるであろう。身につけようとしている観念の意味を自分自身で発見することが、彼らを刺激するのだ。

しかし、批判的思考に関してはここまでとは違う重要なポイントについても記しておく必要がある。それは、一般化、普遍化、原理といったものがとても信頼できるということであり、にもかかわらず、個別の構造とそれ特有の質を伴っている個々具体的な状況では、過度に固定的で図式的に思われるということに関係している。アリストテレスが『ニコマコス倫理学』の中で正義と公平性の違いについて論じた際にこのことを指摘している。ある状況は普遍的であり、原理は確実にその状況に当てはめられる。一方、別の文脈は特別であり、私たちの知識は、近似的で確率的にしか当てはまらない（アリストテレスは、公平性は実際にはある型の正義より優れているとさえ主張している）[3]。よりよい思考を推進しようとする者たちは何度も、一般的に言えば、思考というものは個々の文脈によって変わりやすいものなのだということを指摘してきた。アリストテレス主義者は正義と公平性のバランスをとる必要があると主張する。彼らの強調点を一般化すれば、合理性は判断によって調整される必要がある、となる。つまり、部分と全体、手段と目的、あるいはその他の関係にふさわしい形で調整する必要があるという意味だ。

私がここまで示そうとしてきたのは、今日批判的思考と呼ばれるものが、文明化の広がりとともに長年にわたって人々の関心を引いてきた問題の最新バージョンにすぎないということである。もちろん新しく関心を引くようになったこともある。それは、目の前にありますます困難さが増す課題に対して私たちの思考は適切か、という問題であ

3――アリストテレス『ニコマコス倫理学』、1137b1-1138a1。アリストテレスの主張によれば、公平なものとは「絶対的正義よりよいものではないが、言明の絶対性から起こる間違いよりはよいものである」。

る。さらに、民主主義が広がることで私たちが気づかされたことは、民主的市民が柔軟であると同時に責任を持って考えることの重要性だ。もし市民たちがそのように考えることができないと、彼らは権威主義や体制のプロパガンダの餌食になってしまうのである。批判的思考によって、私たちは単純なかたちの洗脳に抵抗する方法を知ることができる。同様に、普通教育（普遍的に要請される教育 universally mandated education）が登場したことで理解されるようになったことがある。それは、伝統的な教育が物事を無批判に受け入れることを助長しがちであるということだ。いまや多くの人たちが考えているように、教科を教えるときに批判的思考にも注意を払わなければ、まったく何も教えていないのと同じになってしまうのである。

大学も含め、学校で批判的思考を鍛え育成することを望むならば、それが継続的に扱ってきた問題に注目するのが賢明だろう。さらに、批判的思考がなしうることを明確に理解する必要もある。それゆえ、批判的思考の定義となる特徴、批判的思考に特有の成果、そして、批判的思考を可能にするための基本的条件を知ることはとても役に立つことだろう。では、批判的思考の成果から見ていこう。

批判的思考の成果は判断である

批判的思考の定義について書物を紐解くなら、その著者たちがしばしば批判的思考の成果を強調しながらも、一般的には、批判的思考の本質的な特徴を示すことに失敗しているという事実につきあたる。さらには、批判的思考の成果として挙げられるものが解決することや決定することに限定されている傾向もある。たとえば、ある論者は批判的思考を、「人が問題を解決するため、決定を行うため、新たな概念を学ぶために使う、心的過程、戦略、表象」と定義している[4]。また別の論者は批判的思考を「何を信じ、何を行うべきかを決定することに焦点を当てた、合理的で反省的な思考」ととらえている[5]。

これらの定義は十分な理解を与えてはくれない。成果（解決、決定、概念の獲得）は狭すぎるし、彼らが示唆した定義となる特徴（理性的、反省的）は曖昧にすぎる。たとえば、仮に決定に至るような思考は何であれ批判的思考であるならば、電話帳からランダムに名前を選び出してどの医者に行くかを決めるのも批判的思考に数えられることになってしまうだろう。私たちは、成果の概念を広げなければならないし、定義となる特徴を明らかにし、それらの間の関係を示さなくてはならない。

先に示唆したように、批判的思考への現代の関心は古代の知恵への関心を連想させる。少しの間この点に戻ることは価値あることであろう。知恵をどのようにとらえればよいのだろうか。知恵と同義であると普通考えられている言葉は「知的判断」「よい判断」「経験に裏打ちされた判断」である。判断という語が出てきてしまうことを無視することはできない[6]。

しかし判断とは何であろうか。ここで再び同義語を参照するならば、判断とは意見、評価、あるいは結論の形成であるということが示唆される。ということは、判断には、問題解決、意思決定、新しい概念の習得といったものも含まれている。しかし、判断はそれ以上に包括的で一般的なものでもある。探求の成果はすべて判断なのである。

4——Robert Sternberg "Critical Thinking : Its Nature, Measurement, and Improvement," in Frances R. Link (ed.) *Essays on the Intellect* (Alexandria, Va.: ASCD, 1985), p.46.

5——Robert H. Ennis, "A Taxonomy of Critical Thinking Dispositions and Abilities," in Joan Boykoff Baron and Robert J. Sternberg (eds.), *Teaching Thinking Skills: Theory and Practice* (New York: Freeman, 1987), p.10.

6——判断に関する鋭い議論としては以下を参照。Justus Buchler, *Toward a General Theory of Human Judgment* (New York: Columbia University Press, 1951).

知恵の場合と同じように、賢い人はよい判断を下すと一般に説明される。単なる判断とよい判断との違いとは何であろうか。この区別は馴染みのないものではない。私たちは普通に、単に歌うこととうまく歌うことを区別しているし、単に生きることとよく生きることを区別している。単なる思考とよい思考を区別することも珍しいことではない。

ここまでの探求の流れが示しているのは、よい判断という現代の考えは知恵という古代の概念に由来しているということであり、同時に、よい判断は批判的思考の主要な特徴であるということだ。普通の判断とよい判断とを区別する方法を知ろうとして私たちがたどり着いたのは、おそらく、いくつかの説明について立ち止まって考えるのにちょうどよい地点であろう。

知識と経験をただ持っているだけではなく実践に当てはめるときにはいつでも判断の実例をみてとることができるであろう。建築家、法律家、医師といった専門家は、その仕事上、いつも判断を下している。同じことは、作曲家、画家、詩人についても言える。教師や農家、理論物理学者も同様である。彼らはみな職業と生活上の実践の中で判断しなければならない。それはまた、道徳が問題となる状況に私たちがいるときには私たち自身にも同じように当てはまる。つまり、私たちは道徳的判断を下さなければならない。アリストテレスが指摘していたように、実践的判断、生産的な判断、理論的判断が存在する。そのような判断を一貫してうまく行っている限り、私たちは賢くふるまっていると言ってもらうことができるのである。

よき専門家は、自らの実践の中身に関してよい判断を下すだけでなく、自らの実践自身に関してもよい判断を下す。よい医者は、患者の診断や処方箋を書く際によい判断を下すだけではなく、薬や自分自身の実践の腕前に関してもよい判断を下している。よい判断とは、関連のあるあらゆることを考慮に入れてなされた判断であり、そこには判断自身も含まれているのである。

また、判断とは決定である。それは、思考や発話、行為、創造に関する決定である。手を振るといった仕草も判断でありうる。「ジョンは虫だ」といったメタファーも判断であるし、「$e = mc^2$」のような方程式も判断である。これらの判断がよい判断であるのは、その判断が、適切な道具や手続きによって導かれ促された、巧みに行われた行為によって作り出されたものであるときである。

批判的思考は実用的な思考である。それゆえ、批判的思考は単なる手順ではなくて、実際に成果物を作り出そうとするのである。このことが意味しているのは、単に理解を得るということ以上のことである。すなわち、何かを生み出すということ、つまり、言ったり作ったり行為したりするということである。批判的思考には、理性的な変化をもたらすために知識を用いることも含まれている。成果物は最低でも判断であり、最大では、その判断を実行に移すことである。

批判的思考が成果物を作り出すということにはもう一つ別の意味がある。批判的思考は責任あるすべての解釈（意味の産出）および責任あるすべての翻訳（意味の保存）と関係がある。本や映画、音楽に対するレヴューとは、成果物についての成果物であり、判断についての判断である。同じように、批判的思考の実例は、物言わぬ主題についての思考というよりは、どれも思考についての思考である。批判的な古生物学者は過去の生物形について考える。と同時に、人々が過去の生物形についてどのように考えてきたかについても考えている。批判的な地質学者は、岩についてよく考えるが、それに加えて、岩について人々が考えている際に持っている前提についてもよく考えている。このように、批判的思考はどの学問にも存在し、その学問が生み出す最終成果物、すなわち、その学問の意味を洗練する助けになっている。ここで批判的思考の過程を考察しその本質的特徴を特定できたとするなら、批判的思考と判断との関係を理解するための準備は整ったことになる。私は次のように議論していく。批判的思考とは、（1）批判的思考のゆえに判断を促進し、（2）基準に依存し[7]、（3）自己修正する、（4）文脈に敏感な思考である。

7——基準の本性についての議論については、次の二点が役に立つ。
Michael Anthony Slote, "The Theory of Important Criteria," *Journal of Philosophy* 63:8 (April 1966), 221-4.
Michael Scriven, "The Logic of Criteria," *Journal of Philosophy* 56 (October 1959), 857-68.

批判的思考は基準に依存している

「批判 critical」と「基準 criteria」という語には関係があるように思える。お互いに似ているし語源が共通であるからだ。また、批評家 critics は文学、音楽、映画といった分野でお馴染みであり、すばらしい批評 criticism は信頼できる基準を使っている。そうみなされるのも珍しいことではない。

また、基準と判断との関係にも気がつく。基準はしばしば「判断を下すのに役に立つ規則ないし原理」と定義されるからだ。それゆえ、批判的思考と基準および判断のあいだにはある種の論理的関係が存在する、そう結論するのは理性的なことに思える。この論理的関係は、次の二つの事実の中に見いだされなければならない。それは、批判的思考が信頼できる思考であるという事実と、巧みなふるまいを評価するとされる基準なしにはスキルそれ自体が定義できないという事実である。だから、批判的思考が信頼できる思考であるというのは、それが基準を利用する思考であり、基準に訴えることで評価可能な思考であるということなのである。

さらに批判的ではない思考がどのようなものでありうるかを考えることは有益かもしれない。批判的ではない思考が意味しているのは、軟弱で組織的でなく勝手で見せかけだけの、デタラメで体系化されていない、そんな思考であろう。批判的思考は基準に頼ることができる。この事実が示しているのは、根拠が確かで体系化されており信頼できる思考であるということである。それは正当と認められ、人を納得させるもののように思われる。この違いはどのように生じているのだろうか。

主張をしたり意見を述べたりする際に、仮にその裏付けが何かしら与えられない場合には私たちはいつでも弱い立場に置かれる。それゆえ、次のように自身に問わなくてはならない。「自分の意見が攻撃されたら、何に訴えるか」「自分の主張に異議を唱えられたら、何を引き合いに出すのか」「自分の意見が納得されていないとき、意見を補強するために何を引用してくるのか」。このような問いに答えようとする中で主張や意見は理由によって支持されねばならないということを私たちは理解するようになる。理由と基準との関係はどのようなものであろうか。

実のところ、基準とは理由である。基準は理由の一種であり、特に信頼できる類いの理由である。何かをその特徴や評価で分類しなければならないとき、そして、この二つがまさに重要な問題であるとき、私たちは見つけることのできるもののうちでもっとも信頼性のある理由を用いなくてはならない。そして、それらは分類の基準であり、評価の基準なのである。基準の中には公的な支持を強く受けているものもあるし、そうでないものもあるが、熟達した探求者の共同体では、基準は強く支持され高く評価されている。このような高く評価されている理由を適切に使用することは、規範や記述、評価に関わる自らの判断を客観的なものにするための方法である。たとえば、建築家は実用性、安全性、美しさといった基準を用いることによって建築を判断している。裁判官は、適法性と違法性という基準の助けをかりて判断を下している。そして、批判的思考をする者は、妥当性、証拠による正当化、一貫性といった長年使用されてきた基準に依拠している。ここで挙げられた建築実践、司法実践、認知的実践の事例のように、どのような分野の実践でも、その実践を導く基準を参照することができなければならないのである。

私たちが住まう知的な住居はときにこわれやすい構造をしている。私たちはより論理的に理由づけることを学ぶことによって、それを補強することができる。しかし、依拠する根拠なり土台がスポンジのように柔らかいなら助けになることはほとんどない。私たちは、自分の主張や意見を自らの思考の土台と同様に可能な限りしっかりとした基盤の上に置く必要がある。

ここで、参照したり訴えたりするもののリストを簡単に提示しておく。これらは特別な種類の基準を表している。

－標準
－法則、付則、ルール、規定、特権、規範、法令、ガイドライン、指導
－指針、要求、仕様、規格、条項、境界、限界、条件、パラメーター

- 慣習、慣例、規則性、均一性、一般化の適用
- 原理、仮定、前提、定義
- 理念、目的、ゴール、ねらい、目標、意図、洞察
- テスト、証明、事実に基づく証拠、実験による発見、観察
- 方法、手続き、手段、測定

これらはすべて判断を下す際に用いることのできる道具である。これらは合理性という機構の一部なのである。ここでしたように個別に分類するとつまらない不毛なものに思えるかもしれない。しかし、探求をしていく中で働けば、ダイナミックに、そして、批判的に機能するのである。

すでに書いてきたように、論理を使うことによって私たちは私たちの思考を妥当な仕方で拡張することができる。また、基準といったような理由を使うことによって思考を正当化し守ることができる。生徒たちの思考がよりよいものになることは、生徒たちが自らの意見に対してよい理由を見つけて引き合いに出す能力を身につけることに強く依存している。彼らが気づかなければならないのは、理由がよいものと言われるためには、それが当該の意見と関連性を持っていなければならず、また、当該の意見よりも（より容易に受け入れられているとか、真であると思われているとかいう意味において）強いものでなければならない、ということである。

学校ないし大学が探求の場である以上、その中の手続きは守ることができるものでなければならない。それは、求職者に雇用条件や昇進条件が提示されるのと同じことだ。

生徒たちに成績をつける際、教師はその成績をつけた理由、すなわち、基準を使って、その成績を正当化する準備をしなければならない。教師が判断は直観的になされたと主張したり、基準は不必要で関係がないものだと言ったりすることはまずないだろう。批判的思考とは認知的な説明責任なのである[8]。教師が自らの用いた基準をオープンに述べるなら、それは生徒が同じようにするよう奨励しているということである。知的な責任のモデルを提示することで、教師は生徒に、自分自身の思考と、広い意味での自分自身の教育に責任を取るよう促しているのである。

このことは、生活のあらゆる側面にはいつも必ず探求の機会があるということを意味しているわけではない。評価を気にしなくてよいことが重んじられる場合もある。たとえば、尊敬していても、その人を評価することは望まない場合もある。親密さとプライバシーへの侵害がその評価から得られる利益より大きいときに、基準や標準が要請することが無視されるのは当然のことである。ともあれ、もし公的な影響を気にしなくてよい問題であるなら、このような境界線をどこにひくかは可能な限り自分自身の選択でなければならない。

メタ基準とメガ基準

基準を選ばなければならないとき、それをするためには他の基準に頼らなくてはならない。基準の中にはその目的を他のものよりもうまく果たしてくれるものがある。そのような基準は、それゆえ、メタ基準として機能していると言うことができる。たとえば、

8――「認知的な説明責任」(すなわち、意見を述べるときには理由を与えなければならないという義務の意識)を奨励することと、生徒たちの知的な自律性の育成を奨励することの間には、いかなる矛盾も存在しないと私は考えている。生徒たちに認知的スキルを与えることで生徒たちの力が強まるならば、そのような力の強まりによって、生徒たちの責任は必然的に増大するだろうし、特に自分自身に対する責任は増大するだろう。自分についての思考を他の人にしてもらうことができずに、自分自身で考えなければならないことはしばしばある。そして、自分自身で考えることによって、私たちは自分自身で学ぶことを学ばなければならないのである。自分自身で考えるためにはどのようにしたらよいかを、他人から教わることはできない。もっとも、他人は私たちを探求の共同体へと連れて行くことはできて、そこではことは比較的容易になるのだが。重要な点は、生徒たちが理性的になることを奨励されるとき、それは生徒たち自身の利益のためでなければならず(すなわち、生徒たち自身の自律に向けてのステップでなければならず)、単に我々の利益のためであってはならない(すなわち、社会の合理化に伴って生徒たちも理性的であることが求められているから、という理由のためであってはならない)ということである。

先に指摘したように、基準とは特別に信頼できる理由のことであり、よい理由とは強さと関連性をともに示すものである。このことを別の言葉で言うならば、信頼性、強さ、関連性は重要なメタ基準である、となる。他にも整合性や正確性、無矛盾性が挙げられるかもしれない。

基準の中には高い一般性を持つものがある。批判的思考がなされるときにはいつでも、はっきりとであれ暗黙にであれ、その基準が前提にされている。たとえば知識の概念は真理の基準を前提にしている。それゆえ、何かが知識であると言われる場合にそこで主張されていることは、ある意味ではそれが真であるということなのである。その意味で、認識論や倫理学、美学といった哲学的な領域はそれに関わる基準を決定せず、むしろことは逆である。基準が領域を定義するのである。認識論は真偽に関わる判断によって構成され、倫理学は善悪に関わる判断から成り立っている。美学は美醜に関わる判断を含意している。真理、善、悪、正義、よさ、美、これらはすべて、とても広い範囲をおおう統制的理念であり、おそらくこれらを私たちはメタ基準と考えなければならない。そしてこれらはまた、意味に関するとても大きい基準の実例でもある。

比較の基盤としての基準

基準の主たる機能の一つは比較のための基盤を与えることである。他と切り離され文脈なしに比較が行われ、基盤あるいは基準が与えられなければ（たとえば、「東京はニューヨークよりよい」といったように）混乱が生じる。あるいは、複数の基準を当てはめることができる場合（たとえば、誰かが「東京はニューヨークより大きい都市だ」と言い、自分にはそれが面積を指しているのか人口を指しているのかが分からない、といった場合）、同じように混乱が生じる可能性がある。意見が一般に理由によって証拠立てられていなければならないように、比較は一般に基準を伴っているか基準と同じくらい明確な文脈の中で表現されていなければならない。

基準はときおりインフォーマルでそれほどの準備なしに用いられることがある。たとえば、「火曜日の天気は月曜日よりよかったが、水曜日の天気は月曜日よりは悪かった」と言うような場合だ。この場合には月曜日の天気がインフォーマルな基準として使われている。同じことは「犬と比べて象は大きいが、犬と比べてネズミは小さい」と言う場合にも当てはまる。この場合にも基準はインフォーマルで即興的に使用されている。比喩でさえインフォーマルな基準を用いていると理解することができる。たとえば、「学校は軍隊の訓練キャンプのようだった」や「学校は軍隊の訓練キャンプと同様に厳しく統制されていた」という直喩表現においては、軍隊の訓練キャンプは、学校の規律性を測るインフォーマルな基準として使われている。

その一方、基準が権威や一般的な同意によって比較の基盤だと考えられている場合、それを「公式の」基準と呼ぶことができるだろう。ガロンを使って二つの水槽の中の液体の量を比較する際、言ってみればお上の決定のもとでガロンの単位を用いている。お上が定めたガロン容器は、それと突き合わせることによってガロンの計測を行うことができる制度化されたパラダイムなのである。

そのため、物事は多かれ少なかれ公式の基準によって比較することができる。しかし、プラトンが『ポリティコス（政治家）』の中で書いたように、物事を相互に比較することと、理想の標準を用いてそれらを比較することには違いもある[9]。たとえば、テストをして成績をつけるとき、私たちは（「相対評価」を基準として用いて）ある生徒の成績を同じクラスの他の生徒の成績と比べることができる。あるいは、その生徒の成績をミスのなさという標準で比較することもできる。野球でピッチャーの防御率を相互に比較することもできるし、そのパフォーマンスを完全試合、つまり、ノーヒットノーランで四球もない試合でのピッチングの内容で比較することもできる[10]。標準とは、与えられた基準が満たされなくてはならない程度を表しているのだ。たとえば、数学の単位をとることは卒業の基準であるが、最終試験で七〇点以上をとることは、その基準を満たすための標準の一例なのである。

標準の必要性

「標準」と「基準」は日常会話ではしばしば区別されずに使われている。しかし、標準とは、おびただしい種類の特別な基準を表しているように思われる。おびただしい種類があるので、標準という概念はたくさんの異なる仕方で理解されうるのである。前段で記した解釈のように、私たちは理想の標準ないし完璧であることの標準について語ることがある。それとは対照的に、パフォーマンスの最低限のレベルとして標準を使うこともある。たとえば、しばしば聞く嘆き「私たちは標準を下げるべきではない」だ。標準は行動の慣習を意味する場合もある。「郷に入らば郷に従え」は、指針となる慣習的な標準を与えている。また、標準は、お上によって定義された単位を意味することもある。

9――エレアからの客人は若きソクラテスにこう言う。「大きいとか小さいとかと言われるものの本質的な意味と、そういうものについての判定のくだしかたとは、それぞれ二とおりあるのだと見なすことにしなければならない。……事物のあいだの相互の比較にもとづく判定の方法がありはするけれども、他方にはまた、適切な限度というものとの比較にもとづく大小の判定の方法もある――むしろ、このように考えることにしなければならないのだ。」（プラトン全集3『ポリティコス（政治家）』、二七八頁、水野有庸訳、岩波書店）。

10――相互の比較と理想による比較に関する現代の議論は、次の二点を参照のこと。ギルバート・ライル『ジレンマ――日常言語の哲学』（「第七章 知覚」、篠澤和久訳、勁草書房、一九九七年）。D. W. Hamlyn, *The Theory of Knowledge* (London: Doubleday and Macmillan, 1970), pp.16-21.

11――ルートヴィヒ・ウィトゲンシュタイン『哲学探求』。特にIの二四二節を参照。言うまでもなく、ウィトゲンシュタインはさまざまな点で基準の問題について書いている。『確実性の問題』の次のような言葉が特徴的である。「ある命題は疑いを免れている。これらはいわば問いと疑いを動かす蝶番のようなものである」(第三四一節)。基準の機能のあり方を、それらが判断の蝶番であるというよりも、もっとよく記述できるものは何であろうか。昔からの基準についての議論を振り返ってみるなら、それはプラトンに始まるだろう。彼は、この問題にずっと興味をひかれていた。一方、最近のものに焦点を当てるなら、以下の著作に気がつく。アームソン(Urmson)の"On Grading"(Mind 59〔1950〕, 145-69)や、Crawshay-Williams, *Methods and Criteria of Reasoning* (London: Routledge and Kegan Paul, 1957)の特にpp.26-40, 235-62。アームソンの論文は、次の論文の出発点となったものである。Bruce Vermazen "Comparing Evaluations Works of Art," in W.E.Kennick (ed.), *Art and Philosophy*, 2d ed. (New York: St. Martin's, 1979), pp.707-18.

最も信頼できる標準についてでさえもちろん恣意的な面がある。単位のようなものも私たちは好きなように定義することができる。望むならヤードを今よりすこし短く定義することもできたのである。しかし、いったん決められた単位を変えないことが好まれるというのは事実である。そうすることでより信頼できるものになる。概念が曖昧な場合は任意性を避けることはできない。たとえば、成熟という概念は曖昧で明らかな切れ目がない。しかし、いったん投票年齢が、たとえば十八歳と決められてしまうと、誰に投票する資格があり誰にないかということを決めるために正確な手順をふめるようになるのだ。

基準とは、そして、特にそれらの中でも標準とは、合理的手続きに関して最も価値のある道具の中の一つだ。生徒たちにこれらを認識させ使うことを教えるのは、批判的思考の教育の本質的な面である。

批判的思考への旅は、より強い理由への追求を意味するだろう。そして、このことは論理を扱う人々の間で基準を順々に先鋭化していくことかもしれない。このことは、教師が生徒たちに専門家を真似て、強い基準に基づいて思考をするよう促す際に引き出されるべき示唆であるように思われる[11]。

批判的思考とは自分で自分の誤りを修正することである

私たちの思考はほとんどの場合、批判することなく動いていく。思考は感じたままに、連想から連想へと、真理や妥当性に関心を抱くこともなく、間違っているかもしれない

12——C. S. Peirce, "Ideals of Conduct," *Collected Papers of Charles Sanders Peirce*, ed. Charles Harshorne and Paul Weiss (Cambridge, Mass.: Harvard University Press, 1931-5), Vol.1.
ここでは、自己修正的探求、自己批判、自己コントロールの間の関係が論じられている。

という可能性にさえほとんど関心を持たずに現れる。

さまざまな物事の中で私たちがふり返ることがあるのは自分自身の思考である。私たちは自分自身の思考について考えることができるが、それはなお批判的ではない場合もある。だから、「メタ認知」が思考についての思考であるとしても、それは批判的思考と同じものであるとは限らない。

C・S・パースによれば、探求に最も顕著な特徴とは、それ自身の弱点を発見し、その手続きの中での失敗を修正することが目的である点にある。それゆえ、探求とは自分で、自分の誤りを修正することなのである[12]。

教室を探求の共同体に作りかえることの最も重要な利点の一つは、（そのことによって道徳上の風潮が明らかに改善されるということに加えて）共同体のメンバーがお互いの方法や手順を探し求めて、それを相互に修正しあうようになるということである。したがって、探求の共同体の参加者の各人がその共同体の方法論を全体として内面化することができれば、参加者たちは、自分自身の思考についても自らの誤りを自ら修正することができるようになるのである。

批判的思考は文脈に敏感である

優秀な編集者は出版前の文章を下読みし一般に認められた文法やつづり方に沿うように多くの訂正を行う。変なつづり方は他との統一性を重視し文法的におかしなものとして、はじかれる。しかし、場合によっては、著者の文体上の特徴が、かなり寛容に、そして、かなり繊細に扱われることがある。それは、著者のスタイルが技術的な問題ではなく、書かれていることの文脈と著者の個性に関係していると編集者が知っているからである。同様に、思考が文脈に敏感である場合、その思考には次の認識が含まれている。

1　**例外的状況ないし特別な状況**　たとえば、私たちは普通言明の真偽を判定する際、話し手の特性に頼ったりしない。しかし、裁判においては証人の特性は考慮されるべきものになるだろう。

2　**通常受け入れられている推論では禁止されるであろう、特別な限界なり偶然性、ないし制限**　たとえば、非ユークリッド幾何学における、平行線は交わらないとするユークリッドの定理の拒否。

3　**全体の中での位置**　ある文脈からとりだされた見解がひどく間違っているように思えるが、全体としてみた場合、妥当で正しい場合がある。逆もまた成り立つ。この意味での批判的思考はアリストテレスが気づいていたことに遡ることができる。それは、状況は個々に応じて確かめられる必要があり、一般的規則や規定を杓子定規に当てはめてはならないというものだ。「まことに、非固定的な事物に用いる定規は、やはりまた非固定的なものであることを要する。あたかもレスボス建築における鉛の定規のごとく――。この定規はもろもろの石の形に応じて変化し固定していないのであるが、「政令」もやはりもろもろの事態に応ずるためのものなのである」[13]。批判的思考は個別性や特別さに敏感な思考である。批判的思考は、一般的な規則をそれが適切であるかどうかを度外視して個別の事例に無理やり当てはめるというよ

13――『ニコマコス倫理学』1138 31(高田三郎訳、岩波書店)。

うなこじつけとはまさに正反対のものなのである。このことから、批判的思考はあらゆるステレオタイプ思考の敵であるということが帰結する。ステレオタイプ思考は、偏った思考が働くことであらゆる偏見へと至るメカニズムだからである。批判的思考と非形式論理学とは緊密に連携している。もちろん、後者が、確実な結論ではなく確率的な結論を持つ推論を扱い、かつ、いわゆる演繹法の中で主張される普遍性は主張しない推論を扱っている限りにおいてだが。非形式論理学者は思考が陥りがちな数々の誤謬を見つけ出そうと努力し、同時に、それらの中で誤謬にはならない個別事例を見いだそうと努力してきた。非形式論理学者は、さまざまな帰納的推論や類比的推論を数多く吟味し、また、直喩や暗喩のような象徴的な言葉の論理的な基盤についても考察するだろう。

4　**証拠が典型的なものではない可能性**　たとえば、民族的にも職業上も似たような人々からとられた狭い地域のサンプルを基にした国政選挙の支持率に関する過剰な一般化の事例。

5　**意味の中に一つの文脈なり領域から他の文脈なり領域へと翻訳できないものがある可能性**　語や表現の中には、他言語には正確に同じものがない場合や、それゆえ、その意味が文脈に完全に特有なものがある。

基準、基準を伴う思考や文脈への敏感性を説明するために、一連の仮想的な状況に特定の基準を当てはめるようなワークや評価を取り上げるのは適切であるかもしれない。問題とする基準を公平性だとしよう。公平性とはそれ自体が、正義というさらに広い基準を理解するための一つの方法である。公平性のとる形態の一つは交代（かわりばんこ）であると考えられる。『世界への驚き』の中のワークを一つ見てみよう[14]。『世界への驚き』は、九歳から十歳の子どもたちのための子どものための哲学プログラムである『キオとガス』に付属する指導者用マニュアルである[15]。

このワークをした生徒たちは、文脈によって違いが生じる六つの状況にかわりばんこ（すなわち、相互性ないしフェアプレー、正義）の基準を適用している。教室での議論では、かわりばんことして適切な状況とそうではない状況との区別がつけられるようにしなければならない。このようなワークを探求の共同体ができている状態で行うとき、教室の中には批判的思考のための土台が作られている。これは、言うまでもなく、批判的思考を達成するための唯一の方法ではない。しかし、一つの方法ではある。

実践的推論を示すふるまいの一覧表

ある教師たちは批判的思考を教えるよう言われている。そのような教師からの質問で最も多いのは、「自分が批判的思考を教えているときと、それを教えることに失敗しているときとは、どのようにして見分けたらよいのでしょう」というものだ。この問いはそれ自体が明らかに基準を要求している。

ここまで私が提示してきた定義は、自己修正性、文脈への敏感性、基準、判断という

14——Matthew Lipman and Ann Margaret Sharp, *Wondering at the World* (Upper Montclair, N.J: IAPC, 1986), pp.226-99.

15——Matthew Lipman, *Kio and Gus* (Upper Montclair, N.J: IAPC, 1982).

かわりばんこ／『世界への驚き』からのワーク

みんなが分かち合って何かをするときがある。たとえば、映画に行っていっしょに見て、楽しみを分かち合う。あるいは、ケーキを半分ずつ分かち合うこともできる。

しかし、同時に分かち合うのが簡単にはいかない場合もある。馬に二人が乗っているのなら、一人は前に乗らなければならない。かわりばんこに前に乗ることはできるが、同時に前に乗ることはできない。子どもたちはこのことをとてもよく理解している。子どもたちはある事柄は一定の方法でしかできないということを分かっている。

たとえば、日常的にクラスの中でされている「かわりばんこ」には多くのあり方があるということについて生徒たちに議論をさせてみよう。生徒たちはかわりばんこに、黒板をきれいにし、トイレに行き、コートをとりに行き、プリントをまわしている。校庭では、かわりばんこに打席につき、かわりばんこに野球をするための線を引き、かわりばんこに鉄棒を使う。

生徒に「かわりばんこ」と「公平であること」の関係についてどのように考えているかを尋ねてみよう。出てきた議論は次の事実に光を当てるものでなければならない。それは、公平であるとは、子どもたちが同時に扱われる場合もあるが、別の場合では、順々に扱われる場合もあるという事実である。たとえば、ある子の誕生会でカップケーキを用意するなら、すべての子どもに少なくとも一つずつなければならない。これは同時に公平である場合だ。もし「福笑い」をするなら、公平であるためには子どもたちは順々にかわりばんこに行わなければならない（全員が同時に目隠しされてパーツを動かし始めたらひどく驚くことになるだろう）。

ワーク:「かわりばんこ」の使い方としてふさわしい? ふさわしくない?

		ふさわしい	ふさわしくない	?
1	パム「ねえ、ルイーズ、ルイーズの自転車をかわりばんこに乗ろうよ。私は月水金、あなたは火木土」	□	□	□
2	ゲーリー「バートさぁ、ルイーズとはかわりばんこに映画に行こうよ。各月の第一金曜と第三金曜はぼくで、君は第二と第四」	□	□	□
3	ジャック「ちょっと、ルイーズ。かわりばんこに皿洗いしようよ。君は洗って、ぼくはふく」	□	□	□
4	クリス「よし、ルイーズ。かわりばんこにテレビを使おう。君は三十分番組を選んで、ぼくは一時間番組を決める」	□	□	□
5	メリッサ「ルイーズ、かわりばんこに宿題やるっていうのをどう思う?　今日は私が二人分やって、明日はあなたが二人分やるの」	□	□	□
6	ハンク「ルイーズ、学校に毎日あんな重い本を持ってきて大変だよね。今日はぼくが二人分運んで、明日は君が二人分運ぼうよ」	□	□	□

16——小学生の子どもたちの思考を評価するのに使える数々の手法が存在する。子どもたちの判断を効果的に評価することなどできないと思われるにもかかわらず、程度の差はあれうまいこと子どもたちの推論に焦点を当てているものもある。私はここで、*New Jersey Test of Reasoning Skills* (Upper Montclair, N.J.:IAPC, 1983)を引用したい。生徒の認知的潜在能力への教師の態度変化を評価するための手法については、*Cognitive Behavior Checklist* (Upper Montclair, N.J.:IAPC, 1990)より他に使えるものはほとんどないように思われる。

四つの補助的な橋脚の上に橋を架けるようなものであった。教師たちが知りたがっているのは、教室でのどのようなふるまいがこれらのカテゴリーの各々と結びつくのかということである[16]。また、教師がこれらのふるまいを現にバラバラに観察しているとしても、教師は批判的思考の定義を適用しているということになるのだろうか。

四つの補助的な概念について、一つ一つ取り上げてみよう。

自己修正性
この概念と結びついているふるまいの例

a　生徒たちがお互いの思考の間違いを指摘している。
b　生徒たちが自らの思考の間違いを認めている。
c　生徒たちが教材の中の多義的な表現を解きほぐしている。
d　生徒たちが教材の中の曖昧な表現を明確化している。
e　生徒たちが理由や基準がなかった場合にそれらを要求している。
f　生徒たちがある問題を当然のこととみなすのは間違っていると議論している。
g　生徒たちが議論の中に一貫性の欠如を見つけ出した。
h　生徒たちが教材の中の誤った前提や妥当ではない推論を指摘している。
i　生徒たちが形式的ないし非形式的な推論の中で誤謬をおかしている点を見つけ出した。
j　生徒たちが探求の手続きが正しく使われているかを問題にしている。

文脈への敏感性の獲得
この概念と結びついているふるまいの例

a　生徒たちが文化的な違いに由来する意味のニュアンスを区別している。
b　生徒たちが個人的なパースペクティブなり観点の違いに由来する意味のニュアンスを区別している。
c　生徒たちが言語的な違いや規律の違い、準拠枠の違いに由来する相違を認識している。
d　生徒たちが教材の解釈の正しさと完全さを求めて議論している。
e　生徒たちが翻訳の正確さに異議を唱えている。
f　生徒たちが文脈的な状況によってどのように定義的な意味が変更されるかを指摘している。
g　生徒たちが強調点の違いによる意味の変化に注目している。
h　生徒たちが話し手の意図や目的が変わることからくる意味の変化に気づいている。
i　生徒たちが現在の状況と過去の似たものと思われる状況との違いに注目している。
j　生徒たちが、結果が異なるが似ていると思われる状況同士の違いを探している。

基準に導かれる（動かされる）こと
生徒たちが用いる基準の例

a　理想、目的、ゴール、ねらい、目標といった共有された価値。
b　規範、規則、統一性、慣例、伝統といった、慣習。

c　共有された観点、性質、特徴のような比較のための共通の基盤。
d　勧告、詳述、規定、制限といった要求。
e　パースペクティブ、ここには関心の範囲や準拠枠、観点も含む。
f　原理、ここには前提、仮定、理論的ないし概念的な関係を含む。
g　ルール、ここには法律、付則、規定、特権、規範、法令、ガイドライン、指導を含む。
h　標準。基準を満たすために必要な程度を決定するための基準。
i　定義。定義されるべき語と同じ意味をともに持つ基準の集合体。
j　事実。正当化された主張の形で表現されるものとして存在しているもの。
k　テスト。経験的発見を引き出すことが目的の調査ないし干渉。

判断
生徒たちが追い求める判断の例

a　熟議を経た上での合意。
b　裁判や査問会での評決。
c　管理者、幹部、親、教師などによる決定。
d　一連の調査の最終結果としての結論。
e　現実的問題や理論的問題の解決。
f　分類ないしカテゴリー分け。
g　パフォーマンス、貢献、目標、成果などの評価。査定。
h　否定的述定形式における区別。

i　肯定的述定形式における結合。

j　計画を立てて意図的に何かを作ったり、何かを述べたり、何かを行ったりすること。

専門家教育と判断力の育成

批判的思考の好例として法と医療が取り上げられた理由はいまや明らかであるだろう。医療と法は両方とも、原理（基準）を実践（判断）に柔軟に適用することが求められている。両者はともに、個々の事例が持つ特殊性にきわめて敏感であること（文脈に対する敏感さ）も求められている。さらに両者とも、本来別のものが相応しいのに原理や事実を杓子定規に当てはめるといったことを拒否して、探求にふさわしい方法、すなわち、実験的で仮説的で誤りを自ら修正していくような方法を用いることが求められている（自己修正性）。裁判官も医者も思慮深くあることの重要性、すなわち、自らが実践を行う際によい判断を下すことの重要性を認識している。法や医療は、批判的思考がどのようなものでありえて、どのようなものであるべきかについて、最もよく示しているのである。教育学者に残されているのは、批判的思考のための適切な科目を設計し、現在取り組まれている批判的思考の要素の中で、さらに強化すべき必要があるのはどれなのかを、学校の教師や大学教授たちが理解できるよう手助けをすることである。

さて、小学校・中学高校・大学での教育を向上させることと批判的思考との関係はどのようなものであろうか。なぜこれほど多くの教育学者が批判的思考を教育の改善にとって重要なものであると確信しているのだろうか。この問いに対する部分的ではあるがよい答えは、私たちが生徒たちに単に考えること以上のことを望んでいるという事実にある。生徒たちがよい判断力を発揮することもまた、同じくらい重要なことなのである。よい判断力の特徴とは、書かれた文章を適切に解釈できるということである。バランスの取れた筋の通った文章を書けるということである。聞いたことを明快に理解できるということである。説得力のある議論を組み立てることができるということである。ある一文ないし一節が述べていること、前提していること、含意していること、示唆していることを理解し熟考することも、よい判断力によって可能になる。よい判断力の基礎にあるのは、推論の能力を持つ人が身につけている熟練した推論スキルであり、さらに、熟練した探求スキル、熟練した概念形成スキル、コミュニケーションスキル、翻訳スキルである。もしこれらのスキルがなければ、よい判断力を働かせることはできないだろう。批判的思考に教育的効果があるとすれば、その理由は、批判的思考を身につけることによって、生徒たちは、自分たちが読んだり知覚したりすることから引き出してくる意味と、自分たちが書いたり話したりすることの中で表現している意味を、量的にも質的にも増やすことができるようになるからである。

批判的思考をカリキュラムに組み込むことは、生徒たちの学術的な能力の向上を約束する。このことが認識されたなら、実際に組み込むためにはどのようにするのが最適かという問題に真剣に取り組む必要があるだろう。その際に注意する必要があるのは、生徒が文脈に敏感で自己修正的に基準を使うことを教わっていないとしたら、その生徒は批判的に考えるということを教わっていないことになる、ということである。

最後に、批判的思考においてよい判断を助けるために基準を使用することについて一言だけ。今まで見てきたように、批判的思考とは、スキルを要する思考である。ここでのスキルとは、関連する基準を満たすという熟練を要する行いのことである。このようなスキルなしには、文章や会話から意味を引き出してくることはできないであろうし、会話や文章に意味をのせることもできないであろう。しかし、まさにオーケストラに木管楽器や金管楽器、弦楽器といったグループがあるように、思考のスキルにもさまざまなグループがある。また、オーケストラのグループには個々の楽器、たとえば、オーボエやクラリネット、ファゴットがあり、各々にその分野での熟達した演奏があるように、思考のスキルにもグループ、たとえば、帰納法、問うこと、類推に基づく推論のようなものがあり、それらもそれぞれに関連する基準に従って、特定の種類ごとに熟達した演奏を奏でている。ありふれた事実であるが、すばらしい演奏といえども一人の演奏能力が低いことによってメチャクチャになってしまうことがある。これと同じように、批判的思考に必要な思考のスキルを完璧なかたちで用いるためには、それらのスキルのどれ一つとして無視することはできない。もしどれか一つでも無視するようなことがあれば、一連のプロセス全体が危機に晒されることになるだろう。

したがって、私たちは、わずかな認知的スキルだけを用いた実践を生徒たちに行って、それ以外のすべてのスキルを無視する手法に満足するわけにはいかない。熟達した批判的思考を行うための探求力、言語力、思考力を身につけるためには、あらゆるスキルが必要とされるのである。教育効果がうまく出そうなスキルをいくつか選び出して磨き上げるのではなくて、読むこと、聞くこと、話すこと、書くこと、推論すること、つまり、コミュニケーションと探求の生の素材から始めなければならない。また、そのそれぞれの段階で熟達していく際に必要となるあらゆるスキルを磨いていかなければならない。このような取り組みを行うと、今は学校のカリキュラムの中には見当たらない論理的かつ認識論的な基準を与えてくれるのは哲学だけしかない、という理解に至るようになる[17]。学校のカリキュラムの中に欠けているスキルや基準がこれらだけであると主張しているわけではまったくないが、これらのスキルや基準は、生徒により分別をわきまえた思考をさせるために必要な事柄のかなりの部分を占めている。

一方で、個々のスキルだけでは十分でないのと同じように、スキルのオーケストラでも十分ではないのは明らかであろう。批判的思考が規範的であるというのは、批判的思考と批判的でない思考を区別するための標準や基準が要求されているからである。ある人の仕事の出来が雑なのは、その人のスキルが足りないせいではなくて、仕事の仕上げに関するその人の標準が低いせいかもしれない。あるいは、仕事の質を向上させることに対してその人が十分な関心を抱いていないせいかもしれない。あるいは、その人の判断力が足りないせいかもしれない[18]。

もちろん、心理学に基づいた批判的思考の学習が規範的なものと考えられる場合も多い。それは、「最も成功した」思考者のふるまいを、考えるための方法のモデルとして記述し推奨する、という意味である。しかし、これは基準や標準を設定するための基盤としては狭く不安定なものである。人間の経験におけるどれほど広い範囲が、推論を統制する論理的な基準によって基礎づけられているかを考えてほしい。あるいは、芸術、技

17——本章の続く部分の以前のバージョンは*Educational Leadership* 16:1(September 1988), 38-43に"Critical Thiking-What Can It Be ?"というタイトルで書かれている。

18——このポイントをマーク・セルマン(Mark Selman)がうまく表している。"Another Way of Talking about Critical Thinking," *Proceeding of the Forty-third Annual Meeting of the Philosophy of Education Society*, 1987 (Normal, II,1988), pp.169-78.

術、専門的職業においていたるところで使われているということを考えてほしい。これらは、あれやこれやの実験によって成功したとされる問題解決の疑わしい含意とは対照的である。批判的思考の意義を教育の中で強調するつもりなら、教師が生徒たちに喜んで勧める認知的な働きと認知的な説明責任に関する慣習と伝統を批判的思考は育てなければならない。発見のための方法とアルゴリズムに従った手順を生徒たちに教えるだけでは十分ではない。よい理由の論理、推論の論理、判断の論理も教えなければならないのである。

批判的思考について私がここまでしてきた主張が正しいと認められたとしても、多くのことが書き落とされてきた。それは、証人は真実を述べるかもしれないが真実のすべてを述べるとは限らないのと同じである。特に主張したいのは、批判的思考だけが学校の中での思考の改善のために涵養しなければならない唯一の思考の要素である、と考えてはならないという点だ。批判的思考は生徒たちの認識の改善に大きく貢献する。しかし、批判的思考のスキルは創造的思考とケア的思考によって補完されるものなのである。

思考に関する経験上の実例のどれにもおそらく三つの側面のすべてが含まれている。なぜなら、どんな思考も純粋に批判的だったり純粋に創造的だったり純粋にケア的であったりすることはないからだ。そして、すばらしい思考には間違いなく三つすべてのカテゴリーが強く現れていることだろう。創造的思考とケア的思考の一般的な特質を規定することは批判的思考の特質を定義することよりも難しいだろう。しかし、思考をよいものにするために、創造的思考とケア的思考が批判的思考を補完していることに疑う余地はない。独創性のない思考を育てる教育とは無批判的思考を育てる教育と同じことなのである。たとえば、子どもや胚や動物や環境が関わる諸問題について何かを主張する際に、それらのものに対するケアがないのだとしたら、どのようにして意味のある主張を行うことができるだろうか。住む人のことや設計している家について一切ケアしない建築家とはどのような種類の建築家なのだろうか。

最後に教育の中での批判的思考の役割に関する問題がある。すでに示してきたように、初等であれ中等であれ高等教育であれ、どの課程でも批判的思考を鍛える教育が必要とされる。実際、この見解は社会科学のような領域ではほとんど議論の余地のないほどに共通の見解である。しかし私が付け加えたいのは、批判的思考は独立した科目としてカリキュラムに付け加えられるべきであるということだ。批判的思考の一般的な側面を教える独立した科目がなければ、個別の科目を教える教師が生徒たちに、批判的思考はなぜ重要なのかを伝えることは難しいだろう。

哲学の中には批判的思考では扱われないものがとてつもなくたくさん含まれている。しかし他方で、今まで哲学の実践の中でどのようなかたちでも存在しなかったものは、批判的思考の実践の中でもまた存在していない。このことは強調してもし過ぎることはない。教育学者は、哲学と批判的思考の二者の関係について理解するよう努めたほうがよいだろう。私自身の意見では、批判的思考という独立した科目に生徒たちを巻き込んでいくには、それを哲学の科目にするという以上によい方法はない。大学で行われているような伝統的でアカデミックな哲学ではなく、対話、熟慮、判断力とコミュニティの強化に重点をおいた語りの哲学である。そのようにデザインし直された哲学はここ四半世紀の間ずっと存在し続けてきたし、その妥当性を繰り返し証明し続けてきた。ほんのわずかなアカデミックな利益をもたらすだけの軽薄な商業主義的アプローチのせいで、このような哲学が見過ごされることがあるとしたら、大変もったいないことである。

批判的思考と非形式的誤謬

欠陥推論のリストとしての誤謬

思考は上手にできる場合もあるし、間違ってしまうこともある。思考にはさまざまな使い道がある。それゆえ、人々は昔から、自らの思考力を使って周りに悪い影響を及ぼすような人の正体を暴こうとしたり、詐欺師や思考の力を無意識にないし無知ゆえに誤用する人から自分の身を守る方法を探そうとしたりしてきた。これは当然のことだろう。他方で、誤謬は、人物や主題から実践へと焦点を移すものである。誤謬とはある意味で欠陥推論のリストである。その意義は主として、だまされやすい読み手や聞き手に対して、言葉の表面のすぐ下にひそむ罠に気づかせることである。

形式論理学の誤謬はたしかに存在しているものの、ここで扱うのはそのような誤謬ではない。扱われるのは非形式的誤謬である。非形式的誤謬は、推論に関する厳密な規則を、形式的誤謬と同じような仕方で違反しているわけではない。形式的推論の結論は確実で普遍的だと考えられる。しかし、非形式的推論の結論は、一般的には確実性も普遍性も欠いている。形式論理学が理想的で記号的な言語体系を得ようとしているのに対して、非形式的論理学は自然言語を使った日常的な推論を扱うことを好む。非形式的誤謬は推論の間違いを明らかにするのだが、このことは非形式的誤謬が真理ないし確実性に反しているということを意味してはいない。ここで思い出さなければならないのは、それらの誤謬のほとんどは非形式的論理学という学問が存在する以前に定式化されたということである。それらは普通の活動として批判的思考に関する長い伝統の一部であったし、その伝統は民主主義の進歩とともに新たな生命を吹きこまれたのである。

価値原理の重要性

　学校に行き始めた子どもたちが最初に奨励されることの一つは、もっともなことに、比較するということである。比較は関係性に関する根本的なカテゴリーである。関係性というものを理解していなかったら、生徒たちは、算術の関係や歴史的関係、親戚関係等を理解する際に非常に苦労することになるだろう。しかし、当然のことながら、比較には基盤が必要である。ルーマニアとブルガリアの国の大きさについて、面積や人口といった特定の観点なしに私たちは比較することができない。比較の基盤となるもの、すなわち、特定の観点となるものは、基準であり、私はこれを「価値原理」とも呼びたいと思う。

　本章の前段で見てきたように、程度の差はあれ基準とは判断を理性的で信頼できるものにする。それらは、会話や探求の中でなされる比較に有益な一貫性を与えてくれる。基準が役に立つのは、相違や類似性、同一性を正確に特定しようとするときである。

もちろん、類似性や相違のようなものが存在することに疑問の余地はない。私たちは区別を明確に述べることによって相違に言及する。また、相違が存在しないのに区別をしようとするのはむだなことである。相違は世界の中に存在する事柄である。それに対して、区別をするというのはスキルであり、実践の問題なのである。

区別が歴然としている場合もある。たとえば、象とネズミの間の区別や、記憶と忘却の間の区別のような場合だ。一方、区別が非常に曖昧で（たとえば、指紋の違いのように）近づいて見たりはっきりとさせたりする必要がある場合もある。

相違の中には一次的な特徴の比較に依存しているものもあるが、常にそうであるわけではない。二次的ないし他の特徴の比較によって相違が作られている場合もある。文化によっては男女の区別が服装の相違として表現されるような場合である。

区別についての類比的な事例にヒヨコの雌雄鑑別の実践がある。養鶏場では卵からかえって二四時間以内のヒヨコからオスをより抜いていく。そのような鑑別をする人々は、オスとメスの相違に関して、見つけ出すのが非常に難しい一次的な特徴は無視している。その代わりにヒヨコの翼の先端の色合いを見ている。簡単に見分けられる色合いの相違は、かろうじて見分けられるヒヨコの性別の相違と完全に対応しているのだ。

したがって、さまざまな思考のスタイルや思考様式の間の相違を述べようとする場合にも、一次的な（しかし曖昧な）特徴を用いずに、もっとはっきりした特徴を見つけることは可能である。それはすなわち、それだけでは十分でないと通常は考えられているが、私たちが今問題にしている相違と強く相関している特徴である。ヒヨコの翼の先端の色合いのように、これらの相違は、基準そのものというよりはむしろ、基準として機能している特徴である。

ゆえに、「批判的思考」と呼ばれる思考の型も、少数の特徴的な価値に訴えることによって特定することができるかもしれない。先に述べたように、私はこのような特徴を価値原理と呼ぶつもりである。もしことがこれで全部であったなら、さまざまな文脈の中で働く「批判的思考」の複雑な定義を定式化する必要はなかったであろう。私たちは批判的思考とうまく関係していて信頼できる仕方で関わっている特徴的な価値にもっと頼ることができただろうし、この点にもっと多くの信頼を置くことができただろう。

このことはすでにある探求のやり方に反するものではない。たとえば、トマス・クーンは科学的概念の特徴の中でも際立ったものについて記述しており、科学的思考に等しく当てはめることのできる五つの特徴によってそれらを規定している。それは、正確性、無矛盾性、広範囲性、単純性、多産性である[19]。ヴェルフリンがルネサンス期とバロック期の画家のスタイルを対比した際、彼は結果として（絵画における）創意的思考についての二つのスタイル間の価値に関する際立った相違を特定することになった[20]。私たちはここで専門家の手続きについて話している。クーンは科学的思考の専門家であり、ヴェルフリンはヨーロッパ絵画史の専門家である。専門家の中には自分たちが探している特徴的な価値を特定することができる人もいる。たとえば、ダンサーやダイバー、体操選手等を判定する専門家のような例だ。一方、不可能でないにしても言語化が難しい場合もある。私が考えているのは、ソムリエや調香師といった人々である。

19——「客観性、価値判断、理論選択」、『科学革命における本質的緊張』（二巻 第十三章、四一七頁より）、安孫子誠也・佐野正博訳、みすず書房。

20——ハインリヒ・ヴェルフリン『美術史の基礎概念——近世美術における様式発展の問題』海津忠雄訳、慶應義塾大学出版会、二〇〇〇年。

伝統的な非形式的誤謬は、非形式論理学の根本原理に違反しており、それゆえ、批判的思考の根本原理に違反していると考えることができる。これらの根本原理が、批判的思考のよりいっそう特徴的な価値のうちのいくつかを形作っていることは明らかである。これらの根本原理を「価値原理」と呼ぶのはそれが理由である（もちろん、これらの根本原理は、批判的思考の本質と考えられているものに関する最重要の発見を表しているわけではない。むしろ、私たちがそれらのものに対して持っている最も重要な期待を表しているのである）。

多くの伝統的な誤謬を検討した結果が示しているのは、不適当な推論は比較的少数（五つ）の価値原理にのみ反しているということだ。それは、正確性、無矛盾性、関連性、受容可能性、十分性である。後者の二つに含まれているものに問題があると考えられるのは、推論それ自体というよりもおもに論証の前提に適用できるがゆえである。そのため、ここでは最初の三つの価値原理に注目する。正確性は、多義性や曖昧さを正す際になくてはならないので残っている。無矛盾性は、「思考の法則」から強力なバックアップがあるので残っている。最後に、関連性は、関連のないことを確実に退けるので残っている。関連のないことを述べるというのは、別の受け入れることのできない特徴なのである。

簡単ではあるが順番に見ていこう。

正確性――正確性には一般に種類が二つある。量と質だ。量的な正確性の最も適切な例は、おそらく測定することである。質的な正確性の最も適切な例は、事柄を詳細に記述することである。ともに厳格さを要求する事例だ。

無矛盾性――人が一貫していないと言われるのは、その人が主張したことや考えていることの中に同時に真になることができない二つの命題がある場合である（これは矛盾律である。言明は真であると同時に真でないということはありえない。どちらか一方であって両方ではありえない）。加えて無矛盾性が要求するのは、もしある言明が真であれば、まさにその言明は真でなければならないということである。これは同一律である。つまり、事物はそれぞれ正確にそれであるところのものであり、何か他のものではない。

関連性――論証の結論を支持するためには、前提は結論に関係していなければならない。関係性の種類が増えるほど、ある言明の真理と他の言明の真理との関連は増えていく。論理学者であるゴヴィアはこのことを次のように書いている。「言明が他の言明と肯定的に関連するのは、その真理が他の言明のために計算をする場合である。すなわち、もしそれが真であれば、そのことが他の言明も真であると考えるいくつかの理由になっているということである。言明が他の言明と否定的に関連するのは、その真理が他の言明の真理に反して計算をする場合である」[21]。

受容可能性――ここで再びゴヴィアに登場願おう。「もしあなたが証拠や確実性のどんな標準にも反することなく論証の前提を受容しているならば、すなわち、それを信じているならば、あなたはその前提を受容可能であるとみなしている。……論証の前提が受容可能でないのは、次の条件のうちの一つが適用される場合である。

1　一つないしそれ以上の前提が偽であるということを知っている。

21――Trudy Govier, *A Practical Study of Argument*, 2d ed. (Belmont, Calif.: Wadsworth, 1988).

2 いくつかの前提がいっしょになって矛盾に至る。
3 少なくとも一つの前提が、誤った仮定か、議論の余地が大いにある仮定に依拠している。
4 少なくとも一つの前提が、当該の結論をあらかじめ信じていない人にとっては信じがたいものである。
5 前提が結論よりも確実性が低い[22]。

十分性――「論証の前提に関連性があり正確性もあるとしよう。個別にはそれらは受容可能であるともしよう。しかし、それらを合わせると十分ではない場合がある。関連する証拠の種類が不十分であったり、反証が存在したり存在する可能性があることを無視していたりする場合である。「早まった一般化」の誤謬がよい例である」[23]。

これらはキータームである。探求の際にどのように評価語を使用するかを一般に導き定義するだけではなく、キータームと同じだけ重要であった他の価値語の使用法も導き定義するのである。正確性、無矛盾性、関連性は、探求で使われる概念、探求でなされる判断、探求で主張される区別を形作る。つまり、私たちはキータームについて理解することによって、研究で使われる道具の全体を一つにまとまったものとして理解できるのである。モーツァルトが音楽用語のブリオ（生き生きと）で表現していることの特徴を一度つかんでしまえば、モーツァルトの音楽のかなり多くをこのタームを用いて聞き理解することができる。同じことは、たとえば、ウィトゲンシュタインが述べる正確性や、

22――同書
23――Ralph H. Johnson and J. Anthony Blair, *Logical Self-Defense* (New York: McGraw-Hill, 1994).

カントが述べる無矛盾性、デカルトが述べる関連性にも言える。このような価値は、個人に特有なものになり、ただ一つしかないものになり、きわめて創造的なものになる。もはやそれは、批判的思考における価値というだけでなく、創造的思考とケア的思考における価値も含まれている。

　この点に関してはさらにもう一つ言っておかなければならないことがある。応用的な概念は、鍵概念によって形成され、改変されたものである。それのみならず、鍵概念は、五つのキータームと同義ないし類似している価値語の集合を表している。それゆえ、たとえば、正確性は、「精密さ」「厳格さ」「正しさ」「明確さ」「綿密さ」といった多くの他の名詞のいわば「表看板」なのである。

　このあとの表では、多少行き当たりばったりに選んだ誤謬のいくつかと、それら各々が問題となる領域を考える。そして、各々の誤謬によって明らかにされる推論の誤りと、それぞれの推論の誤りが違反していると一般に考えられている原理を示す。表に示されている誤謬が実際におかされている状況と、ある特定の状況下では誤謬でも何でもないようなケースとを混同してはならない。たとえば、対人論法である。これは、相手の立場を攻撃するのではなく、相手の人格を攻撃するという誤謬である。これはいつもではないがよくあることだ。たとえば、裁判官が「性格証人［訳注］」の証言を認める場合がある。その証言が相手の立場と関係がないとしてもである。この証言が関係するのは相手の人格だけなのである。

訳注——法廷で被告ないし原告の人柄、評判、素行、徳性などについて証言する人。

理性的姿勢の標準を設定するために妥当性を用いる

探求主導社会を統制する最も重要な観念とは何であろうか。少なくとも二つある。一つは、その社会の社会政治的特徴、別の言い方をすれば、その社会の中の手続きと関係している。一方、二つ目は個々の市民の人格や特質と関係している。一つ目は民主主義であり、二つ目は理性的姿勢である。

解決すべき論争があるのに訴えるべき法的な原則がはっきりしないとき、論争の当事者たちは理性的な解決を目指すよう各方面から繰り返し促される。たとえば、裁判官は陪審員に対して、「理性的な疑いが入り込む余地なく」確信を得られる方法を用いて評決を下しなさい、というふうに指導する。権威者や行政責任者はみな、理性的姿勢には価値があり、その価値に基づいて意見の一致が存在すると考えている。つまり、理性的姿勢とは最終的に訴えることができる基準なのである。理性的姿勢が最終的に訴えることのできる基準であるというのは曖昧かもしれない。しかし、基準が引き合いに出されるときに満たさねばならない標準を明らかにすることで理性的姿勢を確かなものにしようとする場合を除いて、理性的姿勢以外の選択肢が存在しているようには思えない。

ここで重要なのは、基準にはそれ以下では満たされないという境界線が必要であるということだ。この境界線とは実際上は標準である。これらの標準は現に存在しているしよく知られているというのが私の主張だ。標準の適用可能性について一般的な合意があると言っているわけではない。標準は常にさらなる考察を必要としている。どの状況で用いることができ、どの状況で用いることができないのかを探る再点検にたえず開かれているのだ。このことが意味するのは、標準は文脈に対する敏感性と自己修正性という価値原理といっしょに機能するということである。ここで私が念頭においている標準には、これまで見てきたように、非形式的誤謬という不十分で誤解を招きやすい呼び名で知られているものもある（これらが「非形式的」であるのは、「形式」論理学との対比においてのみである。その他の点では非形式的誤謬は誤って思考をした際に、その間違いを明らかにしてくれる。それらが誤りであるということは重要なことではない。むしろ逆に、それらは正しい推論の正しさを指し示しているのである）。非形式的誤謬が示すのは、論理に関する特定の行いが適切か適切でないか、である。これこれの事例は類比的推論に関してつりあいがとれ公平に判断されているのか、いないのか。曖昧であることや漠然としていることはどのような状況では許され、どのような状況では許されないのか。

非形式的誤謬が表わしているのは、より悪い推論からよりよい推論を区別するための基準の標準である。伝統的には、これらの基準とは、正確性、関連性、無矛盾性、十分性、受容可能性である。これらの基準は、私たちが理性的姿勢に基づいて判断を下すための指標である。批判的思考は理性的姿勢を目指している。これが意味するのは、規則や基準に従って思考しているというだけの単なる合理性ではなく、その手続きが間違っている可能性を認め、自らを修正するという実践を行い、文脈の違いを考慮に入れ、それ自身と同様に他のものの正しさを重んじるという意味で公平であるような思考でもあるということである。理性的姿勢は、それゆえ、多元的思考を育成することを含んでいる。

怪しげな仮定	理性的な疑念に晒されている仮定を使うこと。あるいは、仮定の中に何かしらの前提が含まれているのを見落とすこと。	保証されていない仮定	受容可能性
多義性の虚偽	同じ文脈の中で、語の意味がある意味から別の意味へと変化していくこと。	意味の変化	無矛盾性
連座制の虚偽	非難されている集団と何かしらつながりがあるらしいということを理由にして、論じ手を攻撃すること。	保証されていない仮定	受容可能性
結論への飛躍	反対の証拠の存在を無視する一方、関連する証拠の例が不十分なまま議論を提示すること。	早まった一般化	十分性
一貫性のなさ	同時にはともに真に成り得ない二つの命題を主張すること、あるいは、矛盾した理由によって結論を支持すること。	自己矛盾	無矛盾性
論証不足の虚偽	理由が的はずれであり、そのため議論が妥当ではないこと。	関連性のなさ	関連性
燻製ニシンの虚偽	当該の議論とは無関係で人を惑わすような論点を挙げて、それによって議論の是非から注意をそらすこと。	関連性のなさ	関連性
わら人形論法	論争相手にわざと誤った立場を帰して、実際の立場ではないものを批判すること。本物よりも弱い立場を攻撃すること。	虚偽の表記	関連性
ポスト・ホックの誤謬	問題の事柄より単に前に起きただけの出来事を、そのことの原因であるに違いないと主張すること。	二つの出来事が因果的に結びついているという結論への飛躍	十分性
人の悪事を引き合いに出して自分の悪事を正当化することはできない	似ているように思われる行為が過去に非難なり批判なりを免れたということだけを根拠にして、行為を免責すること。	類比からの間違った議論／一貫性のなさ	受容可能性／無矛盾性
曖昧性	議論の前提の少なくとも一つが、ほとんど意味をなさないほど曖昧であるので、議論の前提として役に立っていないこと。	語の定義に関する境界線の欠如	受容可能性／正確性

表10.1

誤謬の名前	誤謬の説明	思考の欠陥	違反している価値原理
対人論法	相手の議論ではなく相手自身を攻撃すること。(例:「女や子どもに何を期待できると言うのか?」)	関連性のなさ	関連性
多義性	意図されている意味がどれかを言えないのに、特定の文脈の中でいくつかの意味で用いることのできる語を使用すること。	曖昧性	正確性
権威への不当な訴え	当該の問題については専門外であり、当てにすることができない人の、いかがわしい権威に訴えること。(追加:(a) ある分野の権威は別の分野の権威ではないかもしれない。(b) 専門家同士で意見が食い違う分野では、自分自身が専門家になる必要がある。(c) ある専門家は別の専門家よりよい)	関連性のなさ	関連性／受容可能性
恐怖への訴え	合意をとるために議論ではなく脅しを使うこと。	推論の代わりの暴力	関連性
実践への不当な訴え	習慣や伝統的実践の一部を根拠に行為を正当化すること。	不適切性、関連性のなさ	関連性と／あるいは十分性
類比からの誤った議論	とりあえず似ているとされている二つのものがあるとき、一つに適用できる結論をもう一方にも適用できると言うこと。しかし、比較がなされる観点が類似性を欠いているなら、類比は誤りであり、結論は支持されない。	保証されていない仮定	受容可能性
合成の誤謬	部分について真であるがゆえに、全体についても真であると主張すること。	必然的には帰結しない	関連性
定義	同義語によって語を定義すること。	語の曖昧性と不適切性	関連性
分割の誤謬	全体について真であるがゆえに、部分についても真であると主張すること。	必然的には帰結しない	関連性
論点先取	まさに証明しようとしているものを前提にするなり、あらかじめ考慮に入れていること。	循環した推論	受容可能性

妥当性の一覧表

民主主義の教育という言葉によって理性的姿勢の概念を可能な限り恣意的でない仕方で描き出す。これは望ましいことだ。このことは、非形式的誤謬と言われているものが持っている価値の一つである。あるいはむしろ、基礎的な非形式的妥当性と、それを要約した価値原理が持っている価値の一つである。

一貫性のなさがほとんどの場合好ましくないのは、それが自己矛盾を引き起こすからである。たとえば、このことを小さい子どもたちに説明することができなければならない。自己矛盾のどこに問題があるのかに関しても、望ましくない帰結をもたらす実例を子どもたちに十分に示すことができなければならない。すなわち、自己矛盾は自分自身の立場に反する議論に加担することを意味するとか、自己矛盾は将来のあらゆる計画をダメにするとか、人々がお互いに取り交わす合意を壊してしまうとかいったようにである。したがって、一貫性のなさは、論理の前提となるものの最終的な根拠（いわゆる思考法則）に基づいて否定されるべきではなく、むしろ望ましくない帰結から免れえないということに基づいて否定されるべきである。

誤謬は、不法行為と同じように、不適切さや悪事に関わる問題である。ある誤謬を問題にする際に、それに対応する論理的ないし法的に正しいと考えられている実践に言及する必要はない。とはいえ、その誤謬に対応する論理的に正しい実践を特定することは有益であるだろう。その実践により明確な表現を与えるだけかもしれないが、私はそれを「妥当性」と呼びたい。この対応する実践を「正しさ」と呼ぶことは、曖昧で混乱を招くことになるだろう。それはちょうど、正しさと不法行為とが対応しあっていないのと同じことである。しかし、妥当性の一覧表は、論理的に正当な批判的思考の手順にあくまでもこだわることを象徴する意味がある。人は普通、妥当性を否定することはできず、否定すると、自己矛盾に陥ってしまう。しかし一方で、妥当性の正しい叙述の仕方には議論の余地があるのは確実である。これはまさに、アメリカ合衆国憲法の「権利章典」が法の支配にとって憲法上根本的に重要であるにもかかわらず、個々の条項の叙述の仕方に関してはほとんどの条項において議論の余地があるのと同じである。民主主義社会の市民にとって、議会における議事進行上の手続きや公正さの指針が必要であるように、妥当性の一覧表もまた必要なのである。

民主主義社会である以上、子どもたちが妥当性の一覧表を学ぶこと（加えて、それぞれの妥当性に対応するさまざまな誤謬を学ぶこと）は望ましいことである。そうすれば、子どもたちは、自分たちの知的な権利が何に存しているのか、知的な公正さを生み出すものは何か、正しい批判的思考の実践が妨害されていると感じるときに何に訴えることができるのか、といったことについて再確認を行うことができる。法的な問題に関して言えば、ある法に違反する方法が無数に存在するという事実は、その法が不確かであるということを意味するわけではない。それはただ、その法が適用できる事例がたくさんあるというだけのことである。生徒たちはこのことをはっきりと理解する必要がある。同じように、妥当性の一覧表を学び、それに違反するたくさんの方法を学ぶことで、生徒たちは誤った非形式的推論の多元的宇宙から自らを守るための盾を見つけ出すことができる。形式論

妥当性の一覧表

伝統的な誤謬の名称	**それに対応する基本的な妥当性の名称**
対人論法	相手ではなく議論を攻撃すること
多義性	文脈での無矛盾性
不適切な権威への訴え	適切な権威に訴えること
恐怖への訴え	勇気への訴え
不適切な実践への訴え	適切な実践への訴え
誤った類比からの議論	妥当な類比からの議論
合成の誤謬	部分から全体への適切な推論
規則違反ないし定義の規則の違反	定義規則の遵守
分割の誤謬	全体から部分への適切な推論
論点先取	循環的でない推論
誤った前提	受容可能な前提からの推論
多義性による誤謬	意味の一貫した保持
連座制の虚偽	個人的なつながりの適切さ
早まった結論	関連性のある証拠が十分にあること
一貫性のなさ	無矛盾性
論証不足の虚偽	関連性のある理由に訴えること
燻製ニシンの虚偽	議論の要点から外れないこと
わら人形論法	論争相手の本当の立場に焦点をあわせること
ポスト・ホックの誤謬	因果的に結びついた証拠に基づいて主張すること
人の悪事を引き合いに出して自分の悪事を正当化することはできない	似た事例における誤った判断ではなく、正しい証拠に基づいて判断がなされるよう要求すること
曖昧性	推論における正確性

理学が合理的推論の標準を与えてくれるのだとすれば、妥当性の一覧表が与えてくれるのは、理性的姿勢の標準の重要な集合である。

批判的思考を教える際の価値原理のワークの役割

ここまでに述べられてきたことから、次のように推論する人もいるかもしれない。すなわち、価値原理とはおおよそ理性的な思考の標準をまとめたものなのだから、価値原理を学びさえすれば批判的思考に熟達することができるだろう、というふうにである。このような推論はとんでもないことである。批判的思考を容易に行えるようになるためには、ほぼ間違いなく、探求が必要な状況において議論を行うために特別に設計されたワークを行うことによって、価値原理に熟達していくことが必要なのである。こうしたワークは、心の行為と心の状態の間を正確に比較し対比することを促し、その結果として、生徒たちはよりしっかりと思考し理性的姿勢を保つようになる。以下がそのワークの実例である。

ワーク――心の行為の間の類似点と相違点を識別すること。

標準――正確性

パート1――次に挙げられている心の行為、心の状態、言語行為の組み合わせの中で、異なっているものはあるか。あるとすれば、それは、どのように異なっているか。

1
(a) ジョンは盗みを認めた。
(b) ジョンは盗みを告白した。

2
(a) デニスはフランス語を知っている。
(b) デニスはフランス語を理解している。

3
(a) エドガーは冬が終わったと知っている。
(b) エドガーは冬が終わったと信じている。

4
(a) ターニャは、この国に対する自らの忠誠心を断言した。
(b) ターニャは、この国に対する自らの忠誠心を肯定した。

5
(a) フレッドは、この罪に対して自らが無実であると宣言した。
(b) フレッドは、この罪に対して自らが無実であると主張した。

6
(a) お天気キャスターは、あすは雨だと予想した。
(b) お天気キャスターは、あすは雨だと予測した。

7
(a) 彼女は二度と潜水艦に乗らないと誓った。
(b) 彼女は二度と潜水艦に乗らないと誓約した。

8
(a) 彼らはその候補者を支持すると主張している。
(b) 彼らはその候補者を保証すると主張している。

9
(a) 私たちはその夜、多くの人々が集まることを予想している。
(b) 私たちはその夜、多くの人々が集まることを期待している。

10
(a) 彼らは一晩中、税について熟考している。
(b) 彼らは一晩中、税について対話している。

パート2――このワークの11番目の問題を自分で作りなさい。

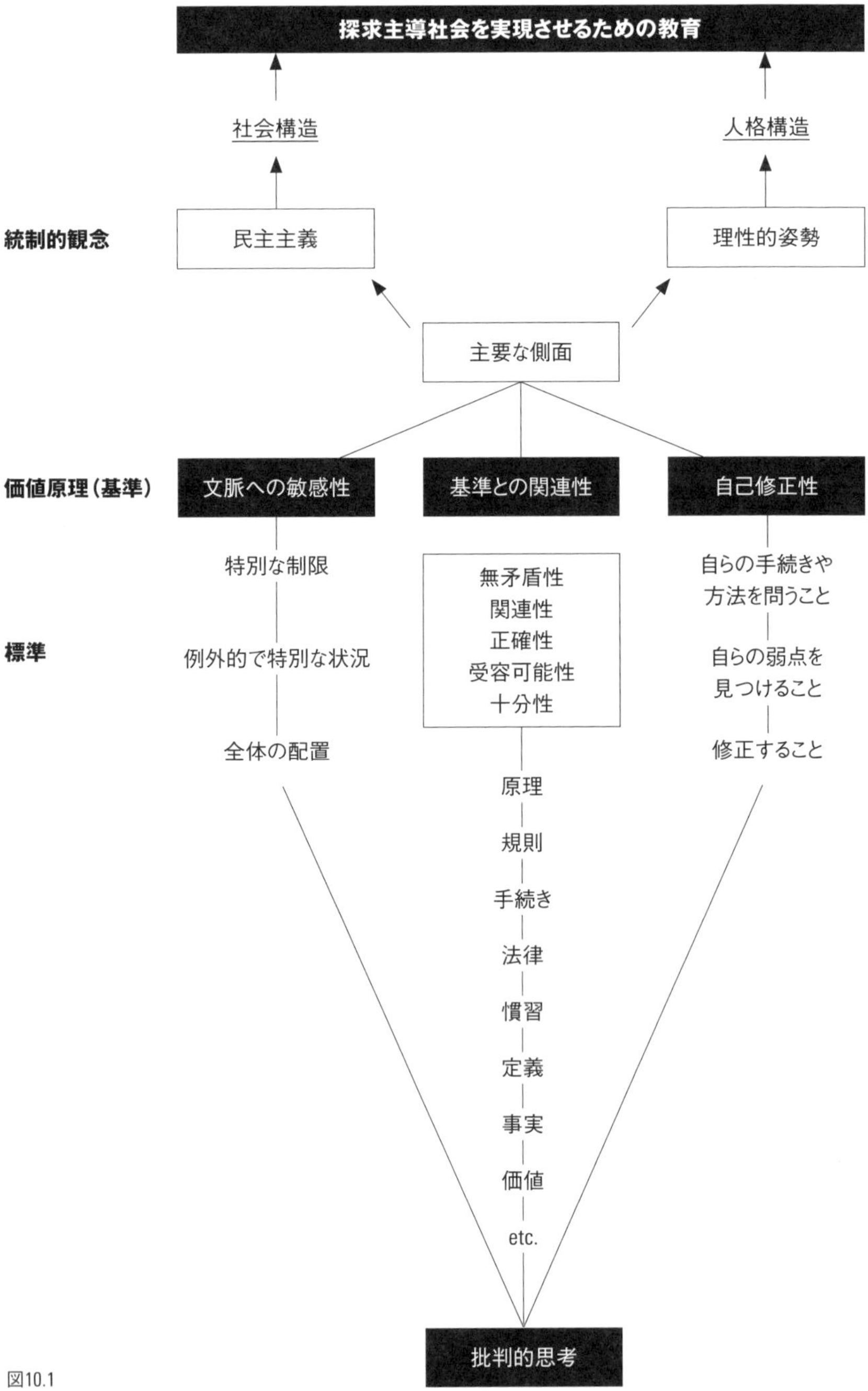

探求主導社会を実現させるための教育
社会構造
人格構造
統制的観念
民主主義
理性的姿勢
主要な側面
価値原理（基準）
文脈への敏感性
基準との関連性
自己修正性
特別な制限
例外的で特別な状況
全体の配置
標準
無矛盾性
関連性
正確性
受容可能性
十分性
自らの手続きや
方法を問うこと
自らの弱点を
見つけること
修正すること
原理
規則
手続き
法律
慣習
定義
事実
価値
etc.
批判的思考

図10.1

第十一章

創造的思考の教育

Education for Creative Thinking

芸術作品の主要な側面が芸術作品の基準となる

創造的だと言われているようなものを自分で評価するとき、私たちはある程度、身近な基準や昔からの基準を持ち出すものだ。芸術作品については、色の使い方、表現の仕方、線描の質を検討するかもしれない。よくできているように見える生徒のレポートについては、議論の筋が通っているか論理的かなどについての昔ながらの検討をするかもしれない。この範囲では、創造的思考を評価するのに新しい基準を作る必要はない。一方で、昔ながらの基準では、芸術作品や生徒の成果がオリジナルでユニークで非凡なものだととらえにくいとも言える。そうしたものをとらえるには新しい基準が必要であるが、それでも適切な基準で評価しなければならない。その新しい基準は、芸術作品それ自体から、生徒自身から、それが何であれ私たちが評価しようとしているもののほうから引き出されることが必要だ。しかしそれを引き出すことは大変に難しいため、私たちは、生徒を評価する際にはつい月並みに授業への参加や提出課題などの昔ながらの基準を使ってしまう。しかし、私たちはその生徒の個性的な側面を知りたいし、生徒の成した課題がどれだけその個性を伸張させているか、どれだけその個性を損じているかも知りたいと願っている。同じように絵画を評価する際、私たちは画家が試みようとしたことに対して、（個性的であるかどうかという基準に照らして評価する限り）あら探しをすることはない。かわりに私たちは、描かれたどのパーツのどの組み合わせが、絵を全体として成功させているのかを考える。それが、ジョージ・ユースが、作品の「主要な側面」と呼んだものである[1]。私たちは、作品の主要な側面を評価しようとするのではなく、主要な側面を基準として引き出すのである。芸術家がどのくらい上手に他の側面（たとえば色合いや質感、線など）と主要な側面とをまとめあげたかを判断するための基準として引き出すのである。

昔ながらの基準は、その芸術家が自身に課した課題の評価に使うことができる。しかし、その作品そのものの主要な側面から引き出された、新たに作られた基準だけが、他の側面がどれだけ効果的に主要な側面を際立たせているのかを判断するのに使えるのである。

1——同書八一–八九頁。

批判的な視点で創造的に考えること

絵画展を計画している美術館のキュレーターは、作品を置く空間の大きさ、必要な照明条件、収容力、セキュリティ、宣伝の準備などについて、正確に細かく考えねばならない。たとえ仮に、展示される絵画が精神的に錯乱した画家によって描かれたものであったとしても、演出家が展覧会について考えるときは、首尾一貫していて、整合性があって、理に適っていなければならない。そして彼女は多くのことを配慮しておかねばならないだろう。たとえば、その展覧会に来ると思われる多くの批評家が、展示の時期の妥当性や作品の歴史的インパクト、展示された絵画と芸術家の人生との関係、作品の年代順配置についてどんな意見をいうか配慮しなければならない。しかもそれらは配慮すべきことのうちごくわずかなのである。そうした配慮の多くは批判的思考から生まれてくるが、しかし、そのいくつかはもっと主観的要因から生まれてくる。たとえば、演出家の好み、作品に見られる意味の厚み、芸術の世界の価値観にその展示が与えるだろうインパクトなどである。キュレーターが、自分の仮定を意識し、自己修正しながらことをすすめ、そして可能な限り文脈を考慮に入れつつ、かつ理性的判断によってそれらの主観的要因を扱っている限りは、演出家の計画は批判的思考の一例とみなすことができよう。たとえキュレーターが、作品に芸術家の気持ちや情動をドラマティックに表現させるにはどうしたらよいだろうか、と考えているにしても、である。

他方でキュレーターは、批判的思考ではなく、創造的思考に特有の基準やカテゴリーによって作品にアプローチするかもしれない。もしくは自分が即興で作った新奇な基準や、創造性についての昔ながらの基準を新たに解釈して使うかもしれない。このことは、創造的思考について創造的に考えることに関わっているだろう。創造的思考の、批判的で創造的な特徴としてどんなことが挙げられるだろうか。これらについて考えよう。

a　**オリジナリティ**　はっきりとした前例を持たない思考がそうである。しかしオリジナリティだけでは、創造的思考の持つ思考過程の価値を十分に確立できない。高度にオリジナルではあっても、異常で不合理な思考過程もあるからである。これが、一般に他の基準も必要とされる理由の一つである。

b　**生産性**　生産的な思考とは、問題となっている状況で用いると、よい結果をもたらすことが多い思考である。これは、帰結主義的な考え方に強く依存した価値概念である。

c　**想像力**　想像することとは、ありうる世界を、またその世界の細部を、またその世界への旅路を心に描くことである。別世界を持ちそこに暮らすこと、そしてその別世界に他人も暮らせるようにできるならばすばらしいことだ。重要なのは、可能性の領域を探求するならば、現実感覚をできるだけ保たねばならないことである。ちょうど、知覚可能な現実の世界を探求するならば、想像力を保たねばならないのと同じように。

d　**独立性**　創造的に考える人々は、私たちが言うところの「自分自身で考えている」人たちであり、大勢の考え方に流されない。独立して考える人は、普通の人が疑問を持たないところで疑問を持つ。また、自分が問いに答えるとき、機械的に答えることも考えずに答えることもせず、答える前に問いをよく吟味する。

e

実験 創造的に考える人は、ルールではなく仮説を頼りに考える。さらにいえば仮説は完全な形を持っていなくてもよい。もともと「仮」説なのだから不完全で未熟なものであっていいのである。実験的な計画があり、計画をすすめるための暫定的な枠組みがある。よって「実験的な事実」というものもある。創造的な思考は、確固たる論拠を探すことだけでなく、試し続けることを含む。それが創造的な思考が実験的であるゆえんなのだ。

f

全体性 創造的な思考において浮かび上がってくる全体像は、どの部分を補足として選ぶかを決定していくために重要な役割を果たしている。よってかならず、最終的に生み出されるものは、それに特有の意味を与える、部分―全体の関係と手段―目的の関係の組み合わされたものとなる。「全体」がどの程度「主要な側面」と同一であるかは、すぐには分からないのであるが。

g

表現 創造的な思考とは、思考の対象の表現であると同時に、考えるその人も表現する。たとえば、知覚している木について創造的に考えた内容は、その木の性質と、考えた人の性格を明らかにする。これは創造的な思考が、木を知覚するというその人の経験から、その木についての表現を引き出すからである。

h

自己超越 絶え間なく創造的に考えることは、以前のレベルを超える努力の中に現れてくる。どの芸術家も、現在の作品群が、以前に作られた作品への回答であることを自覚している。以前の成果を超える努力をしないことは、不誠実で形ばかりの探求へとつながる危険性を持っている。

i **驚き**　オリジナリティの意味は「結果」にあるが、驚きとは、オリジナリティが単に新奇なだけではなく、鮮烈である場合に生じる一つの「結果」である。理論的思考は理解を求めるけれども、創造的な思考はそれを通り越して、驚きや疑問を生み出すのだ。

j **生成力**　創造的思考は、他者に満足、喜び、楽しみ、輝きをもたらす刺激であるだけでなく、他者の創造性を刺激することもある。しかし、このことを簡単に考えてはならない。というのは、創造的な考えは、ときとして他者の中にある創造的思考を抑圧しかねないからである。たとえば、創造的思考を持つ教員は、生徒にとっては大切なモデルである。しかし講義がすばらしく上手だと、この大量のきらめくアイデアがどのように生まれたのかについては、聞く者にはほとんど手がかりが与えられない。しかし、もし教員が、生徒たちに自分で考える力をつけてほしいと願い、どうしたらそのような力がつけられるかということに関心を持っていたとしよう。その教員は、人に頼らず創造的に考えられる人になれるよう、生徒が答えを自分たちで考えて導き出さねばならないように、考える過程を重視する問題を作ることに力を注ぐだろう。

k **助産術**（ソクラテスの助産術）　助産術を使う人々は、世界の中に最善のものを生み出そうとして考え行動する。そのような人々は助産師のように、人間や知の所産を産み出そうとし、本質が自ら現れてくるように手助けする。助産術は、生徒の考えや表現を引き出すことに関心を持つ教員を特徴づける方法である。

l **発明志向**　アイデアは、問題を解決できる案として理解されうる。発明的な考えは、問題提起と、適切で有望なアイデアをともに多く含んでいるので、たとえ結果が失敗だったとしても、発明的だといいうる。それゆえ、現代の批評家（チャールズ・ローゼン）がビバルディの音楽を「アイデアに満ちている」と表現したり、哲学者がバートランド・ラッセルの仕事を「すばらしいとしかいいようがない」と言ったりする。言い換えると、選択肢を多く生み出すことが発明志向だと考えられる。しかし創造的だと考えられるためには他の基準も満たすべきだろう。発明志向は創造性に対しての必要条件かもしれないが、十分条件ではない。

このリストには12の特徴を挙げているが、それに限る理由はなく、もっと多かったり少なかったりすることも当然ありうる。学んでおくとよいことは、右のリストが、創造的思考に見いだせる諸価値の集約か、それとも、もっと個別・具体的な諸価値に共通なものなのかということだ。私はそれら両方だと思っている。

鮮烈さ、問題性、理解可能性

創造性について論じなければならないとなると、熟練の心理学者たちはひるみ、洗練された哲学者たちは瞬間的に厄介なところに深入りしてしまったと思うだろう。そうして、驚きに関する論文や、混乱した論考を書いてしまうのである。

哲学の始まりは驚きにあると言われてきた。しかし、驚きの始まりはどこにあるのだろうか。中途半端に勉強した者は、驚きの始まりは発見にある、それは、私たちの知覚が自然を新たに発見するたび、驚きがわき上がってくるからだ、と思うかもしれない。ならば、世界の不思議さが私たちの驚きを生むのだといえる。そして次に、私たちの驚きが、私たちの探求心をかき立てる。この順序それ自体についておかしなことは何もない。私たちが何を発見したか説明せよと迫られた瞬間、私たちは自身の驚きのなすがままであり、驚きは私たちをその渦の中に押し流してしまう。それは私たちの探求があるところに落ち着くまで続く。

しかし物理的自然が、私たちの驚きの唯一の根源なわけではない。私たち人間の本質も、特にその非合理的な側面は、私たちに驚きを突きつけてくる。そこに人間本質の創造的な側面があり、そこから人は驚き、語り始めるのである。

よって、創造性はその根を深く自然——自然それ自身の多様性との発展——の中に持っている。また、創造性はその根を人間の本質にも深く持っているが、そこでは、発見と発明において決定的に重要な役割を果たすのに加えて、再生産の中でも役割を果たすのである。しかし創造的思考、私たちの考えを超えていく思考についてはどうだろう。それを考えるだけで、私たちはものも言えないほどびっくりしたり途方に暮れたりする。ジェーン・オースティン（だと思う）が「私たちは驚かされるとは思っていたが、私たちの驚きは予想以上だった」と書いた通りだ。

創造的思考の特徴は、芸術制作に従事する思考、すなわち、個々の芸術作品に秘められた特異なコード化にある。それは、未知のものから来る衝撃を私たちのうちに生み出すような関係性やパターンや秩序を、区別したり作り上げたりすることである。創造的思考――言うに値することをどう言うか、作るに値するものをどう作るか、なすに値することをどうなすかを考えること――は、問題性の意識を醸成することである。それ以外の特筆すべき特徴は鮮烈さと理解可能性である。

想像してみよう。生徒たちに、人生において芸術や教育が果たす役割は何かと質問したとする。こう説明する生徒がいるだろう。教育は私たちに知識を与え、世界が実際にどう在るかを教えてくれます。一方で、芸術は私たちに基準と価値を与え、それにより私たちに、世界はどう在りうるかを教えてくれます、と。

これに私たちは重々しくうなずき、そして尋ねてみる。「では、芸術の目的は、人間に意味を与えることですか」。

この質問に生徒は、「目的なんて誰も知るはずがない」とでも言いたげに肩をすくめるだろう。しかし彼らは賢く語ってくれたので、私たちは、生徒たちの芸術や創造性についての考えをどうとらえればよいかをよく理解できたのである。つまり彼らが言っているのは、世界とはそれ自体、ほとんど理解不能な場所であるということであろう。世界での人間の経験は、理解に向かって私たちを一歩すすませてくれる。なぜなら経験は問題性を伴ったものだからだ。私たちは、経験をするときに科学的・芸術的探求を行っており、そうして世界を理解可能なものにしているのである。

生徒らの発言から推測すると、彼らは、芸術は問題解決に関わるものであり、創造的思考はその過程を突き動かすものだ、と考えている。疑問が生じて、私たちがこれまで信じてきたことを留保するときには、私たちの創造的思考こそが、問題性のある状況を組み立て直し、問題に取り組むための手段として代わりとなる仮説を考え、おこりうる結果を考え、状況の問題性のある特徴を克服するまで実験を組織し、そして、新しい一連の信念を生み出すのである。

創造的思考は（創造性そのものへ向かう心理学的気質と対比して）、芸術家の作品それぞれに特有の判断の最小構成要素である。すべての判断がそうであるように、それは判断する人を表現するものであり、その人の世界を評価するものである。それは芸術家が書くサインよりもはるかに、芸術家の個性を表現するものである。芸術作品の中に現れるかぎり、それは芸術家の自己の表明であり、作品への鍵である。その作品が全体として解錠されうるのは、この鍵を把握することによってである。それだからこそ、その鍵を使いこなしたいならば、やはり私たちはその独特でユニークな鍵を研究せねばならない。

拡大的思考

含意的思考と拡大的思考を分けることが可能である。前者は演繹法に見られるように、私たちの思考を拡大するのではなく延長していく。後者は、帰納法、アナロジーや隠喩の使用に見られるように、認識上の大きな進歩を表している。それは与えられたものを超えていき、そしてその過程の中で私たち自身の思考に与えられたものを超えようとする。それは安定や固定でなく、進化的成長を意味する。拡大的思考は私たちの思考を広げるが、それだけでなく、私たちの広く考える能力も広げる。

一般化は、類似した特性を持ち、共通の特徴を持つ事例たちから、すべての事例に共通する特徴を推論し、それによって与えられた情報を超えていくことである。そうした意味で一般化とは拡大化であり、引き伸ばしである。よって、一般化は、証拠の中に、ある均一性があることを前提としている。また、仮説は拡大的思考の代表例である。仮説は、非常に多様な断片的証拠の中に浮かび上がってくるものである。すなわち、ここには見たところ関係のない事実、ここには推論、ここには一般化、ここには原理などといった断片的証拠の中にである。仮説もまた与えられた情報を超えていくものである。しかしそれは、均一の現象にではなく非常に複雑な状況について説明したり、予言したりするためなのである。

アナロジーによる推論は、物事が本質的に一定の類比関係を示すことを前提としている。その類比関係とは、項目間の類似ではなく、関係間の類似として表現するのが最も適切だろう。だから私たちは、AとBの関係はCとDの関係に「似ている」という。この理解が得られれば、私たちは、もしAとBとCが与えられれば、私たちが知り得る情報を超えてDを想定することができる。Dとは、BがAに対してあるようなCに対するものである。

私たちが留意しておかねばならないのは、(正確な割合ではないにしても)この類比関係が、相似性の上に成立していて、したがって判断の問題だということだ。それゆえ、一般に、生徒の判断力を確かなものにする一つの手段として、アナロジーを用いた評価が広く行われているのである。これが、プラトンが音楽と数学は類比のシステムを体現するため教育に不可欠だと考えた理由である。またこれは、アリストテレスが、判断は（たとえば、方程式のように）厳密な等式よりも、おおまかな近似に基づくと主張した理由である。

隠喩的思考、そして実は修辞的な言説は一般的に、含意的なものではなく拡大的なものだ。それは、カテゴリーやスキーマの混ぜ合わせである。隠喩的思考は、字義通りで散文的な観点からはまったくいい加減に見えるだろうが、しかしここから鮮烈で活力に満ち、紋切り型の思考法とは比較にならないほど豊かな思考の合流が生まれるのである。したがって、隠喩的思考は相容れないもの同士の総合であり、それは、両眼視のように、並立させることで視覚にはるかに奥行きをもたらすことができるのである。それは、隠喩的思考が橋を架けるカテゴリーのどちらか一方の側の視点からは、たしかに間違いとして、「カテゴリーミステイク」[2]として見られるはずの思考である。ちょうど、専門分野間を橋渡しする思考が、しばしば、専門分野内での標準からは誤りとみなされるのと同じようにである。

2——Cf. Nelson Goodman, *Languages of Art* (Indianapolis, Ind.: Bobbs-Merrill, 1968), p.73:「実に、隠喩は計算されたカテゴリーミステイクとしてみなされるだろう。あるいはむしろ、たとえ重婚であったとしても、幸せで命をよみがえらせる二度目の結婚としてみなされるかもしれない」。

反抗的思考

創造的に考える人とは、ルールや基準に反抗的だと考えられることがある。歴史を振り返るとそういうことが多かったことは否定できない。たとえばロマネスクの建築家から見れば、新しいゴシックの建築家は、ただルールを破るためだけにルールを破るという独特の傾向があると思えたに違いない。昔ながらの基準のいくつかは退けられ、いくつかは用いられたが、だからといって、とどのつまり、ゴシック建築家がそれ以前の建築家以上に反抗的だったというわけではなかろう。同様に、新しい彫刻に対して人々は複雑な思いを持っていたし、聖ベルナールは「美しき怪物、恐ろしき美」とつぶやいたとされている。ゴシック彫刻はベルナールが慣れ親しんできた受け入れ可能な原則に明らかに反してしまうのだ。

(反抗心からでなく、無知からルールを冒涜することがありうるが)あるルールに反抗するならばそのルールを知らねばならないとまで主張する必要はない。だが一方で、芸術的反抗心と芸術的創造性との関係性について考えることは役立つだろう。うまいアナロジーとして、スポーツの試合がどう行われるかを考えてみるのはよいだろう。たとえ細かく高度に統制されたゲームであっても、選手と監督は競技を創造的にするために準備をするはずだ。しかしゲームが行われる公的な場面では、通常、意図的なルール違反をしたり違反を奨励したりすることは無謀である。もしうまくルール違反をしたとしても、それを創造的なやり方だと評価されることはめったにない。しかし戦術や戦略があり、プレーやパフォーマンスがあって、その実行があまりに熟達している場合には、観る人はまさに芸術作品を見たと感じるかもしれない。だからこそ、その監督が創造的だとみなされるのは、ルールに反したときではなく、そのゲームをやった人や観戦していた人の経験の累積を表す「オッズ(賭け率)」や勝敗の確率に反したときなのだ。

　監督が保守層の度肝を抜く目的のためだけにオッズに抗するわけではないのはもちろんである。スポーツでは、その日の観客を驚かせたかどうかよりも勝ち負けのほうに重みがある。しかし多くの監督は、いつもバットをとても「美しく」振るので美と効率の模範的な結びつきを体現しているプレーヤーのためならば、ときどき目立つ活躍をするだけの他の地味な選手を喜んで交代させるのである。

助産的思考

私たちは創造的思考に関する手がかりを、助産的思考に立ち返ることによっても得ることができる。これはボイスコーチ、オーケストラ指揮者、絵画や文章の教師などに特徴的な種類の思考である。これらの人々は、生徒の創造的思考についてケア的に考える人々である。助産的思考とは知の助産である。助産的思考は、人が持っているものから考えうる最高の思考を抽出し、引き出し、聞き出そうとする。普通、助産的なものは、他のタイプのケア的思考に分類されるが、実際、それはケア的なものと創造的なものの間にまたがっている。なぜならその成功は、内部からの創造的なプロセスを理解し感情的に一体化するような実践者の能力次第だからである。助産師が母と子の両方に感情移入するのと同じように、ボイスコーチは何とか歌おうとしている歌手と、何とか歌われようとしている歌の両方に感情移入するのである。

もちろん、すでに完成されている音楽を歌い始める歌手を助けようとするボイスコーチと、まだその形やアイデンティティがない物語を作る作家を助けようとする文章の教師の間には違いがある。前者の例では、コーチは歌手とは異なる作曲者にも感情移入せねばならないが、後者の例で文章のコーチが感情移入するのは、その作者でもある作家だ。

先の説明について、手術の際には、助産師や看護師や医師は感情移入や嫌悪を抑制すべきだという反論が考えられる。医療的態度は、どちらかというとケア的思考ではなく批判的思考に当てはまるのであって、感情移入的ではなく、分析的であるとともに囚われない心のことだと言うかもしれない。しかしこの反論は十分な根拠があるとは言えない。医療者の情動的反応は抑制されていても、患者が医療者のケアと配慮を感じ取れるほどには潜在的な状態として残っているのだ。

ケア的思考に関わろうとする態度の抑制――もしくは、少なくとも部分的な抑制――は、批判的思考や創造的思考についても同じように抑制してしまう傾向がありうることに対しての警告となる。よって、契約に明記された医療行為に従事する看護師は、想像力豊かで斬新だが、医療的には正当化できないある種の行為に手を染めてしまいたい気持ちを抑制しなくてはならない。これは創造的思考の部分的抑制の一例と言えよう。一方、たいへんに表現性に富んだ装飾的な建設をするように仕事の依頼を受けた建築家は、もっと無機質なスタイルの建て方に誘惑されるかもしれないが、建築家はこの誘惑を抑制せねばならない。ある一つのプロジェクトに実際、どのくらい多様な思考がつぎ込まれるべきかは、特定の思考者のニーズによって決定されるのではなく、状況に応じて決定されるべきだと結論づけられる。

創造的思考とケア的思考

思考のそれぞれのあり方について、それ単独で考えることよりも他との関係の中で考えることを通して学ぶべきことはまだある。とりわけ、創造的思考とケア的思考の間の関係性は多くを教えてくれる。たとえば、非社交的で有名な芸術家について考えてみよう。そのような芸術家は創造的だがケア的ではないと言われる。しかし、単にある社会集団を他より好んだというだけで、その人がケア的ではないということは間違っている。おそらくその人が親密に交わりたいと願う人々に、その絵画は贈られるのだろう。

たいへんに創造的な人がたいへんに思いやりがあること、両方の思考のタイプを備えていることは、珍しいことではない。だからたとえば、ゴッホが弟に宛てた手紙を読むと、ゴッホの深くケア的な気質がいかに彼の文体に影響を与えたかが分かる。それはちょうど、ゴッホの深く創造的な気質が文体に与えた影響と同じである。マイヤー＝シャピロが、ゴッホの手紙は文学的に言って十九世紀ロシアの小説のどれともひけをとらないと主張したのはその理由からである[3]。ゴッホの批判的な文学の力は、あまたの洗練された芸術的判断の言葉という形をとって、手紙の中にも現れているのは確かである。だが、今私が問題にしているのは手紙が書かれていくときに役立っている批判的な判断のことであり、手紙の中に含まれるだけのものではない。もしゴッホが、弟テオをケア的に思っていなかったならば、弟とのやりとりの文学的な質はもっと低いものだったはずだ。もし彼がプロヴァンスの田園や村の、色と形の関係の真価を識別できなかったならば、彼の描いた絵の芸術的な質はもっと低いものだったはずなのと同じようにである。

3——Meyer Schapiro, *Vincent Van Gogh* (New York: Abradale Press, 1994).

教育的な文脈で言うと、私たちはケア的思考と創造的思考の間には永続的な関係性をみることができる。季節の変化をあまり気にしない生徒は、木々の葉すべてを一つのさえない色であるかのように描くだろう。他のもっとケア的な生徒は、ケア的であるゆえにもっと鋭敏で、葉の色が金、緑、茶、赤その他の色に見える。よって、ケア的であることは、より正確な知覚、より色彩豊かな描写を生み出しているのである。

創造的思考、批判的思考

パースが言うには、探求とは私たちが以前依拠していたものの、疑念により腐食し溶解してしまった信念を今一度信じようとする格闘である。私たちが問題性のある状況にいるのだと知らせてくれるのは疑念であり、暗闇の中で何らかの方向付けを手に入れるために私たちが従事するのは探求である。よっていかなる場合でも、探求は批判的な思考者とともにある。

創造的思考者にとっては、物事は正反対に近い。従来信じられているものを疑うことは心地よい状態である。しかし物事があまりに快適になりすぎると問題性は消えてなくなり、そして創造的思考者は苦悩する。こうした苦悩は新しい不信が現れて、新しい問題性のある状況がもたらされるまで消えてなくならない。つまり、以前の批判的思考の産物である旧来の問題性の意識を捨てること、そして新しく豊かな疑念に満ちた新しい問題性に据え換えられることこそが、創造的思考の存する場である。であるから、探求はまた、創造的思考も必要とするのである。

批判的思考者と創造的思考者、両者の対比と相互依存を振り返ってみよう。単なる批判的な思考者は、自分が考なくてすむような信念を見つけるまでは満足しないという意味において、ともかくも保守的だ。一方、創造的思考者は本質的に懐疑的で先進的だ。創造的思考者にとって、瀬戸物屋に放たれた牛のごとく、苔むした骨董品を好きなだけ粉々に砕くとき以上に幸せな瞬間はない。

私が今まで述べてきた、創造的思考とは問題性を作り上げることだという主張から、私が何を言わんとしているかお分かりだろうか。私は、問題性と探求の間には一つの関係性があると考えている。それは、欲求不満と攻撃性の間にありがちな因果関係のような、一方が他方を触発し、生み出すという関係である。もしこれが正しいなら、創造的思考は評価と批判を（それぞれ、ケア的思考と批判的思考の形で）触発し、生み出す。それゆえ、創造的思考は、あらゆる学習状況において思考を向上させるための高い価値を有しているのである。

創造的思考の過程における認知の動き

テクノロジーの産物である道具には、どんなものであっても、それを使うときに必然的に伴う、あるいは、そのために必要とされる連動した一連の動きがあるものだ。たとえば、自動車で言えば、踏み込んだり離したりするアクセルやブレーキペダルの動き、ステアリングを回す動き、スイッチを入れたり切ったりする動きの回路がある。この定められた動きの回路は、もちろんドライバーによって実行される。ドライバーは、使われなければただ理論上の存在にすぎなかったその動きを実体化させる。

心の行為もこれに似ている。すなわちそれが実行される前は、心の行為は理論上または仮想的な意味で存在しているにすぎない。しかしその行為が実行されるときには、行為は実体化されているのだとは言えない。実際、物理的動きも認知的動きも本当に「実体化される」ことは決してない。それらが「現実化される」ことはあるかもしれないが。コーチに勧められたゴルフクラブのスウィングが描く弧は、ゴルフ教室の生徒がスウィングするクラブによって現実化され、決定をする思考者は、意思決定や動きの決定を現実化している。それゆえすべての心の行為は心の動きを現実化する。すべての思考のスキルは思考の動きを現実化する。心の行為のすべてのつながりは、心的な結合や連絡としてすでに可能とされてきたのである。言いかえると、いかなる思考者も、いつも使っていて馴染みのある場所を通る莫大な数の小道、道、並木道、大通りが交差している場であり、それは、新しい土地を探索する冒険的な思考者にとって、それまで無関係に思えたつながりやつながりの集合体を示唆しているのである。無知や偏見のために、あるつながりは達成できないとみなされたり、ありえないとみなされたりするが、しかし、発明的ないし創造的で想像力に溢れた心が、大きな進歩のために選ぶのはまさにこのつながりなのである。

すべての動きは複雑である。すなわち、すべての動きは、より小さな動きへと無限に分解されることができる。孤立して存在する原子的な動きというものはないのだ。

創造性と探求の共同体における対話

探求の共同体は、多次元的に考えることに従事する熟議する集団である。探求の共同体とは、その集団の熟議が単なるおしゃべりや会話ではないことを意味している。すなわち、熟議は、論理的に訓練された対話なのである。しかし、熟議が論理的に構築されているからといって、それが創造的な実践のための舞台となることを妨げるものではない。

ジョアンのことを例に考えてみよう。彼女が出席している講義では、彼女は普段は我関せずといった具合で傍観している。教授たちは彼女に自分の博学ぶりを印象づけているが、どんな教授が質問されたことについて考えてみよと言っても、彼女は一生懸命になることはほとんどなく、コメントをせよ、論文を詳述せよと言われたときでも変わらないのは言うまでもない。しかし彼女は今、教師が対話のファシリテーターとしてのみ振る舞うゼミに参加している。教師は、ときに進行を止め、個々の生徒の発言が何を当然の前提と考えているかについて問い尋ねることはあるのだが。そして対話は深まり、ジョアンは、以前には特定の観点からのみ理解していたテーマに、まだ別の側面があることを気づくに至った。そしてさらに対話は深まり、まもなくジョアンは、どうやら一つや二つではなく、もっとたくさんの側面がありうるのだということに気づいた。彼女は身を乗り出して一心に聞いた。すると彼女の口から突然コメントが爆発的に溢れ出した。他の人々はおおいに驚いたが、彼女自身も同じほど驚いた。それで議論は終わったわけではなく、その授業の終わりまでずっと続いた。たぶん彼女の意見は重要な貢献をなしたのだった。まあ、たぶん小さな貢献だったかもしれない。しかし、彼女は帰り道、自分の意見のことや、どのようにしたらもっとよかったか、それができたらどんなにすばらしいことか、といったことをよく考えた。彼女は対話の強風にさらされ、普通は無口で自意識過剰な自分に打ち勝ち、そして発言するに至ったのだ。自分自身で「私は」といって話したのは、彼女だったのだ。さらに、他の人たちが自分の発言を夢中になって聞いていたことも彼女は見逃していなかった。それは、味わったことのない者にとっては甘美な経験だった。「私は自分の考えを話し、そして聞き手に考えさせた」。これが、彼女がまだ何が自分の心をこれほどまでに揺り動かすのだろうと考えながら歩いているときに、彼女の頭をよぎったことだった。もっと効果的に意見できなかったことを悔やみつつも、彼女は自分が言ったことを今一度口ずさみ満喫してみた。しかし、どうしてそうしたことが起こったかについて言えば、彼女が分かったことはただ、それ、つまりその状況が彼女から発言を引き出したということだ。状況は彼女に言うべきことを教えたわけではない。状況は、彼女が自分の言いたいことを言うことの重要性に気づかせる環境を作り出したのである。言いたいことを言うために彼女は、いわば、初めてどのように話すかを自分自身に教えねばならなかったのである。

熟議によって探求する共同体は、批判的でケア的で創造的な思考を呼び起こす条件を作り出す。そして今度はそのような思考は、共同体とそのメンバーの両方の目的を促進する。これは、学習や知識、学識の獲得に重きを置く教室に見いだせる条件とはまるで異なった条件である。講義が、教育として劣ったやり方だとか時代遅れのやり方だとかいうことではない。すばらしい講義はありうるし、芸術作品のような講義もありうる。講義は教科のテーマを、多角的な視点からのディスカッションよりも一つの視点から深く掘り下げることも十分ありうる。しかし、講義が魅力的でカリスマ的であればあるほど、聞く者を能動的な探求者ではなく受動的な賞賛者にかえてしまう。その結果、創造性は奨励されるのではなく抑制されることがしばしば見られる。これは創造的思考にも当てはまることだ。講義は、生徒が自分自身で生産的になるために知を生み出すための手段を生徒に引き渡すどころか、それを独占してしまっているのである。

創造性と自ら思考すること

創造性をどこからともなく現れてくる過程だと考えていても仕方がない。創造性とは、与えられたものを何か根本的に異なるものへと変容させること——つまり、手品でシルクハットから取り出されるウサギではなく、芸術の力で豚の耳から作られるシルクの財布なのである。

自分で考えず他者に考えてもらうような、自らの創造性にそむく者たちに対してソクラテスとカントは二人とも、厳しく批判的であった。私たちは自ら思考せねばならないし、他の人々にも自分自身で考えるよう手助けをしなければならない。ギルバート・ライルは、「思考と自己教育」[4]という論文の中で、優れた教員について次のように述べている。

1　優れた教員は繰り返さない。同じことを言わねばならないときは、違った方法で言う。

2　教員が教えたことを使って、生徒が自分独自の方法でできることを期待する。「当てはめなさい、言い換えてみなさい、要約しなさい、結論を導きなさい、以前学んだことと結びつけなさい」など。

3　言葉で教えるのではなく、何がなされることが望ましいのかを見せ、同じ方法で行動や発言をさせる。

4　生徒を質問で悩まし、生徒の答えについてさらに質問する。

5　生徒に実践につぐ実践を繰り返させる。転換法や三段論法のように。

6　ある程度いつも通りの流れに沿って生徒の手を引くが、窮地で手を離し、生徒がゴール前の最後の直線に自らたどり着けるようにする。

7　はなはだしく間違った解決法を引用し、その何が間違いでどのようにそれを改良するかをピンポイントで指摘できることを期待する。

8　部分的に類似しているがより簡単な問題に生徒の注意を引きつけ、そしてその類似

4——"Thinking and Self-Teaching," in Konstantin Kolenda (ed.), *Symposium on Gilbert Ryle*, Rice University Studies 58:3 (Summer1972), as reprinted in *Thinking: The Journal of Philosophy for Children* 1:3-4 (n.d.), 18-23.

を手引きに使わせる。

9　複雑な問題を簡単なパーツに分け、生徒にその簡単にした問題群を解かせ、その解答群をあらためて一つにまとめる。

10　生徒が解決にたどりついたとき、補助的な問題や相似した問題を生徒に与える。

ライルは、教科の違いにかかわりなく、優れた教師が生徒たちに何をしているかを明らかにしたが、さらに続けて、私たちが自分で考えようとするときに、私たちはまったく同じことを自分自身に対してしているのだと論じている。私たちが自ら考えようとするとき、教員の役割と学ぶ側の役割の間を行ったり来たりするというわけではもちろんない。それはむしろ、私たちが、優秀な教師が生徒にさせようとすることを自分自身にさせているという意味である。

ライルが言うには、私たちがじっくり考えるとき、私たちは教わってきていない事実を埋め合わせようとする。だから私たちは、教員が私たちに課す課題を自分自身に課しているのである。ライルは、教えられることと考えることが同一だと言いたいわけではないと言う。しかしその二つの間に重要なつながりが存在していると主張しているのである。

私がライルの分析について特に強調したいのは、彼が最初に、教員—生徒間の対話の特徴である探求の手順もしくは探索の作業を明らかにしていることである。次に彼は、自身の私的な熟議の中で、私たちはまったく同一の手順を内面化していくと論じる。いわば彼は、私たちが自身との対話ができるように手助けをしているのである。

それならば、自分で考えることは対話的である。その場合、私はそうだと思うが、自分で考えることは、創造的思考の最も適切なパラダイムなのであり、ライルの主張は、どんな仕事場、工房、アトリエ、指導講習会、研究所などでも、教える側が生徒に「創造的である」ことを奨励する場では有効である。

個人の創造的思考は、ライルが述べたやり方が示しているようなよい教員とその生徒たちの間の対話のやりとりに似ている。このことがまさしく実証されるべき仮定であると思われる。これは、芸術家志望者が創造的であることを促進する方法であろうか。医者志望、物理学者志望はどうだろう。詩人志望、法律家志望、生物学者志望はどうだろう。私たちが技能を教えられ、どうにかその技能を超えられるようになる場所ならどこでも、私たちは自ら考えることを促進してくれるものを見つけるはずだ。技能を学ぶことは、他者がどのように考えるか、どのように考えてきたかを学ぶことであり、それは軽視できない知識と熟練の技である。ところが、一つの技術を身につけることは、他者との対話の中に入っていくことであり、こちらでは他者の考えを受け流し、あちらでは他者の考えに基づき、こちらでそれを拒絶し、あちらで修正しながらそうするのである。そしてそれは、私たちが作ったり言ったり行動したりする自分だけのやり方を発見するまで、すなわち、私たちが独自の創造性を発見するまで続くのである。

ライルが述べた探索の技術と探求の手続きは、探求の共同体の特徴である。それらの技術や手順は、生徒によって詳細に内面化され、その結果、その共同体の方法論的熟議は、個人による方法論的熟議と思索へと取り込まれていくのである。

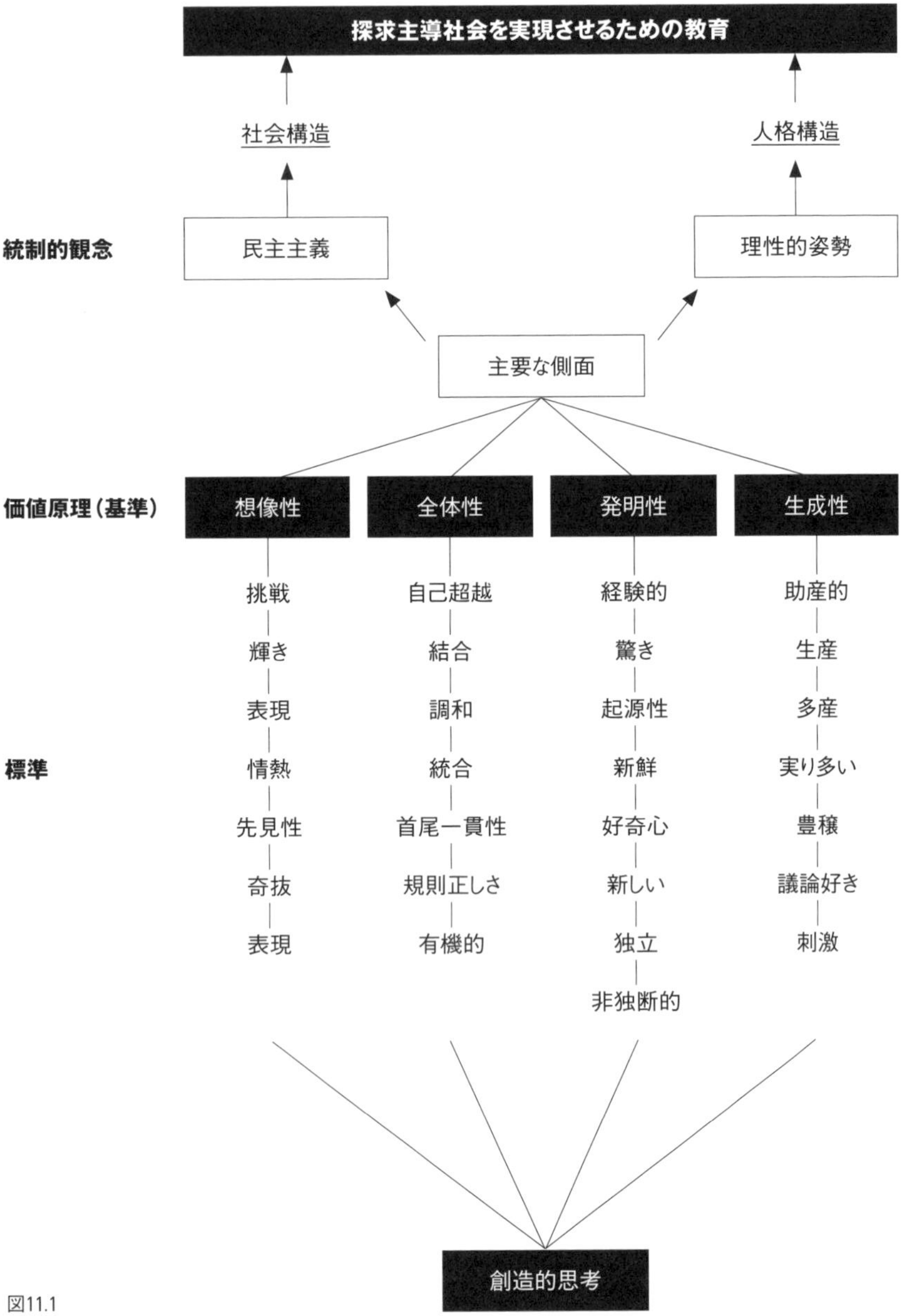
探求主導社会を実現させるための教育
社会構造
人格構造
統制的観念
民主主義
理性的姿勢
主要な側面
価値原理（基準）
想像性
全体性
発明性
生成性
標準
挑戦
輝き
表現
情熱
先見性
奇抜
表現
自己超越
結合
調和
統合
首尾一貫性
規則正しさ
有機的
経験的
驚き
起源性
新鮮
好奇心
新しい
独立
非独断的
助産的
生産
多産
実り多い
豊穣
議論好き
刺激
創造的思考

図11.1

第十二章

ケア的思考の教育

Education for Caring Thinking

思考における情熱の場

文学研究者なら文句なしに同意するように、世界の偉大なソネットの選集のどれにも、シェークスピアのソネットのほとんどが収まっている。そして、もし誰かが多元的な思考を最もよく体現しているものを探さなければならないとすれば、「形而上学的な詩人」、特にシェークスピアやダンに立ち返るであろう。ふたりの作品は批判的、創造的、ケア的思考をバランスよく表現している。たとえば、シェークスピアは、自分がどのように作品を書き始めるべきか――どんな喩えを使って始めるべきか――についての批判的な問いを詩の冒頭で語ることに抵抗を感じていない。たとえば、「あなたを夏の日にたとえてみましょうか」。シェークスピアの文彩は高度に発明的だ。つまり、どの詩も高度に想像豊かな隠喩を含んでいる。そして同時に、その詩が捧げられる人物に対する彼の感情は、彼の語やイメージの選択を導く熱烈な愛情と賞賛なのである。同じように、エロイーズからアベラールに贈られたラブレターは偉大な文学の高みに到達している。なぜならその手紙は、批判的で創造的な思考を、手紙を満たすおだやかな情熱と融合させているからである。

批判的で、創造的で、ケア的な思考の組み合わせとして思考を説明するとき、最も議論の的となるのはこの情熱の問題である。私たちは、批判的思考を、推論や論証、演繹法や帰納法、形式や構造や構成の問題だと考える傾向がある。そのとき、私たちの情動がどれだけ深く自身の思考を形作って方向付け、情動がどれほど思考に枠組みや均衡感覚、視点、よりよい静寂、あまたの別視点を与えているかには目を向けていない。情動のない思考は平坦で人の興味を惹かないであろう。芸術家のドラマティックな想像力でさえも、私たちの感動を喚起することはないだろう。ケアすることとは、私たちが尊重する対象に焦点を当てること、その真価を認め、その価値を評価することだ。

ケア的思考には二つの意味がある。一つには、気遣いを持って私たちの思考の主題を考えるという意味で、もう一つは、思考の方法について関心を持つことである。それゆえ、たとえばラブレターを書いている人は手紙の相手に向けて愛を込めて書くし、他方で同時に、その手紙それ自体も気がかりになっている。

重要な事柄のための関心としてのケア的思考

ギルバート・ライルは、私たちの思考とは無思考の原因から生じる結果であると想定する誤謬を何とかして論破しようとした。その誤謬によれば、私たちが滑稽な出来事を見て笑うのは、初めに出来事を情動を持たぬままに観察し、次に感情と笑いの衝動が生じる、そんな過程に分析できるかのようだ。しかし実際はそうではなく、その出来事自体が初めから笑いを誘うものであり、私たちが笑うのは、その出来事を滑稽だと適切に評価しながら、ただそれに反応しているだけなのだ。ライルが言うには、ただ単純に「私たちはその出来事をおかしいと思った」というのが正解なのである。

心配性の母親は、初めは彼女の子どもの病気に関するはっきりしていない真実を冷静に考察し、そのあとで不安を抱くようになり、心配のあまり手をもみしだくようになる、こういったことではないのである。彼女は不安な心で思考し、あまりに心配で子どものことばかりを考え続け、その子どもの危険に関連していたり影響を与えたりするようなことでないかぎり、他のことはほとんど考えられなくなる［1］。

ライルのこの論文が出版されてからもう三十年以上になるが、私たちはまだ彼がここで厳しく非難している認識論的な間違いを犯す傾向がある。「母親が息子のためにケアするのは、彼女が息子について関心があるからだ」と言う人がいるだろう。それに対し「いやその逆で、彼女が息子について関心があるのは、まさしく母親が息子のために

1——Gilbert Ryle, "A Rational Animal," in *Auguste Comte memorial lectures 1953-1962* (Athlone: University of London, 1964), p.182.

ケアしているからだ」と誰かが応える。しかし、出来事がおもしろくておかしいから笑うのと同様、母親は彼が大切だからケアするのであり、彼女のケアは彼が大切だという判断なのである。私たちは、どのようにして倫理的なものが倫理的でないものから現れるのか、どのようにして美的なものが美的でないものから現れるのかを議論し続けている。ライルの議論から、その「倫理的でないもの」とか「美的でないもの」なるものは完全に時代遅れの認識論の考えから生じた神話なのだという結論を導き出すべきなのに、私たちはそのことにまるで気づいていないのである。信じがたいことだが、人々は、美的な属性を持つ音楽が「単なる音」からどのように現れうるのか、美的な属性を持つ絵画が「単なる絵の具」からどのように現れうるのかを考えているが、人々は、単なる音や単なる絵はすでに美的な特性を十分にしみ込ませていることを（もしそれを認識したことがあるのならば、だが）忘れているのである。創造とは、まったく美的でないものから美的なものを抽出することではなく、ある美的な特性を他の美的なものに変身させることだ。同じように、教育とは、理性的でない子どもから理性的な大人を抽出することではなく、子どもの理性的でありたいという衝動を発展させることだ。実際は、子どもの健全で哲学的な衝動をくじくことが教育としてしばしばまかり通っている。その結果、哲学的な傾向を持った子どもが非哲学的な大人になってしまうのだ。

　このことは私たちをライルの論点、すなわち、ジョークを笑うのはそれがおかしいからで、光景を笑うのはそれが愉快だからで、出来事を笑うのはそれがおもしろいからといった論点に立ち返らせてくれる。同じように、私たちは、自分にとって大切な事柄をケアする。それがどのくらい大切かは程度の問題であり、どのくらいケアしているかによるにせよ、そうなのである。レアストーンはそれ自体としては、普通の石より貴重であるともないとも言えない。レアストーンが貴重かどうかを決めるのは私たちのケアであり、すなわち、私たちがその価値を注意深く選別することが、レアストーンの貴重さを決めるのだ。

『不思議の国のアリス』ではコックの赤ちゃんが豚になったり赤ちゃんに戻ったりしたように、ある種のケア（配慮）は他の種類のものにたやすく変わる。Aさんが Bさんの論文を始めから終わりまで注意深く読むとする。しかしそれは、Aさんが Bさんを個人的にケアしているので読み始めたのかもしれないし、読み続けているのは自分に編集上の責任があると感じているからかもしれないし、その論文が真に心に訴えかけたり好感の持てるものだったりするからかもしれない。そのどれもが、Aさんが読むことに正当な根拠を与えるケアの形式であり、同じ行為に対しての三つの異なる正当な根拠となっている。正当な根拠として、どのケアも「なぜAさんは論文を読んでいるのか」を表している。それゆえ、一見すると、それらは「単なる感情」と同じではないかと思うかもしれないが、どれも思考なのである。

いくつかの種類のケア的思考

ケアは単に思考の因果的条件であるだけではない（加えて言えば、ケアが常に思考の因果的条

2——以上は、私の以下の論文からの抜粋である。
"Caring as Thinking" in *Inquiry: Critical Thinking across the Disciplines*, vol.15, no.1 (autumn 1995), 1-13.

件である必要はない)。むしろケアは、思考それ自体のあり方であり、様態であり、側面でありうるのである。私はこのことをずっと強調してきた[2]。それゆえ、ケアは、選択肢を細かく調べたり、関係性を発見したり創造したり、関係性をさらに関係づけたり、そして相違を評定するような認知上の作用として働くときには、一種の思考なのである。しかし、区別や順位付けが不公平なものになってしまい、有用性を失う恐れがあるとき、その区別や順位付けをやめてしまうのも、まさしくケアの本質である。それゆえ、ケアする親は、「自然であること」が上下階層づけと関係ないのと同様、「人間であること」が程度の問題ではないことを知っており、子どもたちに順位付けをしようとしたりしない。しかし同時に、ケアする親は、視点の取り方には重大な違いがあり、それゆえに、ある視点と別の視点を取るのとでは物事の優先性も変わってくるということも分かっている。それゆえ、ケアする人たちは、すべての存在は同じ土台に立っているという存在論的な等価性と、私たちの情動的な区別から生まれてくる優先性についての見方の違いや認知のニュアンスの間で、絶えずバランスをとろうとして努力している。

ところが、私はケア的思考をどう定義すればよいか、まだ提案できないと感じている。それは、私が提案した批判的思考の基準が、認知のケア的側面の定義をするときにも関連してくると言えそうだからである。かわりに私が提示できるのはさまざまなケア的思考の一覧表であるが、重複もあるし、包括的とは言えないと私も感じてはいる。しかしこれらがこのケアという領域の顕著な特徴であり、それらに留意しておいて損はないだろう。

真価を見いだす思考

　ジョン・デューイも指摘していたが、私たちは、尊ぶことと評価すること、尊重することと価値判断すること、価値付けすることと評定することの区別をすべきである[3]。価値付けすることとは、正当に評価し、大切にし、親愛を持つことである。一方、評定することは、その価値を算定することである。尊ぶことと評価することの違いは、類似語の間の違いのように、程度の違いである。評価の要素を含まない尊びはなく、尊ぶ要素を含まない評価もない。

　どんな場合も、尊び、賞賛し、大切にし、感謝するときには、私たちはそれを支える関係性を理由に価値付けに関与している。贈り物を価値付けすることは、贈り物が表現している贈り主から自分に向けた感情を推し量って、そのものを価値付けすることである。その贈り物は、私たちの態度や気質や情動と、贈り主のそれとの間につながりを作るので大切なものである。そのつながりを作るには他の方法では難しい。

　それゆえ、芸術作品の真価を見いだすこととは、作品の諸部分相互の関係性と、その作品の部分と主要な側面との関係性に気づくことを楽しむことである。映画の撮影技法を正当に評価することは、カメラワークと、演技や演出、音楽などの側面との間の関係性だけでなく、映画を観る者にカメラが見えるようにしてくれる視覚的な関係性を楽しむことである。同じように、ある顔に興味を持ったり美しいと思ったりすることは、特徴そのものの中の関係性だけでなく、さまざまな特徴の間の関係性を賞賛し楽しむこと

3——John Dewey, "Theory of Valuation," *International Encyclopedia of United Science* (Chicago: University of Chicago Press, 1939), p.5.
デューイが示唆しているのは、尊ぶことは喜びや愛を持つことであるが、他方、評価することは価値を割り当てることである。尊ぶことは定まった個人的な指示関係と「情動と呼ばれる側面的な性質」を持っている。他方、評価することにおいては、知的側面が優先している。

である。もしそうせよと言われたら、なぜ賞賛したかの理由として、それらの内在的関係性をいつでも引き合いに出せるのと同じように、私たちは特徴の中の関係をいつでも言及することができる。

真価を見いだすことは、大切なことや重要なことに注意を払うことである。私たちが注意を払うから重要なのだということは、一見すると循環論法に見えるが、それは気にしなくてもよい。それは部分的にのみ正しいだけである。自然の中の物事に、どちらがよいとかどちらが悪いということはない。しかし、私たちがある特定の視点からそれらを比べたり対照したりするとき、私たちはそれらの類似性や相違に注意を払い、それゆえ価値付けするのである。湖はそれ自体が海よりもよいとか悪いとかはないし、丘も山よりよいとか悪いとかはない。したがって、私たちがそういったものを関係させながら、評価しながら経験するのは、ただ特定の文脈においてだけである。キュレーターが芸術作品にケアし、医者が健康にケアし、牧師が魂にケアするのは、この意味においてである。こうした人々は、自分にとって問題となることに関心を向けている点でケア的な人々であり、彼らのその行いは、「単に情動的」なあらわれではなく、純粋に認知的な価値を持っているのである[4]。

情緒的思考

情緒的思考は、理性と情動の二分法をレーザー光線のように切り裂いていく概念である。明快な陽光である理性を混乱させる心理的な台風が情動であると考えるのではなく、

4――ハリー・フランクファートは次のように述べている。「何にとっても、本当に重要でないものとして在るということは、どのように可能だろうか。それはそのような存在の作る差異がそれ自体まったく重要でないという理由でのみありうる。それゆえ、重要さの概念の分析において、そういった存在の作る差異が重要な差異でない限り何も重要ではないという結果になるという条件を含めることは、明らかに必要不可欠である」*The Importance of What We Care About* (New York: Cambridge University Press, 1988) p.82.ところが、私はフランクファートの次の主張、すなわち、ケアはある個人にとって大切なものに関係しているはずであり、それは個人が人間関係的に気遣っていること、つまり倫理的なことに比べられる、という主張にはただちに同意できない。

情動とはそれ自体が判断の形であり、もっと広い意味で言うと、思考の形であると考えることができる。マーサ・ヌスバウムはこう書いている。

> 情動は思考の一種である。どんな思考もそうであるように、情動も誤ることがある。アリストテレスやルソーも、人は誤った情動を持ちうる、たとえば、人の財産や評判についての過度な関心がそうである、と主張したことだろう。（中略）もし情動が存在しなかったら、判断も十分には存在しないと認めざるをえないだろう。（中略）それは、ある種の真実を表現するためには、情動を表現しなくてはならないということである。またそれは、読者とある真実についてやりとりするためには、読者の情動を喚起するように書かなくてはならないことを意味している［5］。

もう一度言おう。強調されている論点は、情動のうち少なくともいくつかは、人間が判断するときに生じる単なる生理学的な結果ではないということである。情動は、それらの判断そのものである。見知らぬ人が口に出すのも憚られるような侮辱をしているのを読んだときに感じる憤りとは、その出来事が恥知らずなことだと判断することである。思考の名前に値するのが演繹的思考や禁欲的な合理性ばかりだと考えられている限りは、思考を向上させるための方法はほとんど出番がない。思考教育への教育学的なアプローチは、情緒的思考を含めねばならない。それは、単に民主主義的多元主義への漠然とした忠誠に敬意を表するという理由だけではなく、他の種類の思考のあり方をきちんと認めていないと、既知のタイプの思考ばかりを扱うという浅薄なことになってしま

5——M. Nussbaum, "Emotions as Judgments of Value," *Yale J. of Critisism* 5, no.2. (1992),209-10.

うからである。

一つの例を考えてみよう。あなたは罪のない子どもが虐待されているのを見て憤っている。あなたの憤りは思考と言えるだけの条件を満たしているだろうか。もちろんあなたの怒りは無垢な存在への虐待は不当であるという意識を含んでおり、また加えて、あなたの感じた怒りが正当であるという意識も含んでいる。憤りは、たった一つの簡単な出来事から生まれるものではない。つまり、憤るには理由が必要なのだ。その理由は強いものであったりよいものであったりはしないかもしれないが、それは理由であって、原因ではない。憤りの理由は憤りそれ自体の一部をなしている。

それゆえ、人が感じる憤りとは、罪のない人が傷つけられたという初めの実感が発展したものであるが、等しくそのようなふるまいが不当であるという実感が発展したものでもある。一定の文脈において不当となるということは、そのふるまいが根拠や正当化を欠いているということである。虐待は不当であると感じられ、その憤りは正当なものだと感じられる。そしてその正当性とは、首尾一貫性または妥当性であるのと同様、認知的な尺度でもある。

これは、道徳教育にとって過小評価されてはならない重要な問題である。しばしば人間の行動は、情動に直接追従する。人は憎しみを持てば、破壊的にふるまう。人は愛すれば、友好的にふるまう。つまり、もし私たちが反社会的な情動をコントロールできれば、私たちは反社会的行為をコントロールすることができそうである。

行動的思考

先ほど情動とは認知的であると述べたので、行動が認知的なものとして記述されることがあると知ってもほとんど驚くに値しないであろう。ボディランゲージや顔の表情などの身体的な動きがそうである。そして基準となるはっきりした意味を持たない行動でさえ、ふさわしい文脈で実行されれば、一つの意味を帯びるかもしれない。

ケアについての議論で、（何かに愛情を持つという意味での）ケアという言葉と、（何かの世話をしたり面倒をみたりするという意味での）ケアという言葉の間の曖昧さに気づかないようなものはほとんどない。私たちはそれらの意味を、前者を情緒的思考、後者を行動的思考と分類して区別したいものである。私はこの文脈で、行動的という用語を、行動であると同時に思考の方法という意味で使っている。

それゆえ、行動的思考の一つのタイプはキュレーター的、つまり大切にするものを保持するタイプの行動的思考である。人はルックスや若さを保とうと努力する。自分が価値を置くものを、貪欲に飲み込んでいく時間から守ろうとする。抽象的な価値を保とうとする人たちもいる。論理学者がある議論について前提とされた真理をその結論で維持しようとしたり、翻訳家がある言語で書かれたことの意味を別の言語でも保とうとするようにである。

行動的思考のもう一つのタイプは、スポーツのような専門的な活動から説明できる。たとえば野球の試合は、ある点では非常に細かくルールに従うが、他の点ではオープン

6——Michael Lewis and Linda Michalson develop this fugal theory in *Children's Emotions and Moods* (New York: Plenum Press, 1983), pp.87-93.

で大まかな基準に従っている。三振したら退くなど単に機械的な行為が必要な状況もあるし、トリプルプレーへの挑戦など、創造的な判断が必要な状況もある。私たちはそういった活動を認知的と呼ぶ。多くの専門的な行為がそうであるように、これらの活動はさまざまな判断に満ちているからである。

このことは、バクラーが提案したように、判断の概念についての新しい見方を必要とする。バクラーによると、すべての判断はその判断をなす人を表現するもので、その人の世界を評価するものである[6]。野球ボールを投げるなら、投げ方はその人の表現であるし、また、投げるときには、風速やキャッチャーの準備、バッターの熟達度などの点も考慮に入れるだろう。すべての行為は、ある人の置かれた状況をテストする一つの介入なのである。

それゆえ、言葉による言語があるように、行為による言語がある。そしてもし言葉の意味が、言葉を取り込んでいる文とその言葉との関係の中に見いだされるならば、同じように行為の意味は、行為を体現する計画やシナリオと行為の関係の中に見いだされる。行為の意味はまた、文脈上の関係の中だけでなく、行為が帰結する結果との関係の中にも見いだすことができる。

規範的思考

実際にどうあるかについての思考と、どうあるべきかについての思考とを結びつけるような思考について、ここでひとこと述べておく必要がある。これは、ある程度、家庭や学校での道徳的しつけの問題である。力説しておきたいのは、子どもは、何かを望んでいるときにはいつでも、何が望まれるべきかを考えており、それによって、常に望まれるものを望ましいものに結びつけていることである。望ましいものとは、現実的な実践についての反省から生じた帰結の一例である。なぜなら、なされたことを探求することで、何がなされるべきかのための下絵や青写真を思いつくことができるはずだからである。

規範的なものと現実的なものの結合は、行動とケア両方における反省的な側面を強化する。ケアする人はいつも、理想的なケア的行為が実行可能かどうかを問題にする。それゆえに、その理想についての反省は、実際に何が起きているかに注意を払うことが含まれている。この規範的な側面は常に認知的なので、規範的側面がケアすることの他の側面と分離できないというのは、認知の状態についてのこれまでの主張を単に繰り返したにすぎない。

自分が何者であるかを反省できる人たちはまた、自分がそうなりたいと望む人物、そうなりたいと望むべきである人物についても考察する必要がある。現にある世界について考えられる人たちは、自分たちがそこに住みたいと望む世界、そこに住みたいと望むべきである世界についても考えることができるようにさせてあげるべきだろう。そのような問題に取り組むと人生の多くを使ってしまうかもしれないが、有益に使われた時間となるだろう。

共感的思考

「共感」という用語は広い意味を持っているが、ここでは本論の目的のため、もっぱら、私たち自身を他者の状況に置き換え、他者の情動を自分のことのように経験するときに生じることとの関連でのみ使うこととする。であるから、その用語の重要性は、第一に倫理的なものである。つまり、ケアの一つのあり方は、私たちが自分たち自身の感情や視点や立場を抜けだして、他人の感情や視点を持ち、他人の立場に立つことを想像するということなのである。マーク・ジョンソンが言ったように、「共感的な想像が、私的で個人的、まったくの主観的な活動だと心配する必要はない。むしろ、共感的想像は、私たちがそれによって、多かれ少なかれ共通な世界——ジェスチャーや行動、知覚、経験、意味、記号、語りが共有された世界——に住むことができる中心的活動である」[7]。私たちの感情が自分自身の状況の理解にとって重要な役割を担うのであれば、誰か他の人の感情にそれを置き換えることで、他者がその状況をどう見ているかについてもっと理解できるようになるということを見て取るのは容易であろう。

たしかに、相互理解をしばしば崩壊させる原因というのは、当事者が互いの相互作用に含まれている言語的あるいは認知的な要因だけしか評価できず、相互理解を一つの現実として作り上げていく情動の交流ができなかったことにある。

ときとして道徳的な想像力は、単に虚構を扱うだけの戯れにすぎないかのように扱われる。しかしその反対に、道徳的想像力は、道徳と真剣に向き合うための手続きである。

7——Mark Johnson, *Moral Imagination* (Chicago: University of Chicago Press, 1993), p. 201.

私たちがうわべだけ倫理的であるようにふるまうのは、私たちが他者の立場に自分たちを置いていないときである。確かに、共感的な行動は、私たちが他者の評定を受け入れるように求めることはない。すなわち、私たちにはまだなすべき判断がある。しかし今、私たちにはもっとよい理由があり、それゆえ私たちがなした判断はより強いものになりうるのである。

私は、教育において思考を向上させるための重要な見方から生じたどのような考察においても、ケア的思考を、批判的思考と創造的思考に付け加える必要があると主張してきた。それには二つの大きな理由がある。（1）ケアは、認知的企てとして十分に信用できる。たとえ、推論や定義のようにはっきりと認知と認められる行為ではなく、しばしばスクリーニングやフィルタリング、計測、測量のようなほとんど認知的と認められない心の行為から成り立っているとしても、そうなのである。しかし、認知的なものは高度に可視的なものだけに限られるわけではない。生体維持に不可欠な臓器が、心臓や肺のポンプ機能のように目立った活動に携わっているものに限られないのと同じである。肝臓や腎臓によるフィルタリングや選別は人間の生命に必要なのだから、生体維持に不可欠である。（2）ケアがなかったら、思考は価値という側面を欠くことになる。もし思考が価値付けを含まないのであれば、思考は無感情で無関心、ケアを欠いた形で主題にアプローチするようになるし、そのことは探求そのものさえ滞りがちになることを意味している。ケア的思考を擁護しようとするときにも、私は決して批判的思考と創造的思考を見くびることはしない。応用的な思考を擁護するのに、理論的な思考を見くびろうとは思わないのと同じことである。しかし多くの人々が、合理主義と非合理主義というほとんどマニ教的な二元論に陥ってしまうものである。そうして、そうした人々にとっては、理性的姿勢とはどういうことかについて再教育しようとしても、言うは易く行うは難し、となる。

　私は、選択や決心をするときに人は情動を抱き、そしてそのような選択や決心が判断の最前線にあるのではないかと考えている。実際、判断へと飛躍する思考においても、判断から降りてきてそこから離れていく思考においても、情動の果たす役割はたいへんに重要であり、それゆえに、それらの思考を相互に区別することはひどく難しい。実際には、区別ができなくてもおかしくないし、同一であってもおかしくない。この場合、情動とは選択そのものであり、決心そのものであり、判断そのものであるといってもまったくもっともなのである。そして、それが重要な事柄に関わるとき、私たちがケア的思考と呼んで差し支えないのは、まさにこの種の思考なのである。

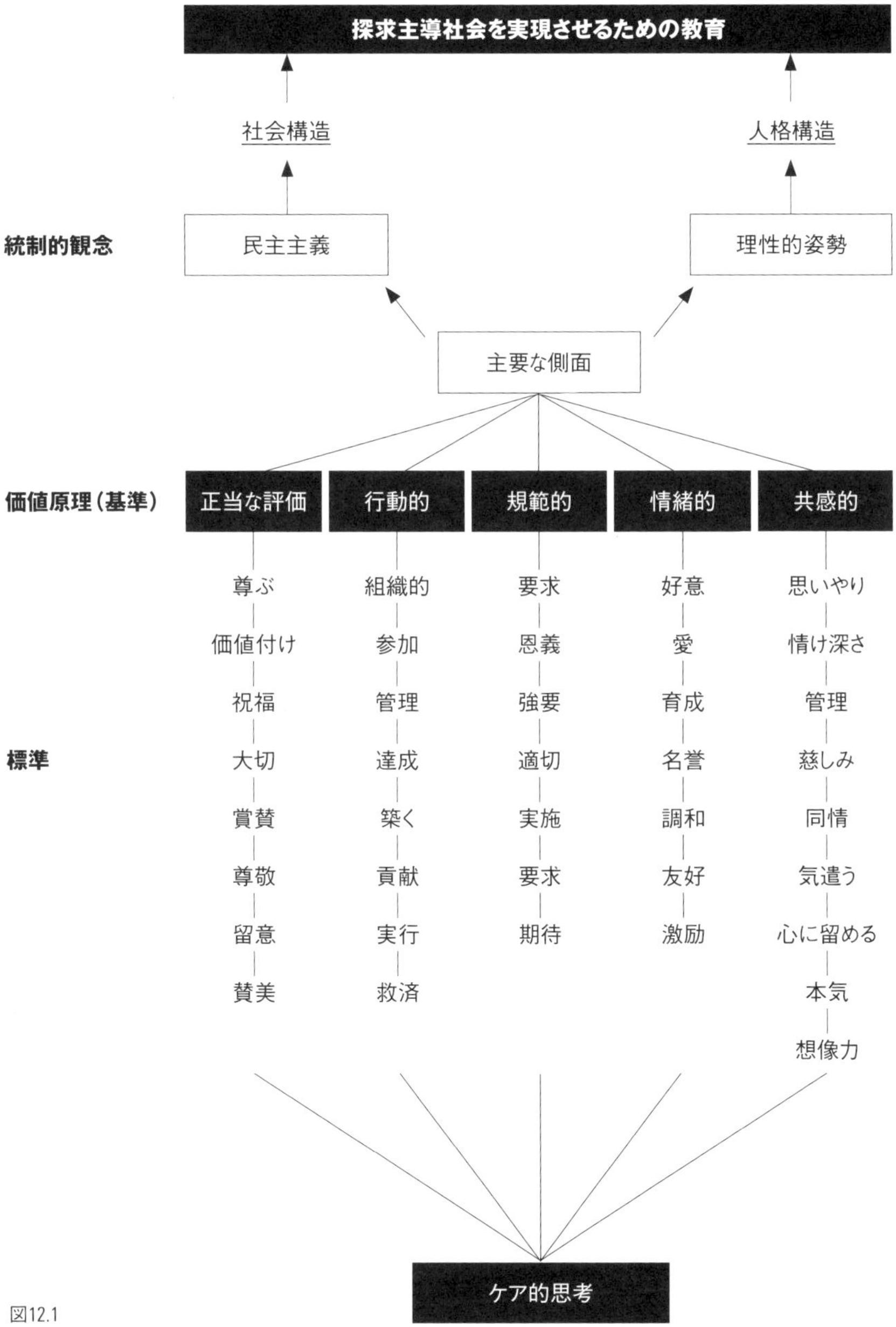
探求主導社会を実現させるための教育
社会構造
人格構造
統制的観念
民主主義
理性的姿勢
主要な側面
価値原理（基準）
正当な評価
行動的
規範的
情緒的
共感的
標準
尊ぶ
価値付け
祝福
大切
賞賛
尊敬
留意
賛美
組織的
参加
管理
達成
築く
貢献
実行
救済
要求
恩義
強要
適切
実施
要求
期待
好意
愛
育成
名誉
調和
友好
激励
思いやり
情け深さ
管理
慈しみ
同情
気遣う
心に留める
本気
想像力
ケア的思考

図12.1

第十三章 判断力を高める

Strengthening the Power of Judgment

よりよい判断に到達させるための教育を

判断に熟達するのは、原理に則った結果か、あるいは実践を繰り返した結果によるものだと一般的に考えられている。原理に則った判断は、標準や基準、根拠によって導かれる。したがって、原理に則って判断するように生徒を指導するときには、原理を学ばせることに焦点がしぼられ、その原理によって判断が統制されることになる。他方、実践に関する判断は、経験によって生み出されるものであり、徐々に判断の質を高めていきながら、経験から成果を得ることで、判断に熟達するよう生徒は求められる。

さて、この双方のアプローチが問題である。確かに、理論的領域では、原理を習得することに重点が置かれるだろうし、職人や芸術家といった人々の領域では、実践に重きが置かれるだろう。また、専門職や技術職の領域では、この二つのアプローチはほとんど同じくらい重点が置かれるだろう。いずれにしても、二つのアプローチの双方が必要であることは明らかだ。私がここで第一に考えていることは、こと教育という文脈の中で判断を形成するには、この二つだけで十分なのかという問題である。

ある程度詳細にこの問題に立ち入る前に、触れておくべき問題が一つある。それは多くの教育者が問おうとし、次のように推論されると考えられる問題である。「なぜ私たちは、わざわざ時間を割いて判断力について議論しているのだろうか。判断力については、教育が責任を担うべき領域とはまったく認識されていないし、これまでもされてこなかった。子どもたちは、学びに、すなわち知識を得るために学校に来るのであって、その知識をどれだけうまく使うか、あるいはうまく使えないかは、子どもたち次第だ。たしかに論理的に推論を積み重ねることについての指導を私たちは軽視してきた。しかし、判断について教えていないことに対して謝罪などする必要はない。学校教育の中でそれをどのようにすべきなのかを示そうとした者などこれまでいないし、今後もそのような者が現れるとは思えない」。

親たちも、多少の不満をもらさないわけではないが、今までこうした主張を受け入れる傾向にあった。自分たちの子どもの判断力が乏しいと認める限り、たぶんそれは他ならぬ親に責任があるのであって学校に責任はない、こう親たちは考えるのだろう。子どもたちは、衝動的で、無責任で、他者に対して偏見があるだろうか。このように欠点を並べてみたとき、それは、人格上の欠点であり、人格の欠点というものは、学校教育によるというよりは家庭の育て方に起因するものだと暗に言われてきた。しかし、このように説明されるせいで、親たちは挫折感の中に取り残されてしまうだろう。それは、たとえ親たちが自分たちに突きつけられてきた責任を受け入れるとしても、学校の助けなしに解決方法は見いだせないからである。好むと好まざるとにかかわらず、学校は家庭に代わる役割を果たしてきたのであり、判断力の育成は、いまや家庭と学校とで責任を分かち合うべき課題となっている。

親たちの中には、とにかく伝統的な価値観に基づいた厳格な体系をより効果的に子どもたちに刷り込めば、彼らの判断力を向上させられるという考えを持ってしまう人たちもいる。他方、そうした考えには否定的な親たちもいる。「もしかするとそうかもしれないが、問題の核心は判断力にあり、このことについて私たちはもっとうまくやらなければならない。私たちの子どもは、本物と偽物、深遠なものと表面的なもの、正当性のあることとないこととを区別できるようにならなければならない。自分の住むこの世界が、常にそれ自体隠されたもののない分かりやすいものであるとは限らないこと、それゆえに、罪なく力もない人々に対する暴力が消極的に不正とされるだけで、犠牲者やその仲間たちはあくまで自らの苦しみの原因が自分自身にあると言われてしまうのが常だということを、子どもたちは理解できるようにならなければならない。もしも学校でよりよい判断ができるように子どもを教育しようとして、今より多くのことを行えたとしたら、先入観によって子どもたちをたきつけて教え込むことで子どもたちを操作するような人々から子どもたちを守ることになるだろう。そうすることで、子どもたちはよりよい生産者、消費者に、よりよい市民に、そして将来、よりよい親になるだろう。だから、よりよい判断ができるように学校で教育しようではないか」というのである。

この問題は、ヘンリー・ヒギンズによって提起された「なぜ女性はもっと男性のようにできないのだろうか」という問いに似ていて、多くの人にとってもの悲しいものに感じられるだろう。しかし、この世界を理解し、それについて判断を下し、それに従って行動するということについて、子どもたちが抱えている問題は大変に深刻なものである。私たちは、学校ではこれまで判断ができるように教えてきたことはないし、これから教え始めるつもりもないと突っぱねるとき、自らを「揺るぎがない」と考えようとする。だがそれも、バートランド・ラッセルが「私は揺るぎないし、君は頑固で、彼は強情だ」と軽蔑しながら言ったことを思い出してしまえば、そうも考えていられない。好むと好まざるとにかかわらず、今後、私たちはよりよい判断ができるように教育を行っていかなければならないのだ。そうとなれば、それをどのようにしてやればよいのか、その方法を明らかにしていかなければならない。

批判的で、創造的で、ケア的な判断

まず、子どもたちの推論の力を高めれば、結果としてかならずよりよい判断を下せるようになるなどと考えるのはやめたほうがよい。それは、より適切な判断をするとかならずよりよい行動が伴う、と考えられないのと同じことである。私たちの関わっている領域では可能性については言えても、必然性について言うことはできない。

確かに、私たちが生徒の中で培いたいと考える理性的姿勢というものは、推論と判断とが合わさった結果である。しかし、この二つの関係というものは実に複雑だ。おそらく、この二つの間には一種の浸透のようなものがあって、それによって相互に流れこみあうのだろう（ただ、それがどのようなものなのか完全には分からない）。そして結果として、あらゆる推論に影響する何らかの判断があり、また逆にあらゆる判断に影響する何らかの推論もあるのだろう。あるいはまた、サンタヤナが指摘したように、どのような判断であれその核には推論が含まれるし、どのような推論であれその成果は判断なのである。

創造的に、ケア的に、批判的に判断すること、これらがいっしょになって、私たちは物事を理解することができる。ある事例（三—四年生向け）では類推（アナロジー）を分析する活動を行うのだが、その中で、生徒は一連の比喩表現について順位付けや段階分けをするように求められる。与えられる類推は、表面的なものから洞察力を必要とするものまであり、そのため、創造性に関して確実とは言えないさまざまな判断が出てくる。評価の判断を下すにあたって生徒はその根拠を示すように求められ、その評価の判断が活動の中で批判的な面を表している。いくつかの類推の内容の中には価値に関わる側面や情動的な側面を持つものもあり、その類推は、倫理的価値や、美的価値、情動的価値に関わっている。一部の例を示しておこう。

1 思想家に対する思考は、靴屋に対する靴のようなものである。
2 笑いに対するくすくす笑いは、泣くのに対してしくしく泣くのと同じようなものである。
3 物語に対する言葉は、花壇に対する花のようなものである。
4 価格に対する価値は、サイズに対する質のようなものである。

5 子どもに対する考えは、大人に対する記憶のようなものである。

6 成績表を持ち帰るのは、まだとじていない傷口からバンドエイドをはがすようなものである。

7 ピザの上にザウアークラウトをのせるのは、ミルクシェイキに食べ物を入れるようなものだ。

8 あざけりに対する冗談は、ひっかくことに対する愛撫のようなものだ。

9 試験という手段で人に教えようとするのは、圧力計という手段で自転車のタイヤに空気を入れようとするようなものだ。

10 よき隣人に対する敬意は、よき友人に対する愛情のようなものだ。

九—十歳の子どもたちは、このようにして与えられた比喩的表現を評価するように言われると、喜んで取り組む。しかし、それに加えて、彼らは斬新な類推や隠喩、直喩をたくさん生み出すこともできる。彼らは、新たに発見された、この創造的な自発性を思慮深く発揮できるようにならなければならない。極端にいくと、この創造的な自発性によって、批判的に判断する力が萎縮したり、適切な方向感覚や責任感の欠けた創意が生まれたりするという結果を招く可能性もある。

こうした極端な例はそれほど珍しいことではなく、むしろよくあることである。批判的思考は、判断を下す必要性を排除してしまうような出来合いの計算法を構築する方向に向かうことがよくあるし、他方で、創造的思考は、うまくいきさえすればよく、それを達成する手段はどうでもよいといった発見法に進んでしまう可能性がある。計算法は極端になると判断なき推論を、発見法は極端になると推論なき判断を導くことになる。

もし、学校で推論の力と判断力とをともに育成しなければならないことを教育者が認めるならば、教育法として三つの手段が重要であることを認めねばならない。第一は、混乱を招くような矛盾に直面した生徒が原理を見いだし、その原理によって、その謎めいた事柄が驚くに足らない、当然の事柄になるように支援すべきだということだ。たとえば、リトマス試験紙が、ある得体の知れない液体の中に置かれると赤色に変化するということに生徒は怪訝そうな顔をする。その後、リトマス試験紙は酸性の溶液の中に置かれると、そのときに限りこのように赤色に変化するものなのだということを学ぶ。そうすれば、生徒は先ほどのリトマス試験紙の変化がもはや異常な出来事ではないことが分かるだろう。つまり、つい今しがた習得した一般的原理から、この変化が当然のこととして起こるということになるのだ。

第二の手段は、驚きの要素を生徒が失うことがないように支援することで、好奇心を刺激するということだ。驚きをもたらす事実によって、新たな発見やさらなる驚きにつながる扉は開くものである。批判的思考が、謎めいた事柄をごく当然に起こるものとして理解することで驚きを排除するものだとすれば、創造的思考は、驚きをもたらす事柄を、どんどん広がりゆく一連の驚きのうちのほんの最初のものにすぎないこととしてとらえることで、驚きをより大きなものにしていくことになる。それは、たとえば、子どもがマトリョーシカをあけると、その中にさらに小さな人形が入っていて、それがまた同じマトリョーシカだと分かり、それがどんどん続いていくというのと似ている。

第三の手段は、文脈に応じて考え、自分たちの批判的な判断や創造的な判断に伴う、暗黙の、あるいは明白な価値観を意識できるように支援することで、重要な事柄に関して評価的思考を刺激することである。たとえば、小さな子どもが貝の中にヤドカリがいるのを見つけたとすれば、そのことだけでも、ヤドカリではない他の種類の貝やカニがたくさんいることをその子が知るきっかけになるだろう。

したがって、批判的に判断するということと、創造的に判断することとは、対照的である。ひょっとすると、その違いを手短にまとめるには、一般的にそれらの判断が解答となるような問いを考えてみるのが一番かもしれない。批判的に考える人の発話には、「そもそも何が問題となっているのか」という探求に答えるような判断を表現しようとする特徴がある。その一方、創造的に考える人の振る舞いには、「こんな驚くべきことが生じた。この出来事が解答となるような、驚くべきだがいまだに問われたことのない問いとは何だろうか」という探求に導かれるかのような特徴がある。ケアの要素は、この両方の領域に含まれる。このように、批判的に考える人は、探求を排除していくことを目指すような問いの形の中に解答を求める。一方、創造的に考える人は、探求を永続させるような答えの形の中に問いを求めていく。そして、このどちらの場合も、重要なことをそのまま保とうとしている。したがって、このどちらもが、重要な問いについてケアしていることになる。判断力を高めたいと考える教師は、この三つの形で思考することと、その統合とを促していかなければならない。

普遍的なものと個別のものとの接続

「論理的推論」とか「論理的判断」といった表現を耳にしたとき、どんな例が思い浮かぶか。仮にこんなふうに大学生のグループに訊いたら、彼らは次のような例を引用して答えてくれるだろう。

1　すべてのギリシャ人は人間である。
すべての人間はかならず死ぬ。
ゆえに、すべてのギリシャ人はかならず死ぬ。

2　人間であれば、その人はかならず死ぬ。
ソクラテスは人間である。
ゆえに、ソクラテスはかならず死ぬ。

さて、形式に則った判断というものは、所詮は判断の一種にすぎない。判断には他にも数多くの種類がある。また、形式に則った推論というものも、推論の一種にすぎない。たとえば、部分―全体の推論もあれば、手段―目的の推論もある。そして、実際、自分の知っていることについて研究するときはいつでも、またそれを拡張したり正当化したり整理したり秩序だてたりするときにはいつでも、私たちは推論を行っているのである。

もしも教育において推論と判断の力を高めようとするならば、推論の意味を拡張し、判断の意味を多様化しなければならないように思われる。それは、推論も判断も、創造的だったり、ケア的だったり、批判的だったりするものとして、また普遍なものとしても個別のものとしても判断や推論と言えるような意味にしていかなければならないということである。私自身、教室をこのような探求の共同体として形作っていきたいと考えていることを秘しておいたことはない。この共同体では、たとえば、豊かな概念が含まれている物語のような、本質的に興味深い題材についてあれこれと考えをめぐらせ、そのような物語を今度は自分たち自身で紡ぎ出していこうとするのである。教室を探求の共同体にすると、生徒の持つ、理解するために分析したいという欲求も、題材を読む中で出会う人々と同じように考えることでその人々に負けまいと張り合おうとする欲求も満たされることになる。批判的に思考する人は、問題の解決に関心を持ちケアしていると言える。なぜなら、その問題によって苦しむ人々のことを気遣いケアしているからである。創造的に思考する人は、問題に対して想像力豊かな解決を求めるが、他方で、批判的に思考する人は、どんなものでもとにかく解決を求めるのである。

これまで、読み書きは語学・国語と文学の時間の中で教えられるべきだと考えられ続けてきたし、実際そのように教えられてきた。しかし、もしも創造的でありケア的であるのと同じように分析的であることにも重点を置こうとするのであれば、また、もしも個別の事柄と同じように普遍的な事柄に重点を置こうとするならば、読み書きを、推論したり話したり聴いたりすることとともに、人文科学一般の、とりわけ国語・語学と哲学の中で教えるべきだと私には思われるのである。

哲学には、他のさまざまなものとともに、諸概念の中核となるものが含まれている。これらの概念は、あらゆる人文科学の中で具体例を示されたり例を挙げて説明されたりしているのだが、その概念そのものを分析したり議論したり解釈したり明晰にしたりするのは哲学をおいて他にない。概念のうち多くのものは、たとえば真理や意味、共同体といった、きわめて重要で、きわめて一般的な人間的な価値を示している。哲学は、人間的価値一般の中で概念的に表現できて教育可能な側面のことであると言えるが、それは、実際、工芸が、芸術の中で概念的に表現できて教育可能な側面のことであるのと同じである。哲学がなければ、行為者にとってこれらの概念は、明瞭に表現されずに無言のまま存在し続けることになってしまう。たとえば、ホメロスを読んでアガメムノン〔訳注〕を正義の人とみなしたとすれば、では正義とは何だろうか。この問いに正面から取り組める対話的探求の営みとなるのは、哲学的な議論だけである。

さて、今しがた挙げたような概念を、まず具体的で分かりやすい文学の形で表現して、そのあとで、議論や分析をするためにもっと抽象的な形で取り上げることなどできないのだという理由はない。実際、普遍的な事柄と個別の事柄の関係について生徒に考えさせたい場合は、たとえばアキレスとパトロクルスとか、デービッドとジョナサンとかといった個別具体的な友人関係と、友人関係一般の両方を検討させなければならない。同様に、真理について、あれこれ真理の具体的な事例を考えたり、さまざまな真理のあり方を考えたりするだけで生徒たちを満足させておくわけにはいかない。生徒がそこから進み、一般的に真理のようなものがあるのか、あるいはただ一つの「真理」というものがあるのかといった問題まで考えさせるようにしなければならない。

訳注――トロイア戦争におけるギリシャ軍の総大将。戦争に勝つために女神アルテミスに娘を生贄として捧げた。

小学校での哲学では、子どもたちが自分たちの行為だけでなく、自分たちの価値観についてもじっくり考えることができるような議論の場を与えることができる。こうしてあれこれ熟考する成果として、子どもたちは、自分にとって標準的ではないような価値観を拒絶したり、あるいは逆に自分にあう価値観を持ち続けたりするにはどうしたらよいかが分かってくる。哲学によって、価値観を批判のもとにさらすことのできる議論の場が得られる。ひょっとすると、このことが、これまで小学校の教室から哲学がしめ出されてきた大きな理由であるとともに、最近、ようやく小学校の教室の中に哲学が入ってきている大きな理由でもあるのかもしれない。たとえば、寛容という価値について考えてみよう。ある社会の中の一つの集団が権威主義的な立場を取っているかぎり、他の集団はその権威主義的な集団が寛容であってほしいと願うであろう。この場合、寛容は曖昧なところのない徳として提示される。しかし、多元的な社会のように、優位にある集団が一つもない場合、ある集団に向かって「他の集団に対して寛容であれ」と主張することは、お仕着せがましかったり、あるいは偽善的であったりする。ジョン・ロックやスピノザの時代に寛容がきわめて重要な価値であったのと対照的に、現代において、価値としての寛容がもはやもてはやされなくなったのは、まさにこのことによる。たとえば、忠誠が狂信に変わるのはいつかとか、穏健が無関心の異名となるのはいつか、といった問題を自分自身に問うことができなくてはならないのと同じように、生徒は文脈の違いについて議論し認識できなければならない。判断のよりどころになる価値観について注意深く吟味するように生徒を仕向けることなしに、子どもたちの判断力を高めることができる手だてはまず存在しないと言ってよいだろう。

判断の三つの局面

子どもが医者のところにきて、ハチに刺されたと言う。このようなとき医者は、たとえば、(1) ハチによる刺し傷と蚊による刺し傷とは大きく異なる、(2) この刺し傷は蚊によるものだ、(3) 医者の専門的意見として、この刺し傷からすると塗り薬だけで足りる、という具合に、いくつかの判断をするだろう。

他方、教育において判断力を高めようとするときに何が必要になるかを考えると、これらの判断が三つの異なる局面を示しているように見えるだろう。そしてこの三つの違いは、教えたり学んだりする過程や、そのあとの子どもたちの生活の中でそれぞれが果たす役割に関わる。ここで強調しておきたいのだが、私の目的は、諸々の判断について、一般的な順序づけをしようということではなく、教育の過程の中で機能上の違いがいくつか生じうることを示すだけのことにある。

先ほど挙げた、医者が刺し傷のある子どもを観察するという例を取り上げてみよう。最初に下すのは相違に関する判断であり、第二に因果に関する判断、そして第三に専門的な判断を下す。これら三つの異なるタイプの判断は、今度はさらにいくつかの区別ができる。相違に関する判断は、類似性と同一性に関する判断をも含む段階にある。同じように、因果に関する判断は、類推や仮説、その他多くの判断を含む段階にあるし、専門的な判断は、社会的判断、美的判断、倫理的判断、技術的判断など数多くの判断を含む段階にある。私はこれらの段階を、それぞれ、全体的判断の局面、媒介的判断の局面、最終的判断の局面と呼びたい。これは何も、ある段階が他よりも本質的に重要だというようなことを言おうとしているのではなく、学校という環境において判断力を高めるという目的を達成するには、これら三つすべてが必要だということを言いたいのである。

日常の言語表現において判断というと、倫理的判断、社会的判断、政治的判断や美的判断のようなもの、つまりは最終的判断、すなわち、実生活の場面に直接応用できるような判断を指すのが一般的のように思われる。日常会話の中では、類似性や相違、同一性に関する判断は、非常に抽象的で実生活の場面からはかけ離れていると考えられがちである。彼らは、何かを決断したり問題を解決したりするためにあらゆる努力をしているにもかかわらず、比較や対照の適切さを理解することはまずない。また、意思決定したり問題解決したりするときに、さらに他の判断が果たしている媒介的な役割について理解することもまずない。

こうして分かるのは、生徒に、(最終的判断をする実践を実際にやらせてみることに加えて)全体的な判断や媒介的な判断をする実践をさせることで、最終的な判断をする実践がうまくなる可能性があるということである。結びつけたり関係づけたり、あるいは区別したり差別化したりすることが可能になるのは全体的な判断のおかげであるし、このようなことを行うことで一般化したり個別化したりすることが可能になるのである。にもかかわらず、全体的な判断は重要なはずなのに、そのほとんどはあまりに形式的すぎて、最終的な判断を直接下すにはあまり役立たないのである。倫理的判断や美的判断、専門的判断を下さなければならないような、非常に微妙で複雑な状況においては、他にも多くの考慮をすべきことに注意しなければならない。たとえば、あらゆる殺人は道徳的には悪に分類され、法的には処罰の対象となる行為に分類されるが、そう分類される根拠は、殺人とその他の同種の行為との間に共通点が多いからであり、このことは十分明白である。しかし、「共通点がある」ということと「同じように分類される」ということとは、イコールではない。後者は、属員性（メンバーシップ）に関する判断だからである。そして、たとえ後者の判断を持ち出しても、それでもXがYに対して行ったことが悪であると主張できるようになるまでにはまだ距離がある。属員性の問題に加えて、そこには、関連性や手段性、推論の問題などが立ちはだかるだろう。関連性の問題は、「しかし、これは殺人なのか正当防衛なのか」と問われたときに露わになるだろうし、「Yの死はXが行ったことの結果なのか」という問いからは手段性の問題が表面化する。そして、「Xの行為が悪である」という結論が「すべての殺人は悪である」「Xの行為は殺人である」という前提から導き出されるものだとすると、推論に関する問題を避けては通れない。

ここで私が論じているのは、子どもたちの推論や判断の力を高めることを目的としたカリキュラムを準備するにあたっては、全体的な判断や媒介的な判断を下す際に実践の機会を繰り返し与えるべきだということだ。これはなにも、ごく幼い子どもたちが最終的判断を下すのをやめさせるようにすべきだと言っているのではない。そうではなく、子どもたちの最終的判断は、それよりも前の段階で全体的な判断や媒介的な判断を下す実践の機会が与えられていると、より質の高いものになる可能性が高いと言いたいのである。つまり、相違、類似性、同一性や因果、相互依存性……などのような、関係性について言及するような判断である。

もしも、今この時点で、それぞれの段階における判断についてその特徴を述べるとしても、それは、それらの判断を簡潔にまとめられると私が考えているからではない。それぞれの段階については多くの書物がものされてきたし、さらに多くのことを言うべき必要性もある。最終的な判断の領域については、非常に広大で広範にわたるものなので、その中身を特徴づけることに力を注ぐつもりはまったくない。

これら相互に異なる判断の種類の間にある関係をはっきりさせるには、一つのやり方として、そのさまざまな判断が多くの車軸によってハブにつながれた車輪を構成しているように考えるのがよい。あるいは、その車輪を円錐のように考えて、頂点をなす最終的判断と、底面をなす全体的な判断とでその円錐が形作られているととらえることもできるだろう。

包括的判断

同一性の判断

類似性が強まるほど、同一という状態に近づく。したがって同一性は、類似性が強まっていった極限の状態である。自然言語では、同一性は「……と等しい」とか「……と同一である」というような表現で表される。数学の方程式はどんなものでも、同一性という原則を前提としている。同じことは、同語反復、定義、さらには同意語といった表現を用いる際にも言える。それでも二つの事柄が互いに同一と言えるかといった問題や、ある事柄がそれ自身と同一であると言えるかといった問題は、哲学的議論の対象となる問題である。

相違の判断

この判断は、それ自体名称を持つ数少ない判断のうちの一つである（「区別」）。この判断の下には、知覚面（観察することは区別することである）や概念面、論理面といった、可能性のあるあらゆる種類の弁別が含まれる。区別は、そもそも類似していなかったり、あるいは単に異なっていたりすることについての判断だ。区別が属員性の判断（つまり、包含や排除の判断）と組み合わさると、たとえば「いかなるSもPではない」とか「PでないSもある」といった、カテゴリーに関する命題になりがちだ。関係性を示すように区別を表現すると、「似ていない」「……とは異なる」「……と同一ではない」といった表現がされるが、これらは比較がより際だつように、「……より幸福である」「……より長い」や「……より安全でない」といった形で表現されることもある。

類似性の判断

この判断は、簡単で単純な共通性や類似性の判断である。属員性に関する判断と組み合わさると、「あらゆるSはPである」とか「PであるSもある」といったカテゴリーに関する命題を作るのが容易になる。比較するという行為が、類似性についての決定を導くとき、「……と似ている」「……と類似している」や「……と同類である」というように表現されるのが一般的である。

判断の車輪

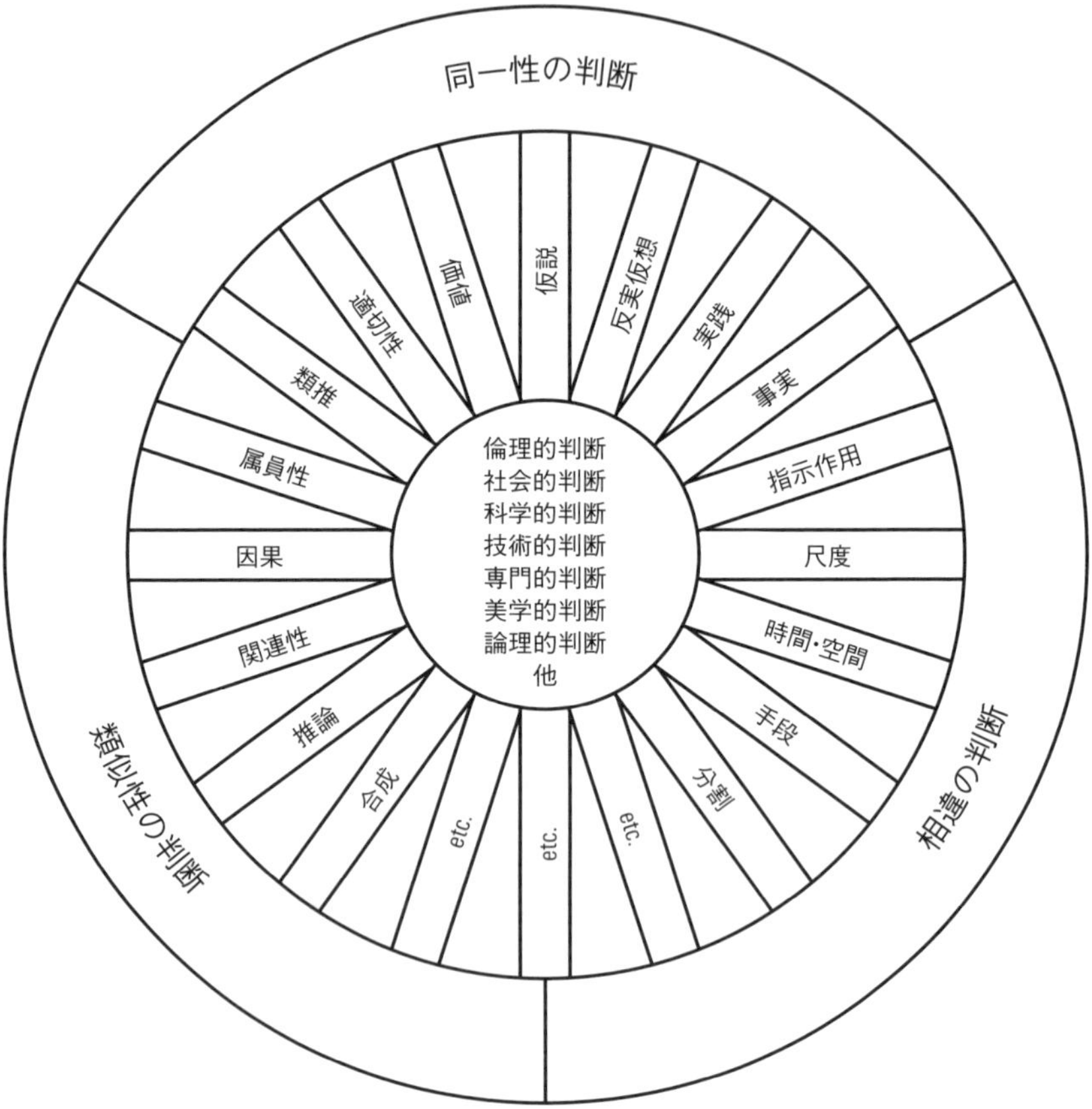

リム（外輪）＝包括的判断
スポーク（中心と外輪とをつなぐ部分）＝媒介的判断あるいは手続的判断
ハブ（中心部）＝中心的あるいは最終的判断

図13.1

媒介的判断、あるいは手続的判断

合成の判断

合成の判断とは、単に、ある事柄が別の事柄の一部分である（またはそうではない）と述べるものである。「……の一部分である」「……に属する」「……を構成している」などといった表現が用いられる。妥当でない推論とともに用いられると、この部分―全体の判断は、たとえば、「彼は顔の部分一つ一つがハンサムだから、顔全体もハンサムということになる」といったように、いわゆる「合成の誤謬」のもととなる。ここで問題なのは、その人の容貌がそれぞれの部分から成るということではなく、顔全体の質が論理的にそれらの部分の質から推測できるとしている点である。

推論の判断

論理的に思考する際、私たちは持っている知識を整理したり、正当化したり拡張をしたりしようとする。知識を拡張するという段になると、推論はかなり重要性を帯びてくる。知っていることから知らないことに移っても真であることが変わりないという確信がある場合、推論の判断は演繹であると考えられる。他方、真のままであるか確信が持てない場合は、推論の判断は帰納と考えられる。さらに、演繹的な推論は規則に縛られるが、他方で帰納的な推論は規則にせいぜい単に導かれる程度である。推論の判断は、「……ということになる」とか「……ということを意味する」といった慣用句で表現されることが多い。これらの表現が同義ではないということが、これまで少なからぬ論理学者たちの悩みの種になってきた。

関連性の判断

関連性というのは、実に曖昧な観念なのだが、そのくせ非常に有用な観念でもある。それは、あとから関連のない考えであったと判明するようなことに対して多くの思考が費やされてしまうことがあるからである。そうなると、推論における「非形式的誤謬」の多くが、実は「関連性の誤謬」だと分かるのは当然である（これは、「前件否定の誤謬」のような形式的誤謬の場合にも当てはまる。「うちの猫は体調が悪いとニャーと鳴く」というのが真としよう。しかし、もしも今猫の体調が悪くはないと述べられたとしても、それは特に何かを論理的に導くわけではない。なぜなら、体調の悪いときに猫がとる行動が分かっても、体調のよいときにとる行動については何も分からないからである）。関連性に関する判断には、当該の対象間にあるつながりの数と、つながりの重要性が含まれているのは明らかである。

因果的判断

この判断は、「石が窓を壊した」のように原因と結果の関係について単純に述べているものから、本格的な説明までさまざまである。因果の過程が生起したという判断は、「作り出した」「産んだ」「生み出した」「作用した」「効果をもたらした」など、非常に多くの動詞によって表現される。

属員性の判断

これは分類に関する判断で、ある事物や事物のクラスが、別のクラスに属するという趣旨の主張においてなされるものである（属員性の判断は、明らかに合成の判断と容易に区別できない）。属員性の判断は、区別を生み出す基準によって導かれ、こうした基準はひいては包括的な定義を生み出す。したがって、私たちがある集合やクラスの実例や具体例を引き合いに出すときには、いつも、属員性の判断を下していることになる。たとえば、「メアリーは女の子だ」というのも「メアリーはワトソン家の一員だ」というのも、いずれも属員性の判断である。

類推的判断

この種の判断は範囲が広い上に重要である。比率（3／5は6／10と同じである）のように正確な類推もあれば、「親指の手に対する関係は、足にある大きな指の、足に対する関係と同じである」というような厳密ではない類推もある。こうした例を見ると、類推は、同一性の判断（3／5＝3／5）や類似性の判断に基づくものとして考えられる。いずれにせよ、類推的判断は、探求のあらゆる領域において、最も重要なカテゴリーを形成する。類推的判断は、帰納的推論の中心となる。いくつかの似たような場合にある特定の特徴が見いだされることから、やはり他の点で似通った場合が後に起こると、それらも同様にこの特徴を持つ可能性があると推論する――このような場合に、私たちは類推によって推論を行っている。そして、純然たる創造ということになると、それが芸術的なものであろうと科学的なものであろうと、はたまた技術的なものであろうと、類推的判断よりも有用な判断方法が存在するということはありそうもない。

適切性の判断

適切性の判断とは、何がふさわしいかという決定から、何が正当かという決定までである。こうした判断を導くのは、ある特定の規則や基準ではなく、問題となっている探求が置かれている文脈全般であり、それは、私たちの機転やセンス、感性といったものによって明らかになるものだ。文脈にふさわしいように、行為を決めたり実際に行ったり調整したりするとき、私たちは適切性の判断を下していることになる。「判断力に乏しい」と責められるときは、責めている側としては、この手の判断ができていないことをさしていることが多い。

価値判断

複数のものや事柄の間に、価値の点で互いに差がある場合（たとえば、「……より優れている」「……よりよい」「……より美しい」「……より立派だ」「……より作りがいい」など）に、独創的であること、本物であること、完全であること、一貫していることといった基準を使った結果生まれる表現は、価値判断である。同じものや事柄を別の基準をもとに判断すると、結果としてその表現は、事実判断や属員性の判断となる。価値判断を下すことに関する研究は、そうした決断に至るまでに援用される基準に関する研究とともに、批評として知られている。

仮説的判断

仮説的判断とは、単なる可能性に関する判断ではなく、起こりうる出来事の結果に関する判断である。たとえば、「明日は雨になるかもしれない」は仮説的判断ではないが、「もし明日雨が降れば、農家の人たちは喜ぶだろう」というのは仮説的判断となる。仮説的判断は、「もし……ならば、――」という形をとり、それゆえに明確な条件を必要とする主張である。この判断は、「条件的判断」とよばれることもある。

反実仮想的判断

仮説的判断によって、ある特定の状況が実際に起こった場合にそのあとに続く結果が分かるとすると、反実仮想的判断は、物事が現実と異なっていたら何が起こるのかについて明らかにするとされる。たとえば、「もしも第二次世界大戦でナチスが勝利をおさめていたならば、その後千年にわたって世界を支配していただろう」という主張をした場合、それは反実仮想的判断を下していることになる。この反実仮想的判断は、とりわけ科学的な法則の定式化と関わりがある。というのも、この判断によって、たとえ現存する特定の環境がなかったとしても、その法則が有効であることを示せるからである。たとえば、「水星に居住者がいたとしても、その人々が受ける重力は、地球上で我々が受ける重力と同じように算出できるはずである」というように。

実践的判断

実践的判断とは、当該の活動や領域、訓練での標準的な手順を構成するものについて、すでに認められた理解に従ってなされるものである。たとえば、農家の人々が収穫を行おうと決めるときに下しているのは、実践的判断である。それは、地方検事が不法行為を働いたとされる人間の起訴を決めたり、牧師がある特別な日のために特定の説教をしようと決めたりするときも同様である。実践的判断は機械的なものではなく、行動の自由を残しつつもそれを狭い範囲に制限するような、所定の手順や前例、慣習や伝統といったものに導かれる。実践的判断と適切性の判断とが互いに補完しあい、いわば手に手をとりいっしょに働くときもある。しかし、一方を一方で代用してしまうこともある。実践として確立したものに背を向けて、自分の力だけで目の前にある事例を扱おうとすることもできるし、目の前にある事例が特有のものだということを否定して、似たような前例と同じように扱うこともできる。

事実判断

事実判断とは、ある事柄が事実であるという主張を保証する証拠が十分にあるとかないとかという判断である。この判断は複雑である。なぜなら、特に、(たとえば、単なる「証言」と対比して)何が証拠として価値があるかについて確かであることが必要とされるし、その証拠が十分であるときに判断を下せる必要もあるからだ。ある事柄が事実であるという主張をする際には、常に、その主張を正当化するためにどれだけの根拠が必要かということを考えなければならない。

指示作用の判断

同一性や類似性に関する判断の多くは、比較という行為の結果下され、その中で、当該の対象は互いに対応したり関係したりしているという結論に到達する。比較という行為にはこれとは別に、あるもの（たとえば記号）が、何か別のものを指示していたり、表示したりしていることを明らかにするものもある。この場合、重複が存在する。たとえば、日本地図は日本を表示していて、日本に対応している。一方、「日本」という言葉は単にそれを表示しているだけである。また、重ね合わせると一致する二つの幾何学的な構造物は、互いに対応することはあっても、一方が他方を表示することはないだろう。

尺度の判断

私たちは、難なく識別できる相違をもとに区別をすることがよくある。たとえば、暑さと寒さとを区別したり、夜と昼とを区別したりする。しかし、相違がもっと明確になるように、程度や変化をより正確に識別する方法を求めることがある。だから、私たちは温度という尺度を作ったり、昼と夜を時間や分、秒に分けたりするのである。このようにすることで、程度や変化を単位として扱うことができ、物事の質的な特徴に量的な型を重ね合わせることができる。世界を定量化することで尺度や比例計算に関する判断が可能になる。

翻訳の判断

推論の判断においては、その前提が真であることが論証の結論でも保存されるのと同じように、翻訳の判断においては、文脈の変化の中で、表現がまとっている意味が保たれる。説明文を書いたあとに、自分の言いたいことは挿絵でもグラフでも少なくとも同じ程度には伝わると思うことがある。"The cat is on the table"（「猫がテーブルの上にいる」）という英語文の内容は、"Le chat est sur le table"とフランス語にしても変わらない。自然言語の文を、古典論理学の標準形の表現にあわせるときのように、翻訳の判断の中には、規則に忠実に則ったものもある。だから、意味というものは、資本と同じように交換可能な価値であり、翻訳の判断は、意味という経済全体における交換が健全に行われているかどうかの判断となる。

手段的判断

この判断は、目的に手段を合わせたり、手段に目的を合わせたりするのを調整する判断である。このような調整は非常に高い地位をあてがわれており、それは理性を構成する基本的な要素と考えられている。にもかかわらず、この判断は、経験の中の成熟した側面、あるいは非常に発達した側面をさらに高めるのに何らかの役割を果たす解決や決定であると論じられることがある。

分割の判断

媒介的判断を整理するのに、私は合成の判断の説明から始めたわけだが、最後はその逆の判断について述べて締めくくりとする。分割の判断である。分割の判断を行うときは、全体の性質が、その全体を構成する部分の性質と同じかどうかに言及することになる（分割の誤謬は、全体の持つ性質が、部分の性質と一致するに違いないと考えることで起こる。たとえば、シカゴはたしかに風の強い（＝windy）街かもしれないが、だからといってそこに住む人々がおおげさな（＝windy）人間であるということにはならない。血液は赤いが、だからといって、顕微鏡でのぞいたときに見える血液を構成する粒子が赤いということにもならない。水には水分があるが、それが水分を含む水素や水分を含む酸素で構成されているということにはならない）。

合成の誤謬や分割の誤謬をおかしている推論というものは不条理であるが、美的性質を持つものは何でも美的でないものから構成されているとか、道徳的なものは、道徳的でない要素で構成されているというようなことを主張することほどではない。合成や分割に関する判断で根拠のいい加減なものの領域は実に広い。

媒介的判断の種類の中には他にも数多くの判断があるだろうが、それらを詳細に説明することはしない。ただ私は以下のことだけは指摘しておきたい。すなわち、生徒が歩む可能性のある人生のさまざまな道筋における判断を高度なものにしようとするならば、そのための準備として媒介的判断には非常に大きな価値があるということである。既存の最終判断の形態、たとえば、倫理的な判断のようなものが、

（1）実践にはまったく踏み込まずに、倫理的な原則についてのみ考察すること

（2）全体的判断や媒介的判断をする実践の機会を与えずに、ただ倫理的な判断をする実践の機会だけを与えること

のいずれかによって高められると考えるならば、失敗は避けられないように私には思えるのである。

中心的あるいは最終的判断

中心的判断や最終的判断は、全体的判断や媒介的判断がある特定の状況に適用されるときに下される。この判断には、専門的知識も絡むし、専門的な技術も絡んでくる。また、機敏さが最も要求される判断でもある。たとえば、脊髄の手術を行う外科医や、開戦を決める議会、あるいは、歴史を塗り替えるような本の出版を決めようとする出版者の場合のようにである。こうした場合において、指針や強調点、視点を得るのに最も役立つのが情動である。こうした場合こそ、重要かつ手順をふんでなされなければならない判断をするにあたって精神がさまざまに動いたり、ときにその決断を支えたり、ときにその決断を妨げたりするのである。この判断においては、認知的な環境である文脈が意識され、正当に評価されなければならない。それは、ちょうど探求の共同体が必要となり、それが理性的な結論を探るときと同様である。また、この判断においては根拠が選別吟味され、最も理性的な、または最も不合理でない根拠に到達しようとする。さらにこの判断では、決定されつつある議論と比べてさらに説得力がある議論やもっと魅力的な議論がないかどうかを見いだそうとして、代替案となる議論が動員されるのである。

専門職として、教師は、自分が下した判断によってもっぱら評価される人間の典型である。教師は、あらゆる瞬間に判断をせねばならず、その判断は前年とまったく同じものにはならない。だから、従うべきマニュアルなどほとんど存在しない。にもかかわらず、教師は、社会から高い評価を受けるように、いくつもの生徒集団を育て上げなければばならないという重責を担わされている。教師がうまく最終的判断を下せれば、それはその教師の評判を上げるのに大きな役割を果たす。それで、教育学部では、将来教師になる人々の判断力を高めることを特に重視することがさらに大切になるだろう。

教育における判断の均衡

歴史はときに争いの歴史として特徴づけられることがあるが、調停の歴史としても見ることができるだろう。実際、戦闘員自身が分裂して、半分が調停に向かい、残り半分が戦い続けるというような事態も少なくない。この闘争と調停の均衡は、個々人の内面にも見いだすことができるだろう。進める道がどれだけたくさんあったとしても、人間が全体性や調和、公正へと向きを変えるように内面で働きかけるのは、判断力をおいて他にない。

情念や美徳が衝突していたり、対立する議論があったりするときには、どんなときでも判断力が要求される。身体の要求の大きさを精神の要求のそれと比較考量しなければならないとき、あるいは、批判的思考が、創造的思考やケア的思考と対立したときは、判断力が必要となる。人生の移り変わりの中で私たちがコマのようにゆらゆらするときに、つりあいを保とうとして頼るのは判断力である。回転儀におけるはずみ車（balance wheel）のように、私たちは、判断力のおかげで、ときに陥ってしまう分別のない考え方を退けて、安定した状態でいられるのである。ほとんど判断を行わない人生は楽しいものになる可能性もあるが、短いものになる可能性も高い。もう少し判断力を使っただけでも、もっと生き長らえるかもしれない。

しかし私は、いくら判断力が人生の安定を保つのに重要な役割を果たすからといって、判断力の役割をそれだけだと考えているわけではない。というのも、たとえば、人生の中核をなす指針が厳しく無駄なものに思えたときに、自分でよりよい判断をして、現状を変えるべきであり、しかも早く変えれば早いほどよいという結論が出たりするような場合もあるからだ。このような場合には、判断力は、挑発者のような役割を果たすことになるだろう。つまり、新たな平衡に向けての道を切り開くために、均衡をあれこれひっくり返す不安定で混乱を生み出す力として働くということである。知的生活においてこの役割をしばしば果たすのが、哲学的判断である。

仕事をするときに判断力が非常に重要であることは確かだし、専門職ともなれば、判断力は生命線となる。専門職の教育で専門的な判断力を磨くことが重視されるのもこのためである。将来弁護士や医師になるための準備として、模擬裁判やインターンシップなどの実践のシミュレーションが何度も繰り返される。こうした訓練を指導する教授は、学生に対して自身をモデルにさせるくらいの心積もりがあって、その結果、医師を見習うことで医師が生まれ、弁護士を見習うことで弁護士が生まれるのである。専門性と判断力とは、ほとんど同義と言ってもいいくらい密接に関連している。

教員養成課程では、判断力が大切ということはそこまで明白に示されていない。それは教育系大学の教員の仕事でも、日々行われる教師自身の仕事でも、これらの準備課程の最終的な受け手となる子どもたちの生活でもそうである。教師の仕事が、一連の発問、解答や指示、一連の賞罰、あるいは口車に乗せたりおべっかを使ったりすることにあるととらえられるのはしょっちゅうである。ひとたび、判断力を培うことが、子どもたちを教育するにあたって依拠すべき中核をなすものだと認められれば、論理的な必然性として、教育系の学校は、そういう力を培うことを教師養成の中心に据えざるを得なくなる。これは、ひいては、口先ばかりで褒められる教師の、専門家としての地位向上につながるだろうが、これが現実のものになるにはまだほど遠い。

私は何も、カリキュラムの内容を教えることが無駄だと言いたいわけでも、私たちの教育が子どもたちを専門バカにしてしまいかねないと言いたいわけでもない。そうではなく、私が強く主張したいのは、子どもたちに情報を習得させることがこれまで強調されすぎてきたということ、彼らの思考力や判断力を発達させる教育がもっと必要なのだということなのである。

現時点では、教育に何か問題があるという認識は広がっているのだが、改善の努力がうわべを繕うだけのものになっていることも多い。訓練を通して、現状よりも生徒に批判的に熟考させ判断力を向上させられるように、授業計画を変えていくこと自体は問題ない。しかし、こうした「注入」に向けた努力では、生徒たちが話し合っている内容やテーマが何であったとしても、それを評価するのに必要になる標準や基準、概念や価値を、生徒が直接自分たち自身で吟味することが許されない限り、その努力は失敗しがちで、運任せで、効果のないものになってしまう。単に異なる意見をぶつけたり開かれた議論をしたりディベートをしたりするように導くだけでは、思考力がすんなり向上することはないだろう。探求のさまざまなツール、推論の方法や原理、概念分析の実践、批判的に読み書きをする経験、議論や説明を成り立たせるだけでなく創造的に表現したり語ったりする機会、アイデアや知的な文脈が円滑にかつオープンに交換できるような共同体という環境――思考力の向上というものは、こうしたものに生徒が触れられるようになって初めて、達成できるものであろう。今挙げたものは、優れた判断力という健全な上部構造を支える基盤となる教育条件である。

子どもたちに、考えや根拠、判断のための基準といったものに触れさせずにおきながら、彼らによい判断をするよう期待するのは、空気を奪っておきながら窒息するなと言うようなものである。しかし、子どもたちにもアクセスできるように組み立て直した哲学の授業を通してでなければ、他にどのような方法で、子どもが知的なツールを使えるようになるだろうか。もし、人々がある事柄を正しいとかよいとか考えるその根拠を比較したり対照させたりする機会が与えられないとしたら、どの主張が正しくてどれがそうでないかとか、どの事柄がよくてどれがそうでないのか、といったことを決めなければならないときに、何について自分たちが話しているのかをどうやって子どもは知ることができるというのだろう。

哲学は、初等・中等教育カリキュラムの必修科目になりうる。現存するカリキュラムはどんな「よそ者」も受け入れられないほど満杯なので、現時点では、哲学が実際に行われるのはまれである。しかし、既存のカリキュラムが適切にスリム化されたなら、もはや哲学は、現時点でしばしばそう求められているように、語学や読解、はたまた社会の中の一課程として仮面をかぶっている必要はなくなるだろう。

哲学は子どもたちには程度が高すぎると言われることがある。しかし、これは、単に子どもたちに哲学を教えるように教師を教育することがとても難しいと遠回しに言っているだけに聞こえる。ただ、そうはいっても、教育学系大学は、児童教育において判断力の向上がきわめて大切であることや、教師たちがこのための教育ができるように準備を進める必要があることを認識すべきである。

人格の表現としての判断

聞き手や読み手に無理やり信じこませでもしないかぎり、判断の内容がその人の人格の縮図だとか、逆に人格とは判断を拡大したものだなどと言うことはできない。それはあまりに粗野な喩えに思われる。しかし一方で、文は人なりという表現がぴったりくるような場合があるならば、それはその人の判断したことの中にある。むしろ次のように言ったほうがよいだろう。判断を人格の極小の単位だと見るのは比喩にすぎないが、広い意味で言えば、判断がその個人の人格を表現していると見るのは、判断という言葉の意味に含まれていることである。

もちろん、人がその人の判断の中に自分自身を込めているということに皆が賛同するわけではない。たとえば、シモーヌ・ヴェイユにとって人格は不幸や苦しみの種だったのだが、彼女は「真理と美は、非人格的なものだ。……もし子どもがお金の計算をして間違いを犯したら、その誤りはその子の人格をあらわしている。もしその子が計算を正確にやってのけたら、その子の人格はその結果にはまったく関係していない。……完全性は非人格的なものだ。私たちの人格は、誤りとか罪とかに属する部分にある」と主張している[1]。もしこの推論に従うならば、必然的に、悪い判断だけがその人の人となりを表すことになる。ヴェイユは明らかに、普遍的な理想だけが完全で非人格的であり、結果として、個性を表すどんなものとも相容れないと主張している。しかし、これは信じがたい。ルネサンスが再び覚醒することを求めた古典世界と同じように、ルネサンスは普遍なものと個別のものとの結合を賛美した。私たちが正しく判断するときには、間違った判断をするときと同じくらい、自分が何者であるかを表している。具体例が模範例と同じくらい完璧なことが、部分が全体と同じくらい完璧なことが、あるいは、個別の事柄が普遍と同じように完璧であることがありえるのだ。それぞれの新しい判断が、過去のすべての判断から作られた複合的イメージの上に投影され、それに加えられるという考え方があるが、以上のことはこの考えを支持するための理由の一部となる。私たちは樹木ではない。断面を見ると、外側に新しい年輪が単純に毎年付け加えられていくことが見てとれるわけではないのである。私たちは累積していく存在であり、新しく加わった部分の一つ一つは、全体としての自己に入り込み、他のすべての部分に互いの関係を再調整するように強いるのである。それは、私たちがその加わった部分を新しい環境に適合させて、その増加部分そのものを変形してしまうときさえ言えることなのである。

徹底して教育デザインを作り直すことに力を尽くしたいと思う人は、判断を人格の表

1——*Selected Essays*, 1934-1943, translated from the French by Sir Richard Rees, published by Oxford University Press, pp.10-11, 22-34. Reprinted by permission of A.D. Peters & Co. Ltd.

現として理解するように真剣に受け止めるべきである。というのも、デューイが考えるように、もしも自由が、さまざまな選択肢から選ぶ自由と、その選んだ選択肢を実行に移す自由の両方を含むとするならば、前者の自由――判断の自由と呼ばれることがあるもの――を増大させることは、必然的に、考慮されるべき選択肢を詳細に説明することも含まれるからである。したがって、教育をする側は、次のような義務を負うことになる。すなわち、生徒が自分たち自身に開かれている選択肢を発見できるよう支援すること、その目的を達成するのに必要な手段を発見できるよう手助けすること、そして、それらの目的が実現したら生じる結果を分かるようにさせることである。もちろん、人格の自由には、判断の自由よりもはるかに多くのものが含まれる。しかし、このことによって、判断の自由はさらに広い意味での自由にとって必要不可欠な要素であるという事実が否定されるわけではない。

専門職としての教師の本分は、どのようにしたら生徒が最善の形で判断を下せるようになるかを判断することにある（教師が裁判官とは異なるのは、専門職として裁判官の本分が、他者の過去の判断に対して判断を言い渡すことに携わるからである）。教師は、未来志向の判断の実例なのである。これこそ、教師人生に満足と解放感を与えるものであり、教師という職にしばしば伴う単調でつまらぬ仕事の埋め合わせとなるだろう。

監訳者あとがき

本書の著者、マシュー・リップマン（Matthew Lipman, 1923-2010）は、「子どものための哲学（Philosophy for Children）」を創始したアメリカの哲学者であり、教育者である。本書はリップマンの主著の初の邦訳である。

子どもとともに哲学する試みが始まったのは、ドイツだと言われている。ヘルマン・ノールやレオナルド・ネルゾンなどの哲学者によって、すでに一九二〇年代に子どもとの対話型の哲学が試みられた。しかし、子どものための哲学を体系化して大きく発展させたのは、リップマンである。リップマンは、大学で教鞭をとっていた頃、優秀な大学でも大学生たちの思考力と反省力が弱いことを痛感していた。そして問題の原因は初等中等教育にあると考えた彼は、一九七四年、モンクレア州立大学に、「子どものための哲学推進研究所 Institute for the Advancement of Philosophy for Children（ＩＡＰＣ）」を設立し、子どもに対話型の哲学教育を行い、思考力を育てる教育を開始した。

ここで言う哲学教育とは、身近なテーマや物語などを題材として、子どもたちが自分たち自身でテーマと問題を決め、意見を表明しあって問題についての理解や考察を深めながらも、かならずしも一つの結論は出なくてもよい、といったタイプの対話を行うことである。子どもたちは、相互に対話を重ね、自分の思い込みや先入観を他者の意見によって吟味していく過程の中で、批判的で、創造的で、そして、何かをケアし育んでいくような思考力を成長させていくのである。

この活動は〝Ｐ４Ｃ（Philosophy for Children）〟とか、〝ＰＷＣ（Philosophy with Children）〟と呼ばれ、リップマンの直接間接の影響のもとで、一九七〇年代から大きく躍進した。八〇年代に関連学会や教育機関が次々に設立されると、世界各地に広まり、北アメリカ、南アメリカやヨーロッパ、アジア、中東のいくつかの国々では、中学高校だけでなく小学校や幼稚園・保育園でも実践されるようになった。率直に言えば、日本への導入はかなり遅れている。日本の教育においては、そもそも生徒や児童たちにまともに議論させること自体が少ないことも、この遅れの理由であろう。

リップマンが考案したＰ４Ｃの方法は、論理的思考力の育成を中心としながらも、世界の意味の探求を目指したもので、初等六年間、ないし小学校・中学校九年間の体系的なカリキュラムである。教員教育がかなり重要であり、全校的な取り組みが要請される。現在では、リップマンの精神を受け継ぎながらも、各国での教育事情に合わせて、さまざまな形式でＰ４Ｃの実践が取り組まれている。日本でも遅ればせながら、二十一世紀になってからいくつかの私立や公立の学校で実践されるようになり、この数年で飛躍的な増加の動きが生まれている。本書の訳者たちはすべて、小中高等学校で子どものための哲学を何らかの形で実践しているメンバーである。

リップマンの関心の中心は、論理的推論や判断力の発展にあると言われてきた。しかし、本書を読めば分かるように、彼の教育は、単なる思考スキルの獲得を目指していたものではない。思考のスキルと言えば、「批判的思考（クリティカル・シンキング）」が思いつく。たしかに、北米では七〇～八〇年代に批判的思考教育のブームが起こり、思考教育に注目が集まった（日本の初等中等教育では、まだこのブームすら生じていない）。このムーブメントは、哲学のエッセンスの一部を担っており、ある意味において、哲学的思考の普及版とさえ言える。しかし、リップマンは、思考が育つには批判的な側面だけでは不十分であり、思考が感情面も含めた人間同士の全体的な交流に根ざしていることを繰り返し強調する。思考を対話の中で育み促すというのが、子どものための哲学の趣旨である。彼の理論的な基盤は、ジョン・デューイの教育哲学やレフ・ヴィゴツキーの発達心理学にある。どちらも人間の発達を人間同士の相互作用の中でとらえ、共同学習や対話を重んじた点で共通している。

「現在の社会では、思考力とコミュニケーション力、特に対話する力や議論する力が必要だ」。今日の日本では、誰もが口を揃えてこう指摘する。確かにその通りであるが、しかし問題は、思考力と対話力とは、そもそも、どういう能力なのか、そしてそれをどうやって育てるのかにある。そのために、本書でもっとも注目してほしい考え方は、「探求の共同体（community of inquiry）」という考え方である。この考え方の最大の特徴は、真実を共同して探求することと、社会の基盤となる人間的紐帯を作り出すことを一つのものとして捉えていることにある。

詳しくは本書を熟読してほしいが、特徴的なのは、教師の役割である。オープンなテーマ設定からオープンな結末にいたる過程の中で、教師がとる役割は「教授する」ことではなくて、対話を促進するために質問することであり、意見が出るまで考える時間をゆっくりとることであり、子どもと対等の参加者として意見を述べることである。対等であるがゆえに、教師の意見が批判され、退けられることもありうる。子どもと哲学することは、大人と子どものあいだにこれまで経験したことのない関係、すなわち、教える者が教えられる者に、保護する者が保護される者に優位に立つのではない関係が樹立されることである。裸の人間として子どもと付き合うことができるかどうかが、その教師の力量を示すことになる。

リップマンは、何冊かの重要な理論書を書くと同時に、たくさんの教材と教育指導書を出版してきた。その中で、『哲学、学校に通う』（テンプル大学出版、一九八八年）、本書『探求の共同体――考えるための教室』（ケンブリッジ大学出版、二〇〇三年）、アン・シャープとフレデリック・オスカニアンとの共著『教室での哲学』（テンプル大学出版、一九七七年）は重要な理論書である。子どものための哲学推進研究所からは、国語、理科、社会、道徳などの各教科と結びついた教材が出版されている。詳しくは、研究所のホームページをご覧になるとよいだろう。

本書を出版するにあたって、多くの人に感謝しなければならないが、特に玉川大学出版部の森貴志氏と相馬さやか氏には、丁寧に訳稿を見てもらい、多くの示唆をいただいた。深く感謝申し上げる次第である。

河野哲也

よりよい思考のために必要な—— 303
ヘア, リチャード(Hare, Richard) 53
ベイヤー, バリー(Beyer, Barry) 54
ベイルズ, アーネスト(Bayles, Ernest) 44
ペレルマン, ハイム(Perelman, Chaim) 51
ポール, リチャード(Paul, Richard) 54, 76
ホッブズ, トマス(Hobbes, Thomas):
戦争と平和について 177
翻訳 73-74
意味保存のプロセスとしての—— 253
定義 266
——と情報を組織化するスキル 268-269
ビアズリー(Beardsley)における—— 38

ま

マーティン, J. R.(Martin, J.R.) 76
マクペック, ジョン(McPeck, John) 75
『批判的思考と教育』 54-55
マスメディア:
争いと暴力を促進する役割の—— 155
ミード, G. H.(Mead, G.H.) 39, 190
学習の対話的本質について 119-120
ミカエリス, ジョン U.(Michaelis, John U.) 256
ミカロス, アレックス(Michalos, Alex) 50
ミケーリ, ニコラス(Michelli, Nicholas) 56
ミュア, エドウィン(Muir, Edwin) 172
民主主義:
教育の過程の主要な側面としての—— 297
——と戦争と平和 177
——と批判的思考の必要性 304
——における理性的姿勢の標準 340
『民主主義と教育』(デューイ[Dewey]) 42
無矛盾性: ——と非形式的誤謬 337
命題的態度 214, 228-229
メタ認知: 定義 75
——と心の行為 209
メトカフ, ローレンス(Metcalf, Lawrence) 44
モデリング:
——と探求の共同体 180-181, 236-237
批判的思考に基準を用いることの—— 311-312
物事の真価を見抜く力: 権利としての—— 295
モンクレア州立大学: 批判的思考研究所 55-56
問題解決アプローチ 52
合理的行為と—— 67-69

や・ら・わ

ユース, ジョージ(Yoos, George) 121, 352
ライル, ギルバート(Ryle, Gilbert) 46, 50, 373-375, 379-380
ラス, ルイス(Raths, Louis) 44
リーズ, ラッシュ(Rhees, Rush) 280
理性的姿勢 23-24
争いの解決における—— 161, 168-169
権利としての—— 294-297
情動の—— 194 「文脈」「情動」も参照。
探求の共同体における—— 139-140, 179-180
定義 8
——と道徳性 64-66
——の標準 340-347
理想の標準 315
レズニック, ローレン(Resnick, Lauren) 35, 75
ロイス, ジョサイア(Royce, Josiah) 173
『作文クラスの学生のための論理分析入門』 38
ロゴフ, バーバラ(Rogoff, Barbara) 149
論理学: ——と知識の拡張 259
——に関する著作と批判的思考の起源 36-39
「非形式論理学」「形式論理学」も参照。
ワーナー, シルヴィア アシュトン (Warner, Sylvia Ashton) 198
ワインスタイン, マーク(Weinstein, Mark) 56

判断について 211
パスモア, ジョン(Passmore, John)
「批判的に考えるための授業について」 46
発達心理学 ix
バッツ, フリーマン(Butts, Freeman) 54
ハムリン, D. W.(Hamlyn, D.W.) 46
ハルフィッシュ, H.ゴードン(Hullfish, H.Gordon) 44
ハレ, ロム(Harré, Rom) 262
反抗的思考: 創造的な—— 362-364
反省的教育 44
——の前提 17-18
反省的均衡 285
反省的思考 28-30
——と反省的授業 103-105
批判的思考の先駆者としてのデューイ(Dewey)における—— 41-42
判断、判断力 8, 79, 248, 288
形式に則った—— 403
思考のスキルとしての—— 248
心の行為としての—— 211
全体的—— 407-410
中心的あるいは最終的—— 422-423
定義 21, 305-307
——と関係 21, 24
——と行動的思考 387-388
——と内容の関係 61
——と問題解決 70
——について教えること 395-398, 401-402
——の例 325-326
媒介的—— 407-409, 413-421
批判的思考における——の役割 84
批判的、創造的、ケア的—— 398-402
反復練習:
批判的思考に逆効果的—— 108-110
ハンブリン, C. L.(Hamblin, C.L.) 51
ピアジェ, ジャン(Piaget, Jean) 34, 48-49
ビアズリー, モンロー(Beardsley, Monroe)
『実践論理学』 37
『美学——批判哲学における諸問題』 45
ピーターズ, R. S.(Peters, R.S.) 46
非形式的誤謬 x, 332, 336-343
「誤謬」も参照。
非形式論理学 vii, ix, 49-52, 94, 319
『非形式論理学誌 *Journal of Informal Logic*』 50
批判的思考: 定義 304-305
——における独立した科目をつくることの価値 329, 331
——の前例 299
ヒューム, デイヴィッド(Hume, David) 163-164
評価的思考 402
標準: 定義 315, 340-341
ヒルシュ, E. D.(Hirsch, E.D.) 32
ブーバー, マルティン (Buber, Martin) 27
対話について 130-131
フェニックス, フィリップ(Phenix, Philip) 54
フォグリン, ロバート(Fogelin, Robert) 51
複雑性: 批判的思考の特徴として——を理解する 79-80
プラグマティズムの原理: 定義 302
ブラック, マックス(Black, Max) 46
『批判的思考』 37
プラトン(Plato): ——と理想の標準 314-315
ブラント, ロン(Brandt, Ron) 36, 54
ブルーナー, J. S.(Bruner, J.S.) 34
ブルーム, ベンジャミン(Bloom, Benjamin) 47
ブルーメンベルク, ハンス(Blumenberg, Hans) 51
ブレア, J. アンソニー(Blair, J.Anthony) 50
フロイト, ジクムント(Freud, Sigmund) 158
分散型思考: 探求の共同体における—— 203, 229
文脈: ——と意味 215
批判的思考に本質的な—— 317
評価的思考と—— 401-402
——への敏感性 324

——と判断のための基準　354-357
批判的思考との比較　367-368
想像力の豊かさ: 権利としての——　295
ソウ, ルース(Saw, Ruth)　125-131
ソクラテス(Socrates)　51
ソノマ州立大学　55
ソフィスト　51

‐た

対話: 教育における——の役割　120
ソウによる——　128-129
——と比較した会話　123-126
——の論理　125
ブーバー(Buber)による——　130-131
自ら思考することとしての——　372-375
多元的思考　330-331, 341
妥当な事柄　「非形式的誤謬」を参照。
タバ, ヒルダ(Taba, Hilda)　54
ダマシオ, アントニオ(Damasio, Antonio)　188-189
探求: 定義　266, 277
探求の共同体　58, 285
思考を教えるモデルとしての——　vi,x, 100
——における対話　370-372
——の成果　118
——の特徴　135
——の方法論としての論理学　132
探求のスキル　242
談話: ——における動詞の機能　215-216
知識: 標準的な教育実践における——　17-18, 32-33
チップマン, スーザン(Chipman, Susan)　34
知能: ——の種類　93
ディアデン, R. F.(Dearden, R.F.)　46
デカルト, ルネ(Descartes, René)　187-188, 301
哲学: カリキュラムにおける——の価値　94-95, 329, 331, 404-406, 426
——と心の行為　219-228
デューイ, ジョン(Dewey, John)　12, 20, 39-45, 67, 132-133, 383
文脈について　121-122
デュルケム, エミール(Durkheim, Emile)　14
デリダ, ジャック(Derrida, Jacques)　51
転移　72-73
トゥールミン, ステファン(Toulmin, Stephen)　51
同義: ——と読解力における同一性　254
道徳性と価値: カントにおける——　280-282
道徳的想像力: ——と共感的思考　390
道徳的品性: ——を生みだす探求の共同体の役割　167-9
独裁主義: 戦争と平和に対する——の関係　177-178
読解力　253-255

‐な

ニッカーソン,レイモンドS.(Nickerson,Raymond S.)　53
批判的思考の特徴について　78-81
認知科学　52
認知のスキル、認知的スキル　47, 257
ヌスバウム, マーサ(Nussbaum, Martha)　385
ネス, アルネ(Naess, Arne)　51

‐は

パーキンス, デイヴィッド N.(Perkins, David N.):
転移について　73
パース, チャールズ サンダース
(Peirce, Charles Sanders)　22, 39, 119, 190
自己修正について　316-317
デューイ(Dewey)への——の影響　39-40
プラグマティズムの原理について　302
ハースト, ポール(Hirst, Paul)　46
ハート, W. A.(Hart, W.A.)　279-281
バクラー, ジャスタス(Buchler, Justus):
探求の成果について　122-123

さ

サロモン, ガブリエル(Salomon, Gavriel):
　転移について　73
サンタヤーナ, ジョージ(Santayana, George)　158
シーガル, ジュディス(Segal, Judith)　34
シーゲル, ハーヴェイ(Siegel, Harvey)　76
　批判的思考について　81-82
シェーバー, ジェームズ(Shaver, James)　54
ジェームズ, ウィリアム(James, William)　125
シェフラー, イズラエル(Scheffler, Israel)　44, 46
思考: 定義　iv-v, 36, 104
　論理的——と批判的——の対立について教えること　111-112
　「ケア的思考」「創造的思考」「批判的思考」「多元的思考」「評価的思考」も参照。
『思考の方法』(デューイ[Dewey]、1903)　40-41, 43
修辞学　94
『自由な社会における一般教育』　26
十分性: ——と非形式的誤謬　338
手段と目的の関係: 価値教育における——　177-178, 179
受容可能性: ——と非形式的誤謬　341
主要な側面: 判断基準としての——　352
助産的思考: 定義　364
情緒的思考: 定義　384-385
情動と共感的思考　x, 82-84, 390
　「ケア的思考」も参照。
ジョンソン, マーク(Johnson, Mark)　390
ジョンソン, ラルフ(Johnson, Ralph)　50
思慮深さ: 権利としての——　295
真価を見いだす思考: 定義　383-384
信念: ——と探求　60
　——の程度　80
　——の役割　88-89
　命題的態度としての——　214
進歩的教育　43
真理、真理値:
　哲学的探求における——　223-224
　論理学の教科書における——　37-38
心理学: ——内部の争い　92
　「発達心理学」も参照。
推論: アナロジーを用いた——　74
　基本スキルの土台としての——　275
　真理保存のプロセスとしての——　253
　定義　266
　——と問題解決　70-71
　——に対する屁理屈　80
　——のスキル　245-248
スキーマ: ——と情報を組織化するスキル　262-267
スクリヴェン, マイケル(Scriven, Michael)　50
ステビング, スーザン(Stebbing, Susan)
　『有効なる思索』　37
ステレオタイプ、ステレオタイプ化　243
　争いと暴力を促進する役割の——　154
　——と対立するものとしての批判的思考　319
スピノザ, バルーフ(Spinoza, Baruch)　vi, 187
　思考改良の必要性について　301
スミス, B. オサネル(Smith, B.Othanel)　44
正確性: ——と非形式的誤謬　336
前提　79
　——と読解力　254
先入観、偏り、偏見　79
　——の対極にある批判的思考　89, 171-172
洗脳: ——に抵抗する方法としての批判的思考　304
相違と区別: 定義　333-335
操作: 会話における——　126-128
　——と説得　160
創造的思考　275, 286-287, 401
　定義　89-90, 358-360
　——と多元的思考　291-294

カハネ, ハワード(Kahane, Howard)　50
カリスマ的行為: 定義　205
換位: ——と真理　224
関係: 定義　21
　——と判断　24-25
カント, イマニュエル(Kant, Immanuel)　9, 133, 278-279
寛容さ　244-245
関連性: ——と非形式的誤謬　337
記述: ——と情報を組織化するスキル　267
基準: 哲学的探求における——　224
　——の例　324
　批判的思考に本質的な——　84, 308-315
　よい判断の——　62-63, 66, 328
規範的思考　95, 388-389
教育(または、授業): 学習のための——　112
　思考に関する——　106
　思考のための——　101
　反省的——　103
　論理的思考のための——　111
教育改革: 近年の取り組み不足　ix-xi
　——に関する官僚的改革の限界　6-7
　——についての最近の歴史　vi-viii
教育実践: 定義　13
　——における変化への抵抗　13-15
　批判的——への変化　13-19
『教育目標の分類学　第一巻: 認知領域』　47
教員養成　6-7
　——における判断　424-425
　——における批判的思考　56-57
　問題源としての——　11-12
共同学習　vii
　——と探求の共同体との比較　175
キロボグラード州立師範学校　57
クーン, トマス(Kuhn, Thomas)　335
グッドマン, ネルソン(Goodman, Nelson)　47
グライス, ポール(Grice, Paul)　51, 125
グリーン, トマス(Greene, Thomas)　54
グレイサー, ロバート(Glaser, Robert)　34
クロウシェイ-ウィリアムズ, ルパート(Crawshay-Williams, Rupert)　51
ケア的思考　x, 275
　情動的思考としての——　191, 200
　助産術の思考としての——　364
　定義　89-90, 379, 382
　——と創造的思考　366
　——と多元的思考　291-294
　——と反対者　291
『経験と教育』(デューイ[Dewey])　44
『経験と自然』(デューイ[Dewey])　45
形式論理学　ix, 94
ゲシュタルト理論: ——と問題解決　70
決定(決断・決めること)、意志決定:
　心の行為としての——　211
　スキルとしての——　218-219
言語、言葉: ——的現象学　216
　——と意味　250-255
　——と情動　195-197, 198-201
　——におけるアプリオリな価値　163-164
語彙: ——と批判的思考　199-200
コイア, レスリー(Coia, Lesley)　56
行動主義　39
行動的思考: 定義　387
合理性: 定義　7-8
　批判的思考における——　82
国立教育研究所(NIE)　34-35
心の行為　x, 224-226
　教室での話し合いにおける——　238-240
心の状態: 心の行為との比較　204-206
コスタ, アーサー(Costa, Arthur)　54
子どものための哲学(P4C)　228
誤謬: ——と自己修正　323
　「非形式的誤謬」も参照。
コリンズ, アラン(Collins, Allan)　53

索引

あ

アナロジー、アナロジーによる推論 80
　——と意味 255
　——と判断 361
誤りを自分たち自身で修正すること, 自己修正 182, 273
　——と探求 60-61, 258
　——と探求の共同体 236
　批判的思考における——の役割 84, 316-317
アリストテレス(Aristotle) 51, 278
アロンズ, アーノルド B.(Arons, Arnold B.) 76
意味: ——の文脈としての文 261
隠喩的思考: 拡大的思考としての—— 362
ヴィゴツキー, レフ(Vygotsky, Lev) 34, 49
ウィトゲンシュタイン, ルートヴィヒ(Wittgenstein, Ludwig) 50, 280-282
ヴェイユ, シモーヌ(Weil, Simone) 427-428
ヴェブレン, ソースティン(Veblen, Thorstein) 14-15
ヴェルフリン, ハインリヒ(Wölfflin, Heinrich) 335
ヴェンドラー, ゼーノ(Vendler, Zeno) 204, 206
ウォルツァー, マイケル(Walzer, Michael) 162
ウォルトン, ダグラス(Walton, Douglas) 50
エイヤー, A. J.(Ayer, A.J.) 53
『エデュケーショナル・リーダーシップ』:
　——と批判的思考の学問 viii, 36
エニス, ロバート(Ennis, Robert) 50, 54, 75, 76
　批判的思考の定義 57-58, 60
　論理学と教育について 44-45
エラスムス(Erasmus):
　思考改良の必要性について 301
エルギン, キャサリン Z.(Elgin, Catherine Z.):
　情動について 188-190, 213
演繹的推論: ——と読解力 255
オークショット, マイケル(Oakeshott, Michael) 26-27, 46
オースティン, J. L.(Austin, J.L.) 204-205, 215-216, 262
オクスマン, ウェンディ(Oxman, Wendy) 56
オルソン, デイヴィッド(Olson, David) 76

か

ガードナー, ハワード(Gardner, Howard):
　人間知能の多様性について 93
懐疑主義、何事もまずは疑ってかかるという構え:
　——としての批判的思考 60
解釈: 批判的思考の成果物としての—— 307
階層性: 思考における—— 91
概念、概念化 262, 266, 273
会話: ——と対話との比較 123-124
　——を支配している条件 125-130
拡大的思考: 定義 360
仮言的三段論法:
　哲学的探求における—— 225
仮説 79
　拡大的思考としての—— 360-362
ガダマー, ハンス-ゲオルク(Gadamer, Hans-Georg) 51
語り: ——と情報を組織化するスキル 267
価値 ix
　——の明確化 44
　比較に基づく文脈での—— 406
価値教育: ——における手順や課題 175-178
価値原理: 定義 333, 335-336
　批判的思考を教える際の—— 347-349
　「基準」も参照。

訳者・翻訳分担（二〇一四年七月現在）

河野哲也（こうの・てつや）
＝監訳
一九六三年生まれ。慶應義塾大学大学院文学研究科博士課程修了。博士（哲学）。玉川大学准教授などを経て、立教大学文学部教育学科教授。哲学・倫理学専攻。おもな著書に『意識は実在しない――心・知覚・自由』（講談社選書メチエ）、『道徳を問いなおす――リベラリズムと教育のゆくえ』（ちくま新書）、『大学生のための「読む・書く・プレゼン・ディベート」の方法』（共著、玉川大学出版部）、監訳書にシャロン・ケイ、ポール・トムソン『中学生からの対話する哲学教室』（玉川大学出版部）など、共訳書にT・W・クルーシアス、C・E・チャンネル『大学で学ぶ議論の技法』（慶應義塾大学出版会）など。近刊に『「こども哲学」で対話力と思考力を育てる』（河出ブックス）。

土屋陽介（つちや・ようすけ）
＝監訳、第四章、第五章
一九七六年生まれ。千葉大学大学院社会文化科学研究科博士課程単位取得退学。茨城大学非常勤講師。立教大学兼任講師。開智中学・高等学校「哲学対話」担当講師。専門は子どものための哲学・哲学教育・現代英米哲学。論文に「子どもの哲学における対話の「哲学的前進」について」（『立教大学教育学科研究年報』、二〇一三年）など。共訳書にシャロン・ケイ、ポール・トムソン『中学生からの対話する哲学教室』（玉川大学出版部）ほか。

村瀬智之（むらせ・ともゆき）
＝監訳、第九章、第十章
一九八〇年生まれ。千葉大学大学院人文社会科学研究科博士課程修了。博士（文学）。公立中学校での「哲学」の非常勤講師、中央学院大学非常勤講師等を経て、東京工業高等専門学校講師。論文に「knowing-howの帰属基準について」（『科学哲学』、二〇〇八年）など。共訳書にシャロン・ケイ、ポール・トムソン『中学生からの対話する哲学教室』（玉川大学出版部）。

中川雅道（なかがわ・まさみち）
＝序文、第二版への序論、第一章、第六章、第七章
神戸大学附属中等教育学校教諭・大阪大学大学院博士後期課程

高橋綾（たかはし・あや）
＝第二章
大阪大学コミュニケーションデザイン・センター招聘教員

小谷由美（こたに・ゆみ）
＝第三章
日本女子大学学術研究員

中村麻里子（なかむら・まりこ）
＝第八章
東洋英和女学院大学講師

綿内真由美（わたうち・まゆみ）
＝第十一章、第十二章
長野県望月高等学校教諭

森大徳（もり・ひろのり）
＝第十三章
開成中学・高等学校教諭

著者

マシュー・リップマン　Matthew Lipman

一九二三年にアメリカで生まれる。二〇一〇年没。コロンビア大学で博士号を取得した後、同大学で一九年間にわたり哲学の教員を務める。一九六九年に教材用の哲学小説『ハリー・ストットルマイヤーの発見』を執筆し、「子どものための哲学」と呼ばれる哲学対話教育を創始。一九七二年にニュージャージー州のモンクレア州立大学に移り、一九七四年に同大学内に「子どものための哲学推進研究所（ＩＡＰＣ）」を設立する。以降、この研究所を拠点にして、世界各地で子どものための哲学の普及・推進に尽力。子どものための哲学の教材や教員用マニュアルを多数開発し、理論書も執筆する。子どものための哲学の創始者として、現在に至るまで大きな影響を残している。

探求の共同体
考えるための教室

二〇一四年七月一〇日　初版第一刷発行
二〇一六年七月　一日　初版第二刷発行

著者　マシュー・リップマン
監訳者　河野哲也　土屋陽介　村瀬智之
発行者　小原芳明
発行所　玉川大学出版部
〒一九四-八六一〇　東京都町田市玉川学園六-一-一
電話　〇四二-七三九-八九三五　ＦＡＸ　〇四二-七三九-八九四〇
http://www.tamagawa.jp/up/
振替　〇〇一八〇-七-二六六六五

デザイン　しまうまデザイン
印刷・製本　株式会社加藤文明社

ISBN978-4-472-40488-7 C0010 / NDC107

玉川大学出版部の本

表示価格は税別です。

中学生からの対話する哲学教室

シャロン・ケイ、ポール・トムソン 著　河野哲也 監訳

哲学のさまざまなテーマについて書かれた、アメリカの中学・高校で使用されている教科書の日本語訳。対話をとおしてともに考えられるよう、充実した課題を用意。日本語版「先生のための手引き」付き。

B5判並製・一八八頁
本体二四〇〇円

精神医学と哲学の出会い——脳と心の精神病理

中山剛史、信原幸弘 編著

脳神経生物学、精神療法、臨床哲学、科学哲学、実存哲学の専門家が、精神疾患とは何か、心とは何かについて、各領域の立場から最先端の研究成果を交え論じる。精神医学と哲学をめぐる座談会を収録。

A5判並製・二六四頁
本体四〇〇〇円

脳科学と哲学の出会い——脳・生命・心

中山剛史、坂上雅道 編著

脳科学の発達による脳と心や意識の解明がもたらす新しい展開や、世界観・人間観の変革の要点を、脳科学と哲学の立場から明らかにする。脳科学をめぐる重要問題の核心に迫った討論も掲載。

A5判並製・二七二頁
本体四〇〇〇円

科学技術倫理学の展開

石原孝二、河野哲也 編

科学技術倫理の各領域・トピックの展開に焦点をあてた論集。最近話題になっている分野の概要を紹介しながら具体的に考察する。実践のモデルを提示しつつ、今後に残された課題も指摘する。

A5判並製・一九二頁
本体二四〇〇円